文化贸易统计

梁昭 著

中国统计出版社
China Statistics Press

图书在版编目(CIP)数据

文化贸易统计. 2013 / 梁昭著. —— 北京 ：中国统计出版社，2013.10

ISBN 978—7—5037—6913—9

Ⅰ. ①文… Ⅱ. ①梁… Ⅲ. ①文化产业—对外贸易—贸易统计—中国—2013 Ⅳ. ①G124

中国版本图书馆 CIP 数据核字(2013)第 184405 号

文化贸易统计

作　　者/梁　昭
责任编辑/杨映霜
封面设计/张　冰
出版发行/中国统计出版社
通信地址/北京市丰台区西三环南路甲 6 号　邮政编码/100073
电　　话/邮购(010)63376909　书店(010)68783171
网　　址/http://csp.stats.gov.cn
印　　刷/河北天普润印刷厂
经　　销/新华书店
开　　本/787×1092mm　1/16
字　　数/305 千字
印　　张/18
印　　数/1—1000 册
版　　别/2013 年 10 月第 4 版
版　　次/2013 年 10 月第 1 次印刷
定　　价/38.00 元

前言

近年来，文化产业日益成为许多国家和地区的重要支柱产业，在产业结构优化升级中发挥了重要作用，并呈现集群式、跨越式发展态势。

发展文化产业，能够有效推进文化创新，把丰厚的文化资源优势转化为文化产业优势。发展文化产业有利于促进文化内容的创新，有利于促进文化形式的创新，有利于促进文化载体的创新，有利于促进传播手段的创新。

发展文化产业，有助于推动经济发展方式转变。文化产业不仅能为人们提供文化含量较高的产品和服务，从而有效刺激内需，形成新的消费市场，更重要的是还可以与其他产业融合发展，促进产业创新和结构优化，有效推动经济结构调整和发展方式转变。

发展文化产业，有利于促进产业结构的升级换代。文化产业可以通过应用技术的嫁接，比较深入地融入到传统产业，实现产业结构的升级换代。传统产业可以通过文化创意的融入，附加更多的文化内涵，实现差异化竞争，或塑造有特色的品牌，从而提升竞争力；有助于拓展市场。

发展文化产业，有利于培育新的消费热点，增强消费拉动力。文化产业是经济社会发展到一定阶段的产物，是文化、科技和产品的结合。

随着文化产业在中国的蓬勃发展，经济学界需要对相关的专业领域进行科学地界定。文化贸易属于文化产业的一个分支，同时，文化贸易又是服务贸易的一个分支，因此，我认为文化贸易属于跨界研究的专业课题。

在国际学术界，对于文化贸易的研究同样是空白。在没有任何借鉴的前提下，为了破解中国文化产业发展中必须界定的难题，我们斗胆做了开拓者。

涉及文化贸易的统计学，是整个文化贸易研究的基石，如果没有一套完整和健全的相关统计指标体系、统计调查、汇总和分析方法，所谓文化贸易的研究无从谈起。进而，如果相关指标体系和研究方法不科学不专业不规范，同样被经济学界的专家学者贻笑大方。

因此，我们多年来潜心研究，结合文化贸易的的学科属性和行业属性，就统计指标设计、编制，统计数据的加工整理的方法，统计分析的手段，进行了梳理、总结，在定性研究的同时，又做了定量研究。

为了保证研究的品质和时效性，我们花费大量时间对对相关政策和数据进行了更新。

非常感谢王朔和张剑，是他们的大力协助，使得本书得以顺利完成，并保证了品质。

梁昭

2013年1月

目录

第一章　文化贸易统计的研究范围与统计指标体系的建立

引　言

近年来，文化产品的对外贸易正日益受到各国的重视，贸易竞争的激烈程度也在逐渐加剧。究其原因，主要有以下三点。第一，有形资源日益紧缺，环保压力越来越大。这使传统产品生产的成本不断加大，生产的边际收益迅速减少。而文化产品由于主要依赖于智力资源进行生产，且其边际收益是递增的，所以吸引了各国的注意，各国都在努力扩大文化产品的生产并促进对外贸易。第二，全球生活水平总体上升，消费的文化内容、精神满足方面的追求正不断加强，这使文化产品的市场前景不断看好。第三，各国都已经意识到文化产品出口是使本国文化得以融入世界体系、与他国文化共存的有效途径；同时，通过扩大文化产品出口，可增强国家自信心，进而增强本国的文化生命力，从而保持文化的独特性和生命力。所以，各国只要有可能，都在大力促进本国文化产品的宣传和出口。从这三方面的原因，可以看出文化产品的生产和对外贸易能够形成四种优势：边际成本递减优势、环境保护优势、边际收益递增优势和文化交流拓展优势。边际成本递减优势是指生产文化产品时，每增加一个单位的产品生产，其投入的增加量很小，甚至可以忽略不计，如复制一张影视光盘更极端的例子如软件的有偿使用，每增加一次下载，其成本可以计算为零。环境保护优势是指由于文化产品的生产对环境的负面影响不如传统产品大，所以扩大文化产品的生产不会对环境造成太大的不利影响。边际收益递增优势，这与边际成本递减成直接相关，而且由

于文化产品生产的实际成本、环境成本的大幅减少，边际收益的递增可以表现出乘数效应。文化交流拓展优势是指通过文化产品的对外贸易，可以促进本国的文化与其他国家的文化进行交流、沟通，并通过这种交流和沟通，获得本国文化长久的生命力。

中国，由于其日益扩大的国际影响力以及其独特而悠久的历史文化传统，文化产品的生产和对外贸易，更是体现历史责任、履行国际政治义务和发展国家经济的重要途径。改革开放以来，特别是近几年，我们也日益意识到了文化产品的生产和对外贸易的重要性，文化产品的生产和对外贸易也取得了一定的成绩。那么，中国文化产品对外贸易的结构到底如何？贸易水平如何？这些问题亟待我们去探索与解答。因此，本章的主要任务就是界定文化贸易的统计范围，建立文化贸易的统计指标体系。

第一节　文化贸易的概念和统计范围

一、文化贸易与文化创意产业的概念

文化贸易是最近几年刚刚产生的新术语，特别是随着文化创意产业的蓬勃发展，国与国之间互相提供文化服务的经济交换活动不断增多，于是，文化贸易的概念应运而生。

(一)什么是文化贸易

文化贸易，分为国际文化贸易和国内文化贸易。二者区别的实质是看文化产品或服务是否需要跨越本国的关境。需要跨越关境、纳入海关统计的就是国际文化贸易；不需要跨越关境、不纳入海关统计的就是国内文化贸易。

国际文化贸易和国内文化贸易的贸易性质有着本质的不同，具体来讲，贸易性质的不同表现在：二者适用的法律不同，报价术语不同，物流方式不同，单证不同，支付手续不同，支付货币不同，质量检验标准不同，质量检验机构不同。

1. 国际文化贸易

国际文化贸易是针对文化创意产业而形成的国与国之间的经济交换行为；它包含二部分内容，其一是文化产品的国与国之间的经济交换行为，其二是文化服务的国与国之间的经济交换行为。

2. 国内文化贸易

国内文化贸易是以向文化产品和服务的生产者购买和向国内出售的方式，为

使文化产品和服务在某种状态、在文化消费者需要的时间、地点被他们支配而进行的交易。

(二)什么是文化创意产业

文化创意产业是指依靠创意人的智慧、技能和天赋,借助高科技对文化资源进行创造与提升,通过知识产权的开发和运用,生产出高附加值产品,具有创造财富和就业潜力的产业。随着科技的进步,文化创意产业超越了一般的产业概念,打破了传统的产业界限,是对产业链中文化创意环节的提炼、分界与重组。文化创意产业已经渗透到从制造业到服务业等各相关产业之中,任何产业都会因成功的文化创意而获得价值的提升。联合国教科文组织认为文化创意产业包含文化产品、文化服务与智能产权三项内容。它主要具备以下特征:

1. 文化创意产业具有高知识性特征。

文化创意产品一般是以文化、创意理念为核心,是人的知识、智慧和灵感在特定行业的物化表现。文化创意产业与信息技术、传播技术和自动化技术等的广泛应用密切相关,呈现出高知识性、智能化的特征。如电影、电视等产品的创作就是通过与光电技术、计算机仿真技术、传媒等相结合而完成的。

2. 文化创意产业具有高附加值特征。

文化创意产业处于技术创新和研发等产业价值链的高端环节,是一种高附加值的产业。文化创意产品价值中,科技和文化的附加值比重明显高于普通的产品和服务。

3. 文化创意产业具有强融合性特征。

文化创意产业作为一种新兴的产业,它是经济、文化、技术等相互融合的产物,具有高度的融合性、较强的渗透性和辐射力,为发展新兴产业及其关联产业提供了良好条件。文化创意产业在带动相关产业的升级、推动区域经济发展的同时,还可以辐射到社会的各个方面,全面提升人民群众的文化素质。

二、目前国内外文化创意产业所采用的行业分类

(一)我国对文化创意产业的分类

借鉴世界各国和地区对文化创意产业的分类,根据我国的行业划分标准,可以将我国文化创意产业分为:①文化艺术;②新闻出版;③广播、电视、电影;④软件、网络及计算机服务;⑤广告会展;⑥艺术品交易;⑦设计服务;⑧旅游、休闲娱乐;⑨其他辅助服务。

(二)世界主要国家对文化创意产业的分类

英国是最早提倡创意产业的,他们列出 13 个行业:广告、建筑艺术、艺术品与

文化交易、工艺品制作、时尚设计、时装设计、电影及影像制作、互动休闲软件、音乐制作、表演艺术、出版业、软件开发、电视广播。

美国将创意产业分为6类:文化艺术、音乐唱片、出版业、影视业、传媒业、网络服务业。

新加坡将创意产业分为3大类13个行业。第1类是艺术与文化:摄影、表演及视觉艺术、艺术品与古董买卖、手工艺品;第2类是设计:软件设计、广告设计、建筑设计、室内设计、平面产品及服装设计;第3类是媒体:出版、广播、数字媒体、电影。

我们将目前国际公认的文化创意产业的分类,同我国文化产业分类目录相比较,就发现许多是被涵盖的。如书刊出版和版权服务、音像制品出版、电子出版物出版、广播电视、电影制作、文艺创作与表演、网络文化服务、艺术品交易、广告业、工艺美术品制造等。但也有不少在我国的目录中没有涉及,或不明确的。例如,涉及到文化的设计行业(如建筑的外形设计及室内设计、时装设计、工业设计等),这些是文化创意产业的重要内容。还有些新兴的行业,如动漫制作、网络休闲互动、游戏软件、品牌创意、时尚生活艺术等,在原有目录中更未提到。

因此,随着文化创意产业的兴起与发展,统计部门应组织力量进行调研,一方面,要对原有文化产业分类目录进行补充与调整,另一方面可以着手准备编制我国的文化创意产业分类目录。这对规范文化创意产业的口径与范围,促进这个新兴产业的健康发展,将起基础性作用。

三、国际文化贸易的统计范围

在明确了什么是文化创意产业以及文化创意产业的分类后,就不难框定出国际文化贸易的概念、统计原则和统计范围了。

(一)概念:

文化贸易就是文化产品和文化服务的生产者为满足文化产品和文化服务的消费者的需求而提供专项产品与服务并获得报酬的交易行为。国际文化贸易则是一个国家(或地区,即独立关税区)与其它国家(地区)之间在文化产业领域所发生的交易行为。本书重点研究的是国际文化贸易的行为,因此在后述内容中提到的文化贸易等同于国际文化贸易。

(二)统计原则:

国际文化贸易统计应该遵循的原则是:

(1)贸易原则。国际文化贸易统计仅统计有偿的文化产品与文化服务的交易，不统计无偿的文化产品与文化服务的交易。

(2)文化产业原则。国际文化贸易统计仅统计与文化产品和文化服务有关的贸易。

(3)国别原则。国际文化贸易统计仅统计本国(地区)与其他国家(地区)之间所发生的交易，而不统计本国(本地区)居民和机构单位之间在国内(地区内)所发生的交易。

(三)统计核算的范围：

国际文化贸易的内容比较广泛，而且还在发展之中。因此，国际文化贸易的统计范围和分类相当混乱。不同的部门和不同的学者的界定都存在差异，不同国家对于国际文化贸易统计范围的差异就更大，也更混乱。

从国际文化贸易的定义出发，充分参考我国文化创意产业的分类，同时也为了便于统计核算的要求，在此基础上，还要尽可能进行国际比较，本书与我国文化创意产业分类保持一致，对我国的国际文化贸易采用如图1—1所示的分类方法。

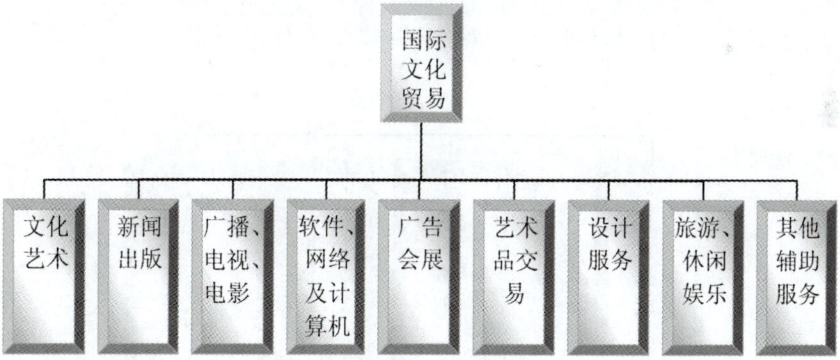

图1—1 国际文化贸易的分类

第二节 文化贸易统计指标体系

由于社会经济现象的复杂多样性，各种现象之间相互联系，只用个别统计指标来反映是不够的，需要采用指标体系来进行描述。统计指标体系就是各种相互联系的统计指标所构成的一个有机整体，用来说明所研究的社会经济现象各个方面相互依存和相互制约的关系。统计指标体系因各种现象本身联系的多样性和统计研究的目的不同而分为不同的类别。

统计指标体系也可以指若干个统计指标之间的联系，表现为一个方程关系，例如，工资总额＝平均工资×职工人数；商品销售额＝商品销售量×商品销售价格，等等。

统计指标体系对于统计分析和研究具有重要的意义。通过一个设计科学的统计指标体系，可以描述现象的全貌和发展的全过程，分析和研究现象总体存在的矛盾以及各种因素对现象总体变动结果的方向和程度，也可以对未来的指标进行计算和预测，对未来现象发展变化的趋势进行预测。

文化贸易统计指标体系包括了行业构成、指标框架、数据基础和指标解释等内容，其中指标框架由核算指标、分析指标、基础指标和辅助指标组成。文化贸易指标体系的设置如图 1—2 所示。

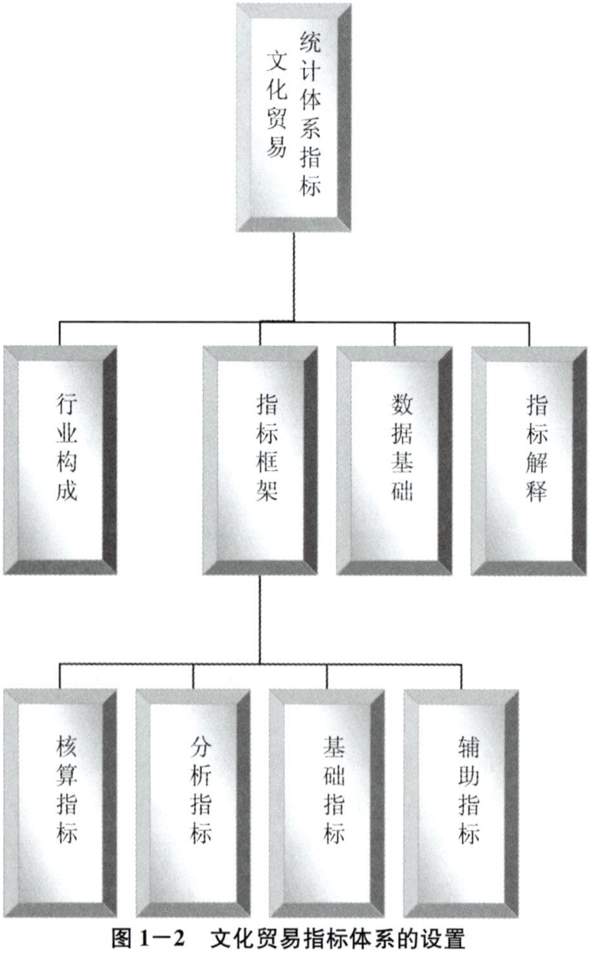

图 1—2　文化贸易指标体系的设置

(一)文化贸易指标体系的设置原则

文化贸易指标体系的设置应遵循以下几个原则:

(1)以增加值为核心,重点反映文化产业的经营规模、运营效益。增加值是国内生产总值(GDP)的同度量指标,将增加值作为我国文化产业统计核算的核心指标,有助于与国民经济核算体系相接轨,以反映文化产业总量规模、发展水平以及对整个国民经济的贡献力,也有助于与其他产业和文化产业内的各行业进行同度量的对比分析。

(2)以贸易总额为根本,真实反映我国进出口文化贸易的总规模和总水平。这样做,可以对文化贸易在服务贸易中的比重和发展趋势有一个清晰判断。

(3)指标体系的设置要适应我国文化贸易发展的需要。建立的文化贸易统计核算指标体系要突出"实用性"、"目的性"和"客观性"。要根据我国的国情,充分考虑目前文化产业的特殊性,即"公益性"和"事业性",这与一般产业有较大差异。所建立的文化贸易统计指标体系要有利于我国文化产业的发展,促进我国从事文化产业的机构走向市场,参与竞争,加快我国文化产业的国际化进程。

(4)密切结合现行统计和财务体制,有利于数据的收集和调查实施。文化贸易统计核算指标力求简便,具有可操作性,应尽量利用现行的统计和财务资料。

文化贸易指标体系的设置既要考虑其在整个服务贸易中的属性和构成,又要反映文化产业的发展规模和水平。同时,更要兼顾与国际间的行业比较。为此,我们可以将指标体系的内容分为宏观指标和微观指标二大部分。

二、文化贸易指标体系的设置内容

(一)文化贸易宏观指标体系

文化贸易宏观指标体系如图 1—3 所示。

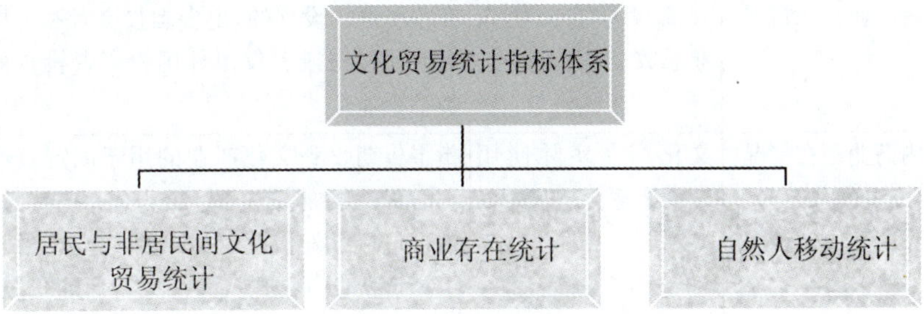

图 1—3 文化贸易的宏观指标体系

1. 居民与非居民间文化贸易统计

中国居民与非居民间文化贸易进出口规模，按国际收支口径统计，不含政府服务。其统计指标如表1—1所示。

表1—1 居民与非居民间文化贸易统计指标

序号	指标名称	指标功能
1	文化贸易进出口总额	表明一国文化产业对外贸易方面的总规模
2	文化贸易进口总额	一定时期内一国从国外进口的文化产品的全部价值
3	文化贸易出口总额	一定时期内一国向国外出口的文化产品的全部价值
4	文化贸易差额	一国在一定时期内出口总额与进口总额之间的差额。差额的正负反应进出口文化贸易是否平衡
5	主要文化产品的进口额	从国外进口的主要文化产品的价值
6	主要文化产品的出口额	向国外出口的主要文化产品的价值
7	主要文化产品进出口总额	一国主要文化产品对外贸易方面的总规模
8	主要文化产品进出口在文化贸易中的比重	表明主要文化产品对整个文化贸易的影响程度
9	文化贸易开放度（或文化贸易依存度）	指一国在某一年的文化贸易总额与该国国内生产总值之比，它可以反映出文化贸易对GDP的贡献率
10	文化贸易竞争优势指数	指一国文化产业或文化产品的净出口额与进出口总额之比

2. 商业存在统计

商业存在统计指标如表1—2所示。

表1—2 商业存在统计指标

分类	指标名称	指标功能
中国境内商业存在情况	外商投资的文化企业总数	在中国境内设立的，由中国投资者和外国投资者共同投资或者仅由外国投资者投资的文化类型企业。
中国境内商业存在情况	文化产业实际使用外资金额	指报告期收到文化产业的用于固定资产建造和购置的国外资金（包括设备、材料、技术在内），包括对外借款（外国政府贷款、国际金融组织贷款、出口信贷、外国银行商业贷款、对外发行债券和股票）、外商直接投资及外商其他投资。

续表

分类	指标名称	指标功能
境外中国商业存在情况	文化产业对外直接投资	文化企业以跨国经营的方式所形成的国际间资本转移，一般认为对外直接投资是一国投资者为取得国外企业经营管理上的有效控制权而输出资本、技术和管理机能等无形资产的经济行为。

3. 自然人移动统计

自然人移动统计指标如表 1—3 所示

表 1—3 自然人移动统计

序号	指标名称	指标功能
1	全年派出从事文化服务的劳务人员（包括对外工程承包、对外劳务合作和对外咨询设计三项中的劳务提供者）	指劳务出口国向劳务进口国提供从事文化工作劳动力 或者服务的总人数，以谋取经济利益，获得外汇收入为目标。
2	对外文化服务合作和对外设计咨询营业额	对外文化服务合作和对外咨询所获得的外汇收入水平
3	个人跨境文化服务收入总额	居民个人在本国以外从事文化服务工作获得的外汇收入水平

三、文化贸易微观指标体系的设置内容

文化贸易微观指标体系如图 1—4 所示。

（一）文化产业分行业的核算指标

文化产业涉及诸多行业，为测算文化产业的增加值，考核其在国民经济中的地位和贡献，必须建立以文化产业分行业增加值的总量和构成为主的核算指标，目的是满足文化产业增加值的汇总需要，分析文化产业增加值的行业构成，比较各行业的发展总体状况。具体的核算指标见表 1—4 所示：

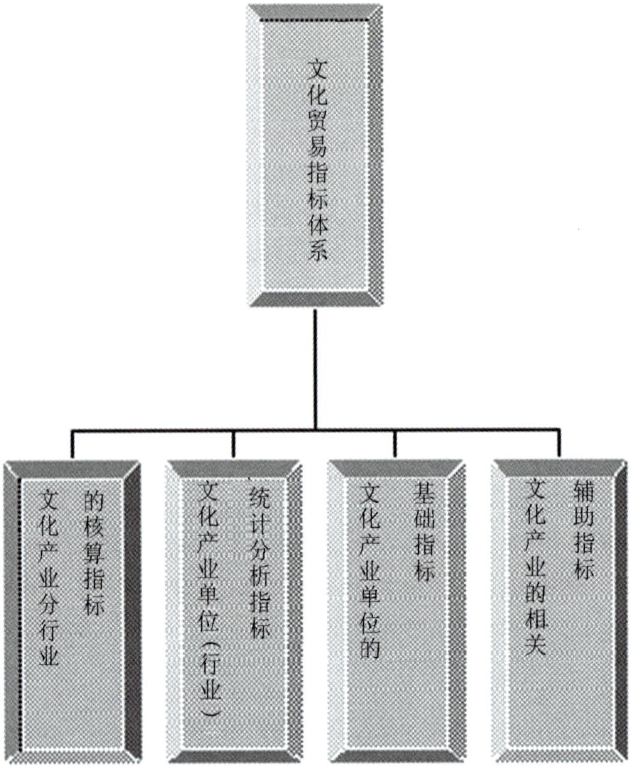

图 1—4 文化贸易的微观指标

表 1—4 文化产业分行业的核算指标

序号	指标名称	指标功能
1	总产出	总体发展规模和水平的价值量指标
2	中间消耗	核算产业活动过程中消耗的物质产品和劳务的价值之和
3	增加值	文化产业活动的最终成果
4	劳动者报酬	劳动者个人参与增加值创造而获得的原始收入
5	固定资产当年折旧额	全部固定资产在本期生产中的资产转移价值
6	生产税净额	按规定上交给国家的各种税金之和
7	营业利润	行业参与增加值创造而应得到的原始收入份额
8	年平均从业人员数	文化产业各行业年初与年末从业人员的平均数
9	固定资产年平均占用额	文化产业各个行固定资产年初与年末占用余额的平均数
10	事业单位经费自给率	衡量文化事业单位经费自给的程度，反映其市场的程度

(二)文化产业单位(行业)统计分析指标

文化产业单位(行业)统计分析指标的建立是为各产业单位(行业)提供一个分析、比较的统计标准,力图从产业活动的生存、发展和效益(社会和经济)的角度去分析我国文化产业单位(行业)的发展情形。设置时按经营条件、效益状况、资产运营、偿债能力、发展前景等五个方面进行。具体设置指标如表1—5所示:

表1—5 文化产业单位(行业)统计分析指标

序号	方面	统计指标	指标作用
1	经营条件	年末从业人员数	反映文化产业单位进行活动所具有的现有条件、环境。
2		年末资产总额	
3		年末固定资产净值	
4		经费收支结余数	
5		所有者权益	
6	效益状况	净资产收益率	反映文化产业经营活动成果的状况。
7		总资产收益率	
8		资产保值增值率	
9		销售利润率	
10		成本费用利用率	
11	资产运营	总资产周转率	反映文化产业单位的经营活动资产运行的状况和效率
12		流动资产周转率	
13		存货周转率	
14		应收帐款周转率	
15		不良资产周转率	
16		资产损失率	
17	偿债能力	资产负债率	反映文化产业单位近期或长期偿还到期债务的能力
18		已获利息倍数	
19		流动比率	
20		速动比率	
21		现金流动负债比率	
22	发展前景	销售增长率	反映文化产业单位可持续经营的潜力
23		资本积累率	
24		总资产增长率	
25		固定资产成新率	
26		三年利润平均增长率	
27		三年平均资产增长率	

(三)文化产业单位的基础指标

文化产业单位的基础指标是为满足文化产业行业的核算、统计和分析的需要而提供基础数据的指标。考虑现行各文化产业单位执行的会计制度不同,设置时分为三类指标:Ⅰ类(执行工业企业会计制度)、Ⅱ类(执行商业企业会计制度)、Ⅲ类(执行行政事业会计制度)。具体设置指标如表1—6:

表1—6 文化产业单位的基础指标

序号	行业/类别	统计指标
1	执行工业企业会计制度的Ⅰ类行业	资产(固定资产、流动资产和无形资产及递延资产)
2		负债(流动负债和长期负债)
3		所有者权益(实收资本)
4		产品销售收入(成本、费用、税金及附加、利润)
5		管理费用
6		利息支出
7		营业利润
8		利润总额
9		本年应交增值税
10		本年应付工资总额(应付福利费总额)
11		本年提取的折旧额
12		全部从业人员年末人数
1	执行商业企业会计制度的Ⅱ类行业	资产(固定资产、流动资产和无形资产及递延资产)
2		负债(流动负债和长期负债)
3		所有者权益(实收资本)
4		营业收入(成本、费用、税金及附加、利润)
5		管理费用
6		财务费用
7		营业利润
8		利润总额
9		本年应交增值税
10		本年应付工资总额(应付福利费总额)
11		本年提取的折旧额
12		全部从业人员年末人数

续表

序号	行业/类别	统计指标
1	执行行政事业会计制度的Ⅲ类行业	资产(固定资产、流动资产和无形资产)
2		负债
3		净资产(事业基金、固定基金、专用基金、经营结余)
4		收入合计(财政补助收入、上级补助收入、事业收入、经营收入)
5		支出合计(事业支出、经营支出、基本建设支出)
6		成本费用
7		销售税金
8		基本、补助、其他工资
9		职工福利和社会保障费用
10		设备购置费
11		公务、业务、修缮费
12		全部从业人员年末人数

(四)文化产业的相关辅助指标

为了能够全面、系统地反映我国文化产业的整体状况,便于分析对比、国际比较,为预测和决策提供较为翔实的相关基础资料,我们尚需设置文化产业的相关辅助指标,如表1—7所示。

表1—7 文化产业的相关辅助指标

序号	涉及领域	指标名称
1	农村住户调查	各地区农村家庭劳动力文化程度(按人均收入分组)
2		农村居民拥有的主要耐用消费品(收音机、黑白电视机、彩色电视机、收录机、照相机、录像机)
3		农村居民文教娱乐用品及服务支出额和占总生活消费支出的比重
4	城市住户调查	各地区城镇家庭劳动力文化程度(按人均收入分组)
5		城镇居民文娱用耐用消费品、文化娱乐服务费支出额和占总生活消费支出的比重
6		城镇居民拥有的主要耐用消费品(电话、BB机、收音机、黑白电视机、彩色电视机、组合音响、收录机、照相机、录像机、游戏机、家庭电脑、钢琴和其他中高档乐器)等分组指标

续表

序号	涉及领域	指标名称
7	宏观经济和社会发展	国内生产总值及增长率
8		第三产业增加值及增长率
9		财政收入
10		财政支出
11		国家预算拨款文化事业费支出额
12		成人识字率
13		在校学生数(普通高等学校、中等学校和小学)
	国际对比	由于中外文化产业的内涵、行业构成有所差异,故具体分析问题时再设置统计指标

第二章 文化贸易统计数据的收集与整理

引 言

随着社会的发展，统计工具越来越完善，统计学在各个学科中越来越显示出它的重要性。例如我们可以通过对所研究行业的统计分析，对这一行业有更加深入、清晰的了解，对这一行业的历史、现在和未来的发展有更好的把握，并且在所作的研究报告中，有统计数据分析的支撑，可以使整个报告更加完善，更具有说服力。文化贸易的研究中亦是如此。本书就是针对文化贸易各个领域进行统计研究，比如广播电视贸易统计、艺术品贸易统计、图书版权贸易统计等等。而要想对所研究的对象进行精确的统计分析，收集和整理数据是最为关键的一步，并且也是最为繁琐，工作量最大的一步。因此本书此章节有必要就文化贸易统计数据的收集和整理进行详细的介绍。

第一节 文化贸易统计数据的计量与分类

一、文化贸易统计数据计量

文化产业及文化贸易在近年来的高速发展，使与之相关的文化贸易统计成为掌握文化产业、促进文化贸易发展的必要手段，文化贸易统计指标的建立可以更好的促进文化贸易的发展，同时也使得文化贸易政策在制定时更具有针对性。

文化贸易统计研究文化贸易的数量方面，因此，它离不开对于文化贸易数据的计量，相关的统计数据便是对文化贸易各种发生额进行计量的结果。对文化贸易统计数据的属性、特征进行分类、标示和计算，称为文化贸易统计计量或文化贸易统计度量。

按照统计学标准，根据事物性质或品质的不同，在对其进行计量的过程中，统计指标可以分为定性指标和定量指标。因此，在对文化贸易数据进行计量时，仍然可以将文化贸易的统计指标按照定性和定量两类来划分。根据美国统计学家、社会学家史蒂文斯(S. S. Stevens)将统计计量划分为四个层次的方法，文化贸易的统计数据可以依照此划分为以下四类。

(一)定类尺度

定类尺度是根据客观事物和现象本身所表现出来的本质特征,按照品质标志对客观事物或者现象进行分类和计量的一种方法,定类尺度是最粗略、计量层次最低的尺度。在运用定类尺度方法对客观事物和现象进行分类的过程中,各个分组类别之间是相互平行或者平等的关系,而不存在数量多少或者品质优劣之分。例如,在我国服务贸易统计当中,根据统计项目分类,可以将服务贸易分为:运输服务,旅游服务,通信服务,建筑服务,保险服务,金融服务,计算机和信息服务,专有权利使用费和许可费,咨询服务,广告宣传服务,电影音像服务,其他商业服务。

在上述示例对于服务贸易的分类中,实际统计时为了便于统计、日常管理以及计算机处理,通常将某一类别用某种特定的数字或者字符来表示,但这些特定的数字或字符仅仅代表所表示的分组类别,没有其他的实际意义。例如,在统计服务贸易类别时,用 001 表示运输服务,002 表示旅游服务,003 表示通信服务,004 表示建筑服务,005 表示保险服务,006 表示金融服务,007 表示计算机和信息服务,008 表示专有权利使用费和许可费,009 表示咨询服务,010 表示广告宣传服务,011 表示电影音像服务,012 表示其他商业服务。

在用定类尺度进行计量时,一定要遵循客观事物和现象本身的属性,所进行的分类必须符合穷尽和互斥的原则。穷尽原则是指所分组别加总后即构成了整个整体,没有遗漏;互斥原则是指总体中没有一个个体同时属于两个分类组别,即分类组别相互之间是不相交的。在对定类组别进行统计分析时,我们只能够计算出每一个分类组别中的个体个数,即统计学中的频数;或者计算出每一个分类组别中的个体个数占全部总数的比重,即频率,从而通过频数和频率来反映研究总体的分布特征。表 2—1 是我国制定的《国际服务贸易统计制度》中进出口额统计表

(二)定序尺度

定序尺度是对事物本身品质或等级上差别的测度,这种计量尺度既可以区别事物之间的不同类别,又能对不同的类别进行优劣、高低排序。例如,某市高中教师按照职称或者工作年限、能力的不同可以分为特级教师,高级教师,中级教师,初级助教;根据接受教育程度的不同,某招聘网站可以将应聘者分博士学历、硕士学历、大学本科学历、大学专科学历、高中学历、初中学历、初中以下学历;对合格产品按其性能和好坏,分成优等品、一等品、合格品等等。这种尺度虽然也不能表明一个单位一等品等于几个单位二等品,但却明确表示一等品性能高于二等品,而二等

品性能又高于三等品。

表 2—1　国际服务贸易进出口额统计表

表　　号：
制表机关：
文　　号：
有效期至：

综合机关名称：　　　　20　年 1—　　季　　　　计量单位：

项目	总额	出口	进口
1.运输服务			
2.旅游			
3.通信服务			
4.建筑及相关工程服务			
5.金融服务			
6.保险服务			
7.计算机和信息服务			
8.教育服务			
9.环境服务			
10.医疗、保健和社会服务			
11.文化和体育服务			
12.特许使用费和许可费			
13.分销服务			
14.其他商业服务			

单位负责人：　　　　填表人：　　　　20　年　月　日

定序尺度与定类尺度相比要更精确，因为定序尺度不仅可以区分出事物和现象的类别，同时还可以比较出不同类别间的优劣、高低。与定类尺度一样，为了便于相关统计部门的统计、日常管理和计算机处理，定序尺度通常将总体中的某一类别用某种特定的符号和字符表示，这些符号和字符之间不存在任何数学运算关系，只是具有逻辑上的排序关系。

(三)定距尺度

定距尺度在对客观事物和现象进行计量方面比定类尺度和定序尺度更加精确，因为定距尺度不仅可以对客观事物和现象进行分类、排序，而且还能测度出每一个类别的具体数值，表示各个类别之间的差距程度。定距尺度是对事物类别和次序之间差距的测度，它通常使用自然单位或度量衡单位作为计量尺度。例如，使用重量单位盎司来衡量黄金的重量；使用长度单位米，英尺来衡量人的身高；使用百分制来衡量学生考试成绩等。例如，学生某门课程的考分，可以从高到低分类排序，形成 90 分、80 分、70 分，直到零分的序列。它们不仅有明确的高低之分，而且可以计算差距。

对定类尺度和定序尺度的分析计量方法同样适用于定距尺度。需要强调的是，在定距尺度中测度值“0”是有意义的，并非表示不存在或者没有。例如，某地区气温为“0”度，不能说该地区没有温度或者温度不存在。对于定距尺度而言，其计量结果表现为数值，可以进行加或减的运算，但却不能进行乘法或除法的运算。

（四）定比尺度

定比尺度的计量结果与定距尺度一样表现为具体的数值，它除了具有前面三种计量尺度所有的特性外，还可以计算两个测度值之间的比值，即可以进行乘法和除法的运算。经过乘法和除法运算得来的相对数通常用来反映现象的构成、比重、速度、密度等数量关系，从而揭示更为深刻的意义。例如，将某地区人口数和土地面积对比计算人口密度指标，说明人口相对的密集程度。甲地区人口可能比乙地区多，但甲地区的土地更广阔，用人口密度指标就可以说明相对说来甲地区人口不是多了，而是少了。又如，将一个国家（地区）的国内生产总值与该国（地区）居民对比，计算人均国内（地区）生产总值，可以反映国家（地区）的综合经济能力。2011 年我国国内生产总值排在世界第二位，堪称世界经济大国，但我国人口占世界总人口的 19%，如果按人均国内生产总值计算，在世界各国中又居于比较落后的位次，说明我国仍属于发展中国家。与定距尺度不同，在定比尺度中，测度值“0”表示没有。如工资收入为“0”，表示没有收入；某地区冬季降雪量为“0”，表示该地区冬季没有降雪。定比尺度的测度值可以进行加、减、乘、除运算，是最高级别的计量尺度。在日常计量得到的数据中，多为定距数据和定比数据。

上述四种计量尺度对事物的计量层次是由低级到高级、由粗略到精确逐步递进的。高层次的计量尺度具有低层次计量尺度的全部特性，但不能反过来。显然，我们可以很容易地将高层次计量尺度的测量结果转化为低层次计量尺度的测量结果。例如，将考试成绩的百分制转化为五等级分制。在统计分析中，一般要求测量的层次越高越好，因为高层次的计量尺度包含更多的数学特性，所运用的统计分析方法越多，分析时也就越方便，因此应尽可能使用高层次的计量尺度。

二、文化贸易统计数据的类型

统计数据是采用某种计量尺度对事物进行计量的结果，采用不同的计量尺度会得到不同类型的统计数据。从上述四种计量尺度计量的结果来看，可以将文化贸易统计数据分为以下四种类型：

(1)定类数据——表现为类别，但不区分顺序，是由定类尺度计量形成的。

(2) 定序数据——表现为类别，但有顺序，是由定序尺度计量形成的。

(3) 定距数据——表现为数值，可进行加法、减法运算，是由定距尺度计量形成的。

(4) 定比数据——表现为数值，可进行加法、减法、乘法、除法运算，是由定比尺度计量形成的。

前两类数据说明的是事物的品质特征，不能用数据表示，其结果均表现为类别，也称为定性数据或品质数据(Qualitative Data)；后两类数据说明的是现象的数量特征，能够用数值来表现，因此也称为定量数据或数量数据(Quantitative data)。

文化贸易统计数据的类型如图 2—1 所示。

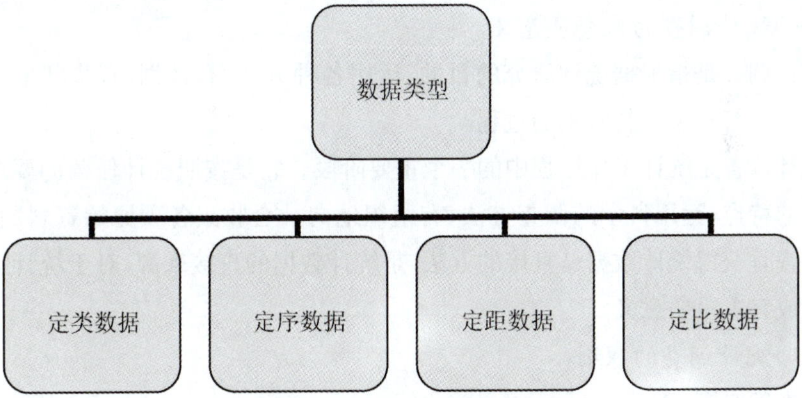

图 2—1　文化贸易统计数据的类型

第二节　文化贸易统计数据收集

在对文化贸易实际问题的研究中，需要利用统计数据，这些统计数据从其来源上看，可以划分为直接数据和间接数据两种。从最初的来源来看，文化贸易统计数据几乎全部来自于对贸易过程中具体发生额的实际记录，即统计学中的直接调查。但从使用者的角度来看，统计数据主要来源于两种渠道：一是来源于直接的调查，称为第一手或直接的统计数据;二是来源于他人的调查,称为第二手或间接的统计数据,这是统计数据的间接来源。本节从使用者的角度来讲述文化贸易统计数据的收集

一、文化贸易统计数据收集概念

文化贸易统计数据收集是指根据研究目的和任务,运用科学的调查方法与手段,有计划、有组织地采集数据的过程。

二、文化贸易统计数据来源

统计数据来源于统计调查,具体来说,统计数据来源于直接统计调查与间接统计调查。直接收集是指直接向统计调查对象进行数据收集,也称作一手数据,如通过展开实施调查问卷,网络调查表等均属于直接调查的方式;间接收集是指通过获取、整理他人的调查与实验结果而得到的材料,有时也称作二手数据,例如,通过各种统计年鉴、网络数据库、行业研究报告、咨询公司等得到的数据均属于二手数据。

(一)统计调查的概念及意义

统计调查是指根据统计研究的目的,运用各种方法,有计划、有步骤地对统计研究对象进行相关资料收集的过程。

统计调查是统计工作过程中的一个重要阶段。它是按照统计任务的要求和研究对象的特点,运用科学的调查方法,有组织地向社会收集各项原始资料的过程。统计调查时获得统计数据最直接的方法,是统计数据的直接来源,对于统计工作的顺利完成有着重要意义。

(二)统计调查的原则

1. 准确原则

准确,是指统计调查所收集得到的资料必须与实际情况相符合,可靠。

2. 及时原则

及时,是指统计调查的资料要与事物目前发展情况相适应,满足统计的时效性,因为过期的统计资料不但不能反映客观事物目前发展的实际情况,不能给统计分析、预测工作带来帮助,反而还会造成社会资源不必要的浪费。

3. 完整原则

完整,是指所有应该调查的总体单位和应该调查的标志都必须调查到,收集需要研究对象资料的各个方面,做到“面面俱到”,重要指标不能有所遗漏,力求使收

集到的资料全面、细致地反映客观事物的本质

(三)统计调查的组织方式

1. 普查

普查是为了某种特定的目的而专门组织的一次性的全面调查。普查一般是调查属于一定时点上的社会经济现象的总量,但也可以调查某些时期现象的总量,乃至调查一些并非总量的指标。普查涉及面广,指标多,工作量大,时间性强。为了取得准确的统计资料,普查对集中领导和统一行动的要求最高。

普查主要用以收集重要国情国力和资源状况的全面资料,为政府制定规划、方针政策提供依据,如人口普查、科技人员普查、工业普查、物资库存普查等。普查多半是在全国范围内进行的,而且所要收集的是经常的、定期的统计报表所不能提供的更为详细的资料,特别是诸如人口、物资等时点的数据。

普查的组织方式一般有两种:

(1)第一种是建立专门的普查机构,配备大量的普查人员,对调查单位进行直接的登记,如人口普查等。

(2)第二种是利用调查单位的原始记录和核算资料,颁发调查表,由登记单位填报,如物资库存普查等。这种方式比第一种更简便,适用于内容比较单一、涉及范围较小的情况,特别是在为了满足某种紧迫需要而进行的“快速普查”,就可以采用这种方式,它由登记单位将填报的表格越过一些中间环节直接报送到最高一级机构集中汇总。

例如:我国采取第一种方式普查的有:1953 年第一次全国人口普查,1995 年私营商业及饮食业普查,1964 年第二次全国科技售货员普查,1977 年全民所有制单位实际用工人数普查,1978 年全国科技人员普查等;采取上述第二种方式普查的有:1954 年黑色金属、有色金属和木材库存普查,1954 年以后所进行的多次物资库存普查,1985 年第二次全国工业普查等。

普查作为一种特殊的数据收集方式,具有以下几个特点:

(1)普查通常是一次性的或周期性的。由于普查涉及面广、调查单位多,需要耗费大量的人力、物力和财力,通常需要间隔较长的时间,一般每隔 10 年进行一次。如我国的人口普查从 1953 年至 2000 年共进行了六次。今后,我国的普查将规范化、制度化,即每逢末尾数字为“0”的年份进行人口普查,每逢末尾数字为“3”的年份进行第三产业普查,每逢末尾数字为“5”的年份进行工业普查,每逢末尾数字“7”的年份进行农业普查,每逢末尾数字为“1”或“6”的年份进行统计基本单位

普查。

(2)规定统一的标准时点。标准时点是指对被调查对象登记时所依据的统一时点。调查资料必须反映调查对象的这一时点上的状况,以避免调查时因情况变动而产生重复登记或遗漏现象。例如,我国第六次人口普查的标准时点为2000年11月1日零时,目的就是要反映这一时点上我国人口的实际状况;农业普查的标准时点定为普查年份的1月1日0时。

(3)规定统一的普查期限。在普查范围内各调查单位或调查点尽可能同时进行登记,并在最短的期限内完成,以便在方法和步调上保持一致,保证资料的准确性和时效性。

(4)规定普查的项目和指标。普查时必须按照统一规定的项目和指标进行登记,不准任意改变或增减,以免影响汇总和综合,降低资料质量。同一种普查,每次调查的项目和指标应力求一致,以便于进行历次调查资料的对比分析和观察社会经济现象发展变化情况。

(5)普查的数据一般比较准确,规范化程度也较高,因此它可以为抽样调查或其他调查提供基本依据。

(6)普查的使用范围比较窄,只能调查一些最基本及特定的现象。

综合来说,普查的优点在于:由于是调查某一人群的所有成员,所以在确定调查对象上比较简单;普查所获得的资料全面,可以知道全部调查对象的相关情况,准确性高;普查所获得的数据为抽样调查或其他调查提供基本依据。普查的缺点在于:工作量大,花费大,组织工作复杂;调查内容有限;易产生重复和遗漏现象;由于工作量大而可能导致调查的精确度下降,调查质量不易控制。

2. 抽样调查

抽样调查是一种非全面调查,它是从全部调查研究对象中,抽选一部分单位进行调查,并据以对全部调查研究对象作出估计和推断的一种调查方法。显然,抽样调查虽然是非全面调查,但它的目的却在于取得反映总体情况的信息资料,因而也可起到全面调查的作用。

根据抽选样本的方法,抽样调查可以分为概率抽样和非概率抽样两类。概率抽样是按照概率论和数理统计的原理从调查研究的总体中,根据随机原则来抽选样本,并从数量上对总体的某些特征作出估计推断,对推断出可能出现的误差可以从概率意义上加以控制。在我国,习惯上将概率抽样称为抽样调查。

抽样调查作为一种组织调查方式,有如下几个特点:

(1)抽样调查从总体中抽选出来进行调查并用以推断总体的调查样本,是按照随机原则抽选出来的,不受任何主观意图的影响,因此,总体中各个单位都有被抽中的可能性,能够保证被抽中的调查样本在总体中的合理、均匀分布,调查出现倾向性偏差的可能性是极小的,样本对总体的代表性很强。

(2)抽样调查是以抽选出的全部调查样本作为一个"代表团"来代表总体的,而不是用随意挑选出来的个别单位来代表总体,使调查样本具有充分的代表性。

(3)抽样调查所抽选的调查样本数量,是根据要调查的总体各个单位之间的差异程度和调查推断总体允许的误差大小,经过科学的计算确定的。由于在调查样本的数量上有可靠的保证,样本就会与总体实际十分接近。

(4)抽样调查中的样本误差,在调查前就可以根据调查样本数量和总体中各单位之间的差异程度进行计算,可以把样本误差控制在一定范围之内,调查结果的准确程度比较有把握。

抽样调查从总体上来看可以分为两类,即随机抽样和非随机抽样。

随机抽样是按照随机原则进行抽样,不加主观因素,组成总体的每个单位都有被抽中的概率(非零概率),可以避免样本出现偏差,样本对总体有很强的代表性。

非随机抽样是按主观意向进行的抽样(非随机的),组成总体的很大部分单位没有被抽中的机会(零概率),使调查很容易出现倾向性偏差。

在实际生活中,随机抽样得到广泛应用。因此,现代的抽样调查一般指随机抽样,随机抽样主要有如下几类:

(1)简单随机抽样。简单随机抽样也称为单纯随机抽样,是指从总体 N 个单位中任意抽取 n 个单位作为样本,使每个可能的样本被抽中的概率相等的一种抽样方式。简单随机抽样一般可采用掷硬币、掷骰子、抽签、查随机数表等办法抽取样本。在统计调查中,由于总体单位较多,前三种方法较少采用,主要运用后一种查随即数表的方法。

按照样本抽选时每个单位是否允许被重复抽中,简单随机抽样可分为重复抽样和不重复抽样两种。在抽样调查中,特别是社会经济的抽样调查中,简单随机抽样一般是指不重复抽样。

简单随机抽样是其它抽样方法的基础,因为它在理论上最容易处理,而且当总体单位数 N 不太大时,实施起来并不困难。但在实际中,若 N 相当大时,简单随机抽样就不是很容易办到。一方面,它要求有一个包含全部 N 个单位的抽样框;另一方面,用这种抽样得到的样本单位较为分散,调查不容易实施。因此,在实际中直接采用简单随机抽样的并不多。

(2)等距抽样。等距抽样也称为系统抽样或机械抽样,它是首先将总体中各单位按一定顺序排列,根据样本容量要求确定抽选间隔,然后随机确定起点,每隔一定的间隔抽取一个单位的一种抽样方式。

根据总体单位排列方法,等距抽样的单位排列可分为三类:按有关标志排队、按无关标志排队以及介于按有关标志排队和按无关标志排队之间的按自然状态排列。按照具体实施等距抽样的作法,等距抽样可分为:直线等距抽样、对称等距抽样和循环等距抽样三种。

等距抽样的最主要优点是简便易行,且当对总体结构有一定了解时,充分利用已有信息对总体单位进行排队后再抽样,则可提高抽样效率。

(3)分层抽样。分层抽样又称为分类抽样或类型抽样,它首先是将总体的 N 个单位分成互不交叉、互不重复的 k 个部分,我们称之为层;然后在每个层内分别抽选 n_1、n_2、...... n_k个单位,构成一个容量为 $n_1+n_2...+n_k$ 个样本的一种抽样方式。

分层主要有三个作用:一是为了工作的方便和研究目的的需要;二是为了提高抽样的精度;三是为了在一定精度的要求下,减少样本的单位数以节约调查费用。因此,分层抽样是应用上最为普遍的抽样技术之一。

按照各层之间的抽样比是否相同,分层抽样可分为等比例分层抽样与非等比例分层抽样两种。实际上,分层抽样是科学分组与抽样原理的有机结合。前者是划分出性质比较接近的层,以减少标志值之间的变异程度;后者是按照抽样原理抽选样本。因此,分层抽样一般比简单随机抽样和等距抽样更为精确,能够通过对较少的样本进行调查,得到比较准确的推断结果,特别是当总体数目较大、内部结构复杂时,分层抽样常能取得令人满意的效果。

(4)整群抽样。整群抽样又称集团抽样,是首先将总体中各单位归并成若干个互不交叉、互不重复的集合(我们称之为群),然后以群为抽样单位抽取样本的一种抽样方式。整群抽样特别适用于缺乏总体单位的抽样框。应用整群抽样时,要求各群有较好的代表性,即群内各单位的差异要大,群间差异要小。整群抽样的优点是实施方便、节省经费;缺点是往往由于不同群之间的差异较大,由此而引起的抽样误差往往大于简单随机抽样。

(5)多阶抽样

多阶段抽样也称为多级抽样,是指在抽取样本时,分为两个及两个以上的阶段从总体中抽取样本的一种抽样方式。其具体操作过程是:第一阶段,将总体分为若干个一级抽样单位,从中抽选若干个一级抽样单位入样;第二阶段,将入样的每个一级单位分成若干个二级抽样单位,从入样的每个一级单位中各抽选若干个二级抽样单位入,以此类推,直到获得最终样本。

多阶段抽样区别于分层抽样,也区别于整群抽样,其优点在于适用于抽样调查的面特别广,没有一个包括所有总体单位的抽样框,或总体范围太大,无法直接抽取样本等情况,可以相对节省调查费用。其主要缺点是抽样时较为麻烦,而且依所样本对总体的估计比较复杂。

(6)二重抽样。双重抽样又称二重抽样或复式抽样,是指在抽样时分两次抽取样本的一种抽样方法,其具体过程为:首先,抽取一个初步样本,并收取一些简单项目以获得有关总体的信息;然后,在此基础上再进行深入抽样。在实际运用中,双重抽样可以推广为多重抽样。

双重抽样的主要作用是提高抽样效率、节约调查经费。

(7)比率抽样。比率抽样是按规模大小成比例的概率抽样,简称为 PPS 抽样,它是一种使用辅助信息、从而使每个单位均有按其规模大小成比例的被抽中概率的一种抽样方式。PPS 抽样的主要优点是:使用了辅助信息,减少抽样误差;主要缺点是:对辅助信息要求较高,方差的估计较复杂等。

3. 重点调查

重点调查是一种非全面调查,它是在全部单位中选择一部分重点单位进行调查,以取得统计数据的一种非全面调查方法。其目的是为了了解总体的基本情况。这些重点单位在全部单位中虽然只是一部分,但它们在所研究现象的总量中却占有绝大比重,因而对它们进行调查就能够反映全部现象的基本情况。例如,要了解全国钢铁生产的增长情况,只要对全国为数不多的大型钢铁企业的生产情况进行调查,就可以掌握我国钢铁生产的基本情况了。

重点调查的对象可以是一些企业、行业、也可以是一些地区、城市。这种方法的优点是:所投入的人力、物力少,而又能较快地收集到统计信息资料。一般来讲,在调查任务只要求掌握基本情况,而部分单位又能比较集中反映研究项目和指标时,就可以采用重点调查。

由于重点单位在全体调查对象中只占一小部分,调查的标志量在总体中却占较大的比重,因而对这部分重点单位进行调查所取得的统计数据能够反映社会经济现象发展变化的基本趋势。和抽样调查不同的是,重点调查取得的数据只能反映总体的基本发展趋势，不能用以推断总体，因而也只是一种补充性的调查方法。目前主要是在一些企业集团的调查中运用。

重点调查的特点是投入少，调查速度快，所反映的主要情况或基本趋势比较准确。另外，在选取重点单位时，应遵循的两个原则，一是要根据调查任务的要求和调查对象的基本情况而确定选取的重点单位及数量。一般来讲，要求重点单位应尽可能少，而其标志值在总体中所占的比重应尽可能大，以保证有足够的代表性；二是要注意选取那些管理比较健全、业务力量较强、统计工作基础较好的单位作为重点单位。

4. 典型调查

典型调查是根据调查目的和要求，在对调查对象进行初步分析的基础上，有意识的选取少数具有代表性的典型单位进行深入、细致的调查研究，借以认识同类事物的发展变化规律及本质的一种非全面调查。

该种调查法较为细致，适用于对新情况、新问题的调查。运用典型调查法时须注意所选的对象要具有代表性，能够集中、有力地体现问题和情况的主要方面。典型调查法具有省时、省力的优点，但也有不够准确的缺点。典型调查一般用于调查样本太大而调查者又对总体情况比较了解，同时又能比较准确地选择有代表性对象的情况。

典型调查除了本身具有的优点外，还有如下特征：

(1)典型调查主要是定性调查。典型调查主要依靠调查者深入基层进行调查，对调查对象直接剖析，取得第一手资料，能够透过事物的现象发现事物的本质和发展规律。它是一种定性研究，难以进行定量研究。

(2)典型调查是根据调查者的主观判断，选择少数具有代表性的单位进行调查。因此，调查者对调查单位的了解情况、思想水平和判断能力对选择典型的代表性起着决定作用。

(3)典型调查的方式是面对面的直接调查。它主要依靠调查者深入基层与调查对象直接接触与剖析，因此，对现象的内部机制和变化过程往往了解得比较清楚，资料比较全面、系统。

(4)典型调查方便、灵活，可以节省时间、人力和经费。典型调查的对象少，调查时间快，反映情况快，调查内容系统周密，了解问题深，使用调查工具不多，运用起来灵活方便，可以节省很大的人力、财力。

5. 统计报表

统计报表是一种以全面调查为主的调查方式，它是由政府主管部门根据统计法规，以统计表格形式和行政手段自上而下布置，而后由企、事业单位自下而上层层汇总上报，逐级提供基本统计数据的一种调查方式。它的任务是经常地、定期地收集反映国民经济和社会发展基本情况的资料，为各级政府和有关部门制定国民经济和社会发展计划，以及检查计划执行情况服务。

统计报表是以生产资料公有制为基础、为适应政府管理职能的需要而产生和发展起来的，曾经是高度集中的计划经济体制不可分割的组成部分。作为一种全面的基本情况的调查方法，统计报表经过调整和改进，同样也是社会主义市场经济体制下国家对国民经济和社会发展进行计划管理和宏观调控的重要工具，是政府统计执行其“信息、咨询和监督”基本职能的主要手段。

统计报表制度是一个庞大的组织系统。它不仅要求各基层单位有完善的原始记录、台账和内部报表等良好的基础，而且还要求有一支熟悉业务的专业队伍。因此，它需要占用很大的人力和财力。要很好地发挥统计报表制度的积极作用，必须严格按照统计法规办事，实行系统内的有效监督和管理。统计报表要力求精简，既要防止多、乱、滥发报表，又要防止虚报、瞒报和漏报。这样，才能保证统计数字的质量，降低统计的社会成本。

统计报表按其性质和要求不同，有如下几种分类

(1)按报表内容和实施范围不同，分为国家统计报表、部门统计报表和地方统计报表。

国家统计报表是国民经济基本统计报表，由国家统计部门统一制发，用以收集全国性的经济和社会基本情况，包括农业、工业、基建、物资、商业、外贸、劳动工资、财政等方面最基本的统计资料。部门统计报表为了适应各部门业务管理需要而制定的专业技术报表。地方统计报表针对地区特点而补充制定的地区性统计报表，是为本地区的计划和管理服务的。

(2)按报送周期长短不同，分为日报、旬报、季报、半年报和年报。周期短的，要求资料上报迅速，填报的项目比较少；周期长的，内容要求全面一些；年报具有年末总结的性质，反映当年中央政府的方针、政策和计划贯彻执行情况，内容要求更全面和详尽。

(3)按填报单位不同，分为基层统计报表和综合统计报表。基层统计报表是由基层企、事业单位填报的报表。综合统计报表是由主管部门制定或部门根据基层

报表逐级汇总填报的报表。

统计报表具有以下三个显著的优点：

(1)它是根据国民经济和社会发展宏观管理的需要而周密设计的统计信息系统，从基层单位日常业务的原始记录和台账(即原始记录分门别类的系统积累和总结)到包含一系列登记项目和指标，都可以力求规范和完善，使调查资料具有可靠的基础，保证资料的统一性，便于在全国范围内汇总、综合。

(2)它是依靠行政手段执行的报表制度，要求严格按照规定的时间和程序上报，因此，具有100%的回收率；而且填报的项目和指标具有相对的稳定性，可以完整地积累形成时间序列资料，便于进行历史对比和社会经济发展变化规律的系统分析。

(3)它既可以越级汇总，也可以逐级汇总，层层上报，以便满足各级管理部门对主管系统和区域统计资料的需要。

(四) 统计调查方案

在具体开展任何一项统计调查工作前，首先都应设计一份详细、具体的统计调查方案。一份周密的统计调查方案可以确保统计调查工作有条不紊的展开，增加统计调查的效率，对后续的统计研究工作有着重要的意义。具体来说，一份完整的统计调查方案应该包括如下几个部分。

1. 确定统计调查的目的

在设计统计调查方案前，首先要明确统计调查的目的。统计调查的目的，即为什么要进行调查？调查的时候要收集到那些数据？通过调查要解决那些现实问题？统计调查的目的是统计调查工作中的一个根本性问题，它是根据统计研究任务所提出的要求和研究对象的特点来确定的。只有有了明确的目的，才能做到有的放矢，正确地确定调查的内容和方法，收集相关的资料，舍弃无关的资料，节约人力、物力、财力，按时完成调查任务，提高调查资料的时效性。

2. 确定调查对象、调查单位和填报单位

确定调查对象是指确定向谁调查的问题，确定调查单位是解决由谁来提供调查数据的问题。调查对象是指统计调查过程中调查研究的总体，而调查单位是指统计调查中所研究范围里面的每一个个体，调查单位是数据收集中基本单位。例如，为了调查我国影视文化企业的经营效益，其调查对象是我国所有影视文化企业，而调查单位是我国影视文化企业中的每一个。

明确调查单位，必须将其与填报单位区分开来，填报单位是指向上级报告调查内容、提交报告资料的单位。报告单位一般在经济和行政上拥有独立地位，而调查单位可以是实体单位、个人甚至是物品。在实际调查研究中，调查单位既可以是调查对象的全部单位，也可以是部分单位。

3. 编制调查表

调查表就是将调查项目按一定的顺序所排列的一种表格形式。调查表一般有两种形式：单一表和一览表。单一表是一个调查单位填写一份表格，可以容纳较多的项目。一览表是许多调查单位共同填写一份表格，在调查项目不多时较为简便，且便于合计和核对差错。为了正确填写调查表，须附有填表说明和项目解释。

4. 调查地点和调查时间

调查地点是指确定登记资料的地点。调查时间包括调查时间和调查期限两层含义。其中调查时间指调查资料所属时间，如果调查的是时期现象，调查时间是资料所反映的起讫时间；如果调查的是时点现象，调查时间是统一规定的标准时点。调查时限是进行调查工作的期限，包括收集资料和报送资料的整个工作所需要的时间。调查期限不宜过长，应尽可能缩短。

5. 制定调查工作组织作计划

调查工作的组织计划主要包括以下内容：建立统一的组织领导机构；确定调查的参加单位和人员；确定调查的方式和方法；做好调查前的准备工作（宣传教育、调查人员培训、文件印刷等）；规定资料的报送方法和经费预算等。

三、统计数据具体收集方法

（一）直接观察法

直接观察法是指对所发生的事或人的行为的直接观察和记录，是数据收集的基本方法之一。在观察过程中，调查人员所处的地位是被动的，也就是说调查人员对所观察的事件或行为不加以控制或干涉。

例如，在进行商场调查时，调查人员并不访问任何人，只是观察现场的基本情况，然后记录备案。一般调查的内容有某段时间的客流量、顾客在各柜台的停留时间、各组的销售状况、顾客的基本特征、售货员的服务态度等。

（二）询问法

询问法是指将所要调查的事项以当面、书面或电话的方式，向被调查者提出询问，以获得所需要的资料，它是市场调查中最常见的一种方法。通常应该事先设计好询问程序及调查表或问卷，以便有步骤地提问。

访问调查是应用最为广泛的一种调查，也称访谈法，是指访问者通过口头交谈等方式直接向被访问者了解社会情况或探讨社会问题的调查方法。

访问调查法通常按照两种标准来进行划分：一是以访问调查内容为标准，划分为标准化访问和非标准化访问；二是以访问调查方式为标准，划分为直接访问和间接访问，如图 2—2 所示。

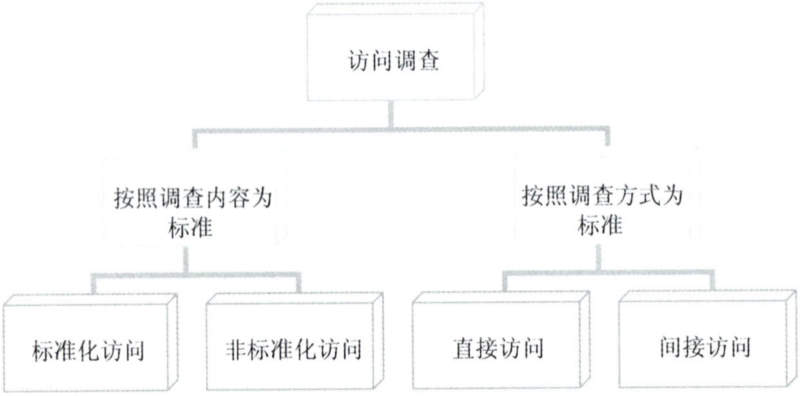

图 2—2　访问调查的分类

标准化访问也称结构性访问，就是按照统一设计的、有一定结构的问卷所进行的访问。

这种访问的特点是：选择访问对象的标准和方法，访谈中提出的问题、提问的方式和顺序，以及对被访问者回答的记录方式等都是统一设计的，甚至连访谈的时间、地点、周围环境等外部条件，也力求保持基本一致。

标准化访谈的最大好处是，便于对访问结果进行统计和定量分析，便于对不同被访问者的回答进行对比研究。但是，这种访问方法缺乏弹性，难以灵活反映复杂多变的社会现象，难以对社会问题进行深入探讨，同时也不利于充分发挥访问者和被访问者的积极性、主动性。

非标准化访问也称非结构性访问，就是按照一定调查目的和一个粗线条调查提纲进行的访问。这种访问方法，对访问对象的选择和访谈中所要询问的问题有一个基本要求，但可根据访谈时的实际情况作必要调整。

非标准化访问，有利于充分发挥访问者的主动性、创造性，有利于适应千变万化的客观情况，有利于调查原设计方案中没有考虑到的新情况、新问题，有利于对社会问题进行深入的探讨。但是，这种方法对访问者的要求较高，对访问调查的结果难以进行定量分析。

直接访问，就是访问者与被访问者进行面对面的访谈。这种访问方法，又可分为“走出去”和“请进来”两种具体方式。“走出去”就是访问者走到被访问者中间去，就地进行访问；“请进来”就是将访问者请到访问者安排的地方来，然后再进行访问。

座谈会调查也称集体访谈法，是将被调查者请到调查现场，在现场主持人的主持下，让被调查者就调查问题进行相互讨论，从而获取调查资料的一种方法。座谈会调查可以使调查人员从被调查者的讨论中得到关于调查问题的定性资料。在选取被调查者时，通常会经过严格的甄别程序选取少数受访者，围绕研究主题以一种非正式的、相对轻松、自由的环境进行讨论。这种方法适用于与研究课题有密切关系的少数人员的倾向和意见，通常应用在市场调查中。

间接访问，就是访问者通过电话、计算机、书面问卷等中介工具对被访问者进行访问。

其中，电话调查指的是调查者按照统一问卷，通过电话向被访者提问，笔录答案。这种调查方法在电话普及率很高的国家很常用，电话调查速度快、范围广、费用低、回答率高、误差小，人们在电话中回答问题一般较坦率，适用于不习惯面谈的人，但电话调查时间短，答案简单，难以深入。随着电话普及率的不断提高，电话调查方法会得到越来越多的应用。

邮寄调查指将事先设计好的调查表（亦称问卷，questionnaire）投寄给调查对象，要求填好后寄回。这种形式是在被访问者不愿面谈及其反应可能受访问者影响或容易被曲解的情况下所能采取的最好办法。问卷必须简洁，问题明了。邮寄调查表的回收率一般较低，回收时间较迟缓。

邮寄调查适用于空间范围大，在一个地区可以邮寄到许多地方甚至是全国、国际市场进行调查。不受调查所在地区的限制，只要通邮的地方，都可选为调查样本；样本数目可以很多，而费用开支少。按随机原则选定的调查样本，可以达到一定数量，同时发放和回收问卷，而且调查时间短；被调查者有较充裕的时间考虑来回答问卷，并可避免面谈中受调查者倾向性意见的影响，从而得到较为真实、可靠情况。

邮寄调查通常可以扩大调查范围；增加样本量；减少了访问员的劳务费，免除了对访问人员的管理；被访者能避免与陌生人接触而引起的情绪波动；被访者有充足的时间填答问卷 ；可以对较敏感或隐私问题进行调查。但邮寄调查不足之处在于问卷回收率较低；信息反馈周期长，影响收集资料的时效；对被访者的文字表达能力有较高的要求；问卷的内容和题型不能太困难；难以甄别被访者是否符合条件；调查内容要求易引起被访者兴趣等。

个别深度访问是一种一次只要一名受访者参加的特殊的定性研究。“深访”暗示着要不断深入到受访者的思想中，努力发掘其行为的真实动机。深访是一种无结构的个人访问，调查者运用大量的追问技巧，尽可能让受访者自由发挥，表达他的想法和感受。深度访问常用于动机研究，如消费者购买某种产品的动机等，以发掘受访者非表面化的深层意见。这一方法最适用于研究隐私的问题，如个人隐私问题；或敏感问题，如政治性问题。对于那些不同人之间观点差异极大的问题，用小组讨论可能会把问题弄糟，这时也可采用个别深度访问法。

座谈会和个别深访法属于定性方法，通常围绕一个特定的主题取得有关定性资料。这类方法和定量方法不同。定量方法是从总体中按随机方式抽取样本获得资料，其研究结果或结论可以进行推论。但定性研究着重于对问题的性质和对未来趋势的把握，而不是对研究总体数量特征的推断。座谈会和个别深度访问主要用于市场调查和研究。

所谓网络调查，是指利用互联网技术进行调查的一种方法。网络调查大多应用于企业内部管理、商品行销、广告和业务推广等商业活动中。网络调查方法是伴随着网络软硬件设备的普及与通信技术的进步而发展起来的。目前，网络调查采用的方法主要有电子邮件法、网络站点法、网络会议法、视讯会议法、网络电话法以及在聊天室选择网民进行调查、在 BBS 电子公告牌上发布调查信息，或采取网络实时交谈等方式。

网络调查的快速发展与其自身所具有的优势是分不开的，这些优势主要表现在：

(1)网络调查信息收集的广泛性。网络是不受时空、地域限制的。这与受区域制约的传统调查方式有很大不同。如果我们利用传统方式在全国范围内进行市场调查，需要各个区域的配合。而澳大利亚一家市场调查公司在 2011 年 8、9 月份进行的包括中国在内的七个国家的互联网用户在线调查活动却相当方便。如果利用传统方式，这样的调查活动是无法想象的。

(2)网络调查信息的及时性和共享性。在数字化飞速发展的今天，网络调查较好地解决了传统调查方法所得的调查结果都存在时效性较差这一难题。只要轻轻一点，世界任何一个角落的用户都可以加入其中，从用户输入信息到公司接收，只不过几秒钟的时间。利用计算机软件整理资料，马上可以得出调查的结果。而被调查者只要点击“结果”键，就可以知道现在为止所有被调查者的观点所占的比例，使用户了解公司此次的调查活动，加强参与感，提高满意度，实现了信息的全面共享。

(3)网络调查的便捷性和经济性。在网络上进行市场调查，无论是调查者还是被调查者，只需拥有一台计算机、一个调制解调器、一部电话(或一台多媒体电视机和一部电话)就可以进行。若是采用问卷调查的方法，调查者只要在企业站点上发出电子调查问卷，提供相关的信息，然后利用计算机对被访问者反馈回来的信息进行整理和分析。这不仅十分便捷，而且会大大地减少企业市场调研的人力和物力耗费，缩减调查成本。

(4)调查结果有较强的准确性。网络调查的准确性较高主要在于：第一，调查者不与被调查者进行任何的接触，可以较好地避免来自调查者的主观因素的影响；第二，被调查者接受询问、观察，均是处于自然、真实的状态；第三，站点的访问者一般都具有一定的文化知识，易于配合调查工作的进行；第四，企业网络站点访问者一般都是对企业有一定的兴趣，不会像传统方式下单纯为了抽号中奖而被动回答，所以，网络市场调查结果比较客观和真实，能够反映市场的历史和现状。

以下是一份大学生网上购物偏好调查的问卷实例。

大学生网上购物偏好调查①

问卷描述：

尊敬的同学：您好，本项目旨在了解大学生在网络购物的过程中，对淘宝网散户和网络商城(淘宝商城、当当、京东商城等 B2C② 网上商店)之间的偏好。非常感谢您能抽空填写问卷！

第 1 题［单项选择题］

性别

☐ 男　　☐ 女

第 2 题［单项选择题］

年级

☐大一　　☐大二　　☐ 大三　　☐ 大四　　☐ 研究生

---

① 问卷来源：知己知彼网，www. zhijizhibi. com.

② B2C，是英文 Business－to－Customer 的简称，即商家对顾客的电子商务模式。

第 3 题［单项选择题］

您的专业类别：

□ 文　□ 理　□ 工　□ 农　□ 医　□ 军事

第 4 题［单项选择题］

您曾经尝试过网上购物吗？

□ 有　□ 没有

第 5 题［单项选择题］

您最近一个月内有进行过网上购物吗？

□ 有　□ 没有

第 6 题［扩展单项选择题］

您每笔网上交易的一般金额是：(货币：人民币 单位：元)

□ 0—50　□ 50—100　□ 100—150　□ 150—200

□ 200—250　□ 其他()

第 7 题［单项选择题］

您第一次网上购物是在哪里进行的？

□ 淘宝网(不含淘宝商城)

□ 淘宝商城、当当、京东商城等 B2C 网上商店

第 8 题［扩展多项选择题］

以下哪些因素促使您决定进行首次网上购物？

□亲友　□ 网络广告(网站广告、电邮)　□ 搜索引擎

□ 实体广告(书报广告、电视广告等)　□ 其他

第 9 题［单项选择题］

您平时更常去哪个地方进行网上购物？

□ 淘宝网(不含淘宝商城)　□ 淘宝商城、当当、京东商城等 B2C 网上商店

第 10 题［扩展多项选择题］

对于您在第 9 题中选择了“淘宝网”的商品类目而言，您认为淘宝网(不含淘宝商城)相对于淘宝商城、当当、京东商城等 B2C 网上商店，有哪些过人之处？

□ 产品品种丰富，选择更多　□ 价格低廉　□ 更易于与主人进行沟通，议价

□ 发货更为迅速　□ 其他

第 11 题［扩展多项选择题］

对于您在第 9 题中选择了“B2C 网上商店”的商品类目而言，您认为淘宝商城、

当当、京东商城等 B2C 网上商店相对于淘宝网(不含淘宝商城),有哪些过人之处?

□ 品牌效应 □ 广告优势 □ 质量保证 □ 良好的售后服务

□ 其他

(三)报告法

报告法是由基层单位按照隶属关系逐级向上级有关部门提供统计资料的一种调查方法。例如,统计报表制度就属于这种方法。这种调查是各地区、各部门、各单位按照有关法规的规定,必须对国家履行的一种义务。报告法的特点是:有统一项目、统一要求和统一上报程序;其资料来源于原始记录;可以同时进行大量的调查。表 2—2 是我国服务贸易统计报表中基本情况登记表的样例。

表 2—2 服务贸易统计报表基本情况登记表

基本情况登记表

表　　号:
制表机关:
文　　号:
20　　年　　　　有效期至:

1. 调查对象详细名称: 2. 企业开业时间:______年______月 3. 法定代表人(负责人):		4. 组织机构代码: □□□□□□□□—□ 5. 个人身份证号码:□□□□□□□□□□□□□□□□□□□□ 6. 进出口企业代码:□□□□□□□□□□□□□□□	
7. 联系方式		电子信箱:______________ 网　　址:______________	
8. 行业类别 主要业务活动(或主要产品) 1______; 2______; 3______;			行业类别代码 □□□□
9. 登记注册类型			
内资	149 其他联营	174 私营股份有限公司	外商投资
110 国有	151 国有独资公司	190 其他	310 中外合资经营
120 集体	159 其他有限责任公司	港澳台商投资	320 中外合作经营
130 股份合作	160 股份有限公司	210 与港澳台商合资经营	330 外资企业
141 国有联营	171 私营独资	220 与港澳台商合作经营	340 外商投资股份有限公司
142 集体联营	172 私营合伙	230 港澳台商独资	□□□
143 国有与集体联营	173 私营有限责任公司	240 港澳台商投资股份有限公司	
10. 控股情况 1 国有控股,2 集体控股,3 私人控股,4 港澳台商控股,5 外商控股			□

11. 隶属关系	10 中央，20 省（自治区、直辖市），40 地（区、市、州、盟），50 县（区、市、旗），61 街道，62 镇，63 乡，71 居委会，72 村委会，90 其他	□
12. 机构类型	1 企业，2 事业单位，3 机关，4 社会团体，5 民办非企业单位，9 其他组织机构	

13. 年末从业人员数

指标名称	代码	总计						
甲	乙	百万	十万	万	千	百	十	个
年末从业人员合计	01							

14. 企业主要经济指标

指标名称	千亿	百亿	十亿	亿	千万	百万	十万	万元	千元
年销售（营业）收入									
资产总额（人民币）									

15. 企业资质等级（限建筑业企业填写）
建筑业（新资质企业，请填写资质证书编号前 4 位；没有新资质的企业，请填 9999）

下面是统计报表填报案例介绍

某影视科技投资有限公司，2009 年 1—6 月份，该企业为俄罗斯影视企业提供制作加工影片服务，涉及金额 4 万美元；为英国加工服务制成立体发声图书，涉及金额 1 万美元，2009 年 1—6 月份出口总额为 5 万美元。该企业同时与台湾地区企业签订合同，由台湾企业负责影片剪辑、配音等工作，涉及金额 25 万美元。填表如表 2—3 下：

表 2—3　文化服务进出口情况

表　　号：
制表机关：
文　　号：

组织机构代码：□□□□□□□□—□

填报对象名称：＊＊＊公司　　　　有效期至：

2009　年 1— 2　季　　　　计量单位：

服务类别	出口		进口	
	国别（地区）	金额	国别（地区）	金额
总　计		5		25
1. 表演艺术及相关服务				
2. 视觉艺术及手工艺				
3. 新闻出版物及相关服务				

续表

服务类别	出口		进口	
	国别(地区)	金额	国别(地区)	金额
4.动漫和游戏	英国	1		
5.广播影视	俄罗斯	4	台湾	25
6.其他网络文化服务				
7.文化相关会展服务				
8.设计服务				
9.其他相关文化服务				

单位负责人:＊＊＊　　填表人:＊＊＊　　联系电话:　　报出日期:

(四)实验调查

实验调查(Experiment survey)是指在给定条件下,通过实验对比,对市场现象中某些变量之间的因果关系及其发展变化过程加以观察分析的一种调查方法。在市场调查中,经常通过实验对比来取得市场情况第一手资料。实验调查法是将自然科学中的实验求证理论移植到市场调查中来,在给定的条件下,对市场经济活动的某些内容及其变化,加以实际验证,调查分析,从而获得市场资料。实验调查法的应用范围非常广,某一种商品需改变包装、设计、价格和广告策略时都可应用。

常用的实验调查法主要有以下几种:

1.事前事后对比实验

这是最简便的一种实验调查形式。采用这一方法是在同一个市场内,实验期前在正常的情况下进行测量,收集必要的数据;然后进行现场实验,经过一定的实验时间以后,再测量收集试验过程中(或事后)的资料数据。从而进行事前事后对比,通过对比观察,了解实验变数的效果。

2.控制组同实验组对比实验

控制组,是指非实验单位(企业、市场),它是与实验组作对照比较的,又称对照组;实验组,系指实验单位(企业、市场)。控制组同实验组对比实验,就是以实验单位的实验结果同非实验单位的情况进行比较而获取市场信息的一种实验调查方法。

采用这种实验调查方法的优点在于实验组与控制组在同一时间内进行现场销售对比,不需要按时间顺序分为事前事后,这样可以排除由于受实验时间不同而可能出现的外来变数影响。

3. 有控制组的事前事后对比实验

有控制组的事前事后对比实验，是指控制组事前事后实验结果同实验组事前事后实验结果之间进行对比的一种实验调查方法。

这种方法不同于单纯的在同一个市场的事前事后对比实验，也不同于在同一时间的控制组同实验组的单纯的事后对比实验。

这一实验方法，是在同一时间周期内，在不同的企业、单位之间，选取控制组和实验组，并且对实验结果分别进行事前测量和事后测量，再进行事前事后对比。

这一方法实验的变数多，有利于消除实验期间外来因素的影响，从而可以大大提高实验变数的准确性。

4. 随机对比实验

随机对比实验是指按随机抽样法选定实验单位所进行的实验调查。事前事后对比实验、控制组同实验组对比实验、有控制组的事前事后对比实验等三种方法，尽管它们的特点不同，但是在选择实验单位上都有一个共同点，即都是按照判断分析的方法选出的。

在对调查的对象情况比较熟悉、实验单位数目不多的条件下，采取判断分析法选定实验单位，简便易行，也能够获得较好的调查效果。但是，当实验单位很多，市场情况十分复杂时，按主观的判断分析选定实验单位就比较困难。这时可以采用随机对比实验，即采用随机抽样法选定实验单位，使众多的实验单位都有被选中的可能性，从而保证实验结果的准确性。

随机对比实验有多种形式，其做法与随机抽样相似，有单纯随机抽样、分层随机抽样、分群随机抽样等。采用何种形式选定实验单位进行对比实验，必须从实际出发，根据具体条件、具体情况而定，并以能够获得准确的实验效果为原则。

除了上述常用的实验方法以外，在开发新产品，选定产品的规格、款式、型号时，还可使用一种小规模市场实验的方法。通过小规模市场实验、试销，在销售客户和使用对象中听取意见，了解需求，收集市场信息资料。

它的具体做法是：第一，选定一个小规模的实验市场，它的条件、特性要与准备进入的市场有较强的相似性。第二，选定新产品或新设计的产品规格、款式、型号，在这个小规模市场上试验销售。第三，进行销售结果分析。第四，根据结果决定是投产扩大规模，还是放弃新产品，选定某一种款式。

这样，有助于提高决策的科学性，明确生产经营方向。

第三节 文化贸易统计数据的整理

在对文化贸易统计数据进行收集之后，为了接下来数据分析的需要，应该对收集的数据进行加工整理，使之更加系统、分类更加明确，从而便于进行后续的统计分析。对统计数据的加工整理是进行统计数据分析的重要前提和必要步骤。

一、统计数据整理的意义

通过统计调查可以取得第一手资料，但这种资料只能反映总体各单位的具体情况，是分散、零碎、表面的。要说明总体情况，揭示出总体的内在特征，还需要对这些资料进行加工整理，使之系统化，以便通过综合指标对总体作出概括性的说明。

统计数据的整理是整个统计工作和研究过程的中间环节，起着承前启后的作用。统计整理是统计调查的继续，又是统计分析的基础。统计调查所收集到的资料，只有通过科学的审核、分类、汇总等整理工作，才能使统计在认识社会的过程中，实现由个别到全体、由特殊到一般、由现象到本质、由感性到理性的转化，才能从整体上反映出事物的数量特征。否则，即使统计调查所得的资料再丰富、再完备，其作用也发挥不出来，统计调查就将徒劳无益，统计分析也将无法进行。

统计数据整理还是积累历史资料的必要手段。统计研究中经常要用动态分析，这就需要有长期累积的历史资料，而根据积累资料的要求，对已有的统计资料进行筛选，以及按历史的口径对现有的统计资料重新调整、分类和汇总等，都必须通过统计整理工作来完成。

总之，统计数据整理的意义在于通过对统计资料的“去粗取精，去伪存真”，从而达到对统计研究对象“由此及彼，由表及里”的认识深化。

二、统计数据整理的步骤

(一)制定统计整理方案

制定统计整理方案是统计整理的依据，是保证统计整理有计划、有组织地进行的首要步骤，是统计设计在统计整理阶段的具体化。

(二)统计资料审核

统计资料的审核具体来说包括以下三个方面：

1. 数据的审核

在对收集到的文化贸易统计数据进行整理时，首先要进行统计数据的审核。统计数据审核的目的就是要保证统计数据的质量，从而为下一阶段的统计分析工作打好基础。从不同渠道获得的统计数据，不同类型的统计数据，其审核不论在内容上或者是在方法上都有所不同。

对于通过直接调查取得的原始数据，应主要从完整性和准确性两个方面去审核。完整性审核主要是检查应调查的单位或个体是否有遗漏，所有的调查项目或指标是否填写齐全等。准确性审核主要包括两个方面：一是检查数据资料是否真实地反映了客观情况，内容是否符合实际；二是检查数据是否有错误，计算是否正确等。审核数据准确性的方法主要有逻辑检查和计算检查。逻辑检查主要是从定性角度审核数据是否符合逻辑、内容是否合理、各项目或数字之间有无相互矛盾的现象。例如，同一年度内的电影贸易额超过了文化贸易总额，对于这种违背逻辑的项目应予以纠正。逻辑检查主要用于对定类数据和定序数据的审核。计算检查是检查调查表中的各项数据在计算结果和计算方法上有无错误。例如，各分项数字之和是否等于相应的合计数，各结构比例之和是否等于 1 或 100%，出现在不同表格上的同一指标数值是否相同，等等。计算检查主要用于对定距数据和定比数据的审核。

对于通过其他渠道取得的第二手数据，除了对其完整性和准确性进行审核外，还应首先注重审核数据的适用性和时效性。第二手数据可以来自多种渠道，有些数据是通过在咨询公司等信息机构购买来的。对于使用者来说，首先应弄清楚数据的来源、数据的口径以及有关的背景材料，以便确定这些数据是否符合分析研究的需要，是否需要重新加工、整理等，不能盲目生搬硬套。此外，还要对数据的时效性进行审核，有些时效性较强的问题，如果所取得的数据过于滞后，就失去了研究的意义。一般来说，应尽可能使用最新的统计数据。数据经过审核后，确认适合实际需要，才有必要做进一步的加工整理。

2. 数据的筛选

对审核过程中发现的错误应尽可能予以纠正。调查结束后，当数据中发现的错误不能予以纠正，或者有些数据不符合调查的要求而又无法弥补时，就需要对数据进行筛选。数据筛选包括两方面内容：一是将某些不符合要求的数据或有明显错误的数据予以剔除；二是将符合某种特定条件的数据筛选出来，对不符合特定条件的数据予以剔除。数据的筛选在市场调查中是十分重要的。

3. 数据的排序

数据排序是按一定顺序或者标准将审核、筛选后的数据进行排序，以便于研究者通过观察数据发现一些明显的特征或具有某种规律性的趋势，从而找到解决问题的线索。除此之外，排序还有助于对数据检查纠错，为重新归类或分组等提供依据。在某些场合，排序本身就是分析的目的之一。例如，从文化贸易额上来看，列出世界上文化贸易前三名的国家，对于各国的文化贸易企业制定发展战略是非常有用的。

对于定类数据，如果是字母型数据，排序有升序与降序之分，但习惯上升序使用得更普遍，因为升序与字母的自然排列相同；如果是汉字型数据，排序方式很多，比如按汉字的首位拼音字母排列，这与字母型数据的排序完全一样，也可按笔画排序，其中也有笔画多少的升序、降序之分。交替运用不同方式排序，在汉字型数据的检查纠错过程中十分有用。

定距数据和定比数据的排序只有两种，即递增和递减。设一组数据为 $X_1, X_2, \cdots X_N$，递增排序后可表示为：$X_{(1)} < X_{(2)} < \cdots < X_{(N)}$；递减排序可表示为：$X_{(1)} > X_{(2)} > \cdots > X_{(N)}$。经排序后的数据也称为顺序统计量（Order statistics）。无论是品质数据还是数值型数据，排序均可借助于计算机完成。

（三）统计分组

统计分组根据统计研究的目的及统计研究的需要选择分组标志，对统计数据进行合理划归。统计分组是统计整理的重要内容和统计分析的基础。只有正确的分组才能整理出有科学价值的综合指标，才能揭示研究对象的本质与发展规律。

（四）统计数据汇总

统计数据汇总是将全部调查资料按照分组要求进行统计分组汇总，计算出各组的单位数和合计总数，并计算出各组指标及综合指标，它是统计整理的中心工作。

（五）编制统计图表

统计图表是表现统计整理成果最重要的一种形式。

三、统计分组

（一）统计分组的概念

统计分组是根据事物内在的特点和统计研究需要，将统计总体按照一定的标志区分为若干组成部分的一种统计方法。

(二)统计分组的原则与要点

1. 统计分组的原则

(1)穷尽原则。穷尽原则是指总体中的每一个单位都应有组可归,或者说各分组的空间足以容纳总体中所有的单位。

(2)互斥原则。互斥原则就是在特定的分组标志下,总体中的任何单位只能归属于某一组,而不能同时或可能归属于几个组。

2. 统计分组要点

(1)分组标志的选择。分组标志的选择是统计分组的关键。分组标志,即将同质总体区分为不同组的标准或依据。分组标志一旦选定,就必然突出了总体在该标志下的性质差别,其他的差别看不见了。分组标志选择不当,不但无法显示现象的根本特征,甚至会混淆事物的性质,歪曲社会经济的真实情况。正确选择分组标志,必须根据统计研究的任务目的,抓住反映现象本质区别和内在联系的标志作为分组标志。

(2)分组界限的划分。分组界限的划分是否恰当,直接影响后续统计分析的质量好坏。分组界限,即根据分组标志,将统计对象划分为若干组别、确定各个组间性质或数量边界的过程。按统计对象性质来确定分组界限时,分组界限一般较为明显;按统计对象的数量特征划分分组界限时,分组界限首先必须能反映事物之间质的差别,其次应采用适当的分组形式,确定相宜的组距、组限和组数。确定组距时,如果资料分布比较均匀,就可以采用等距分组,否则可采用不等距分组;确定组距和组数时,应确保按这样的组限分组后,同组内的性质相同,不同性质的应归入不同组别。

(三)统计分组的作用

1. 划分社会经济现象

统计分组是确定社会经济现象各种类型的基础,一般来说,社会经济类型的分组多采用品质标志来划分。表2—4就是图书出版按品质标志进行分类的情况统计。

表2—4　图书出版分类构成情况(2009)

类　别	种　数 (种)	印　数 (万册)	印　张 (千印张)
图书总计	**301719**	**703675**	**56550271**
使用“中国标准书号”部分合计	**300892**	**702338**	**56381725**
马列主义、毛泽东思想	495	808	137213

续表

类别	种数（种）	印数（万册）	印张（千印张）
哲学	6429	4962	776395
社会科学总论	4112	2609	427242
政治、法律	13730	19423	2042712
军事	917	681	90575
经济	25273	15468	2559192
文化、科学、教育、体育	102597	530481	34585687
语言、文字	16721	20220	2829850
文学	24993	26989	3285112
艺术	15067	14020	960446
历史、地理	11401	15406	1619602
自然科学总论	901	1216	89790
数理科学、化学	5505	3672	590508
天文学、地球科学	1659	1290	100964
生物科学	1618	1028	128422
医学、卫生	14584	10730	1632983
农业科学	6978	5357	398899
工业技术	40938	21501	3441338
交通运输	3313	2336	299844
航空、航天	312	122	15615
环境科学	1447	2065	137979
综合性图书	1902	1954	231357
不使用“中国国家标准书号”部分合计	**827**	**1337**	**168546**
图片	827	1337	27747
国标(GB)、部标(BB)等标准类文件印品			81433
活页文选、活页歌篇、小件印品等			59366

数据图表来源：中国国家统计局 http://www.stats.gov.cn/tjsj/ndsj/2010/indexch.htm

2.研究总体内部的结构及其变化

通过统计分组可以反映总体内部各部分之间的差别和相互关系，表明总体的内部结构。同时，在各组的基础上计算各组所占总体的比重，从总体的构成上认识总体各部分的作用，并对总体作出正确的评价。表2—5就是按三次产业进行分类的就业人员数构成情况。

表2—5　按三次产业分就业人员数(年底数)

年份	经济活动人口(万人)	就业人员(万人)				构成(单位:%;合计=100%)		
		总计	第一产业	第二产业	第三产业	第一产业	第二产业	第三产业
1952	21106	20729	17317	1531	1881	83.5	7.4	9.1
1957	23971	23771	19309	2142	2320	81.2	9.0	9.8
1962		25910	21276	2059	2575	82.1	8.0	9.9
1965		28670	23396	2408	2866	81.6	8.4	10.0
1970		34432	27811	3518	3103	80.8	10.2	9.0
1975		38168	29456	5152	3560	77.2	13.5	9.3
1978	40682	40152	28318	6945	4890	70.5	17.3	12.2
1979	41592	41024	28634	7214	5177	69.8	17.6	12.6
1980	42903	42361	29122	7707	5532	68.7	18.2	13.1
1981	44165	43725	29777	8003	5945	68.1	18.3	13.6
1982	45674	45295	30859	8346	6090	68.1	18.4	13.5
1983	46707	46436	31151	8679	6606	67.1	18.7	14.2
1984	48433	48197	30868	9590	7739	64.0	19.9	16.1
1985	50112	49873	31130	10384	8359	62.4	20.8	16.8
1986	51546	51282	31254	11216	8811	60.9	21.9	17.2
1987	53060	52783	31663	11726	9395	60.0	22.2	17.8
1988	54630	54334	32249	12152	9933	59.3	22.4	18.3
1989	55707	55329	33225	11976	10129	60.1	21.6	18.3
1990	65323	64749	38914	13856	11979	60.1	21.4	18.5
1991	66091	65491	39098	14015	12378	59.7	21.4	18.9
1992	66782	66152	38699	14355	13098	58.5	21.7	19.8
1993	67468	66808	37680	14965	14163	56.4	22.4	21.2

续表

年份	经济活动人口（万人）	就业人员（万人）				构成（单位：%；合计＝100%）		
		总计	第一产业	第二产业	第三产业	第一产业	第二产业	第三产业
1994	68135	67455	36628	15312	15515	54.3	22.7	23.0
1995	68855	68065	35530	15655	16880	52.2	23.0	24.8
1996	69765	68950	34820	16203	17927	50.5	23.5	26.0
1997	70800	69820	34840	16547	18432	49.9	23.7	26.4
1998	72087	70637	35177	16600	18860	49.8	23.5	26.7
1999	72791	71394	35768	16421	19205	50.1	23.0	26.9
2000	73992	72085	36043	16219	19823	50.0	22.5	27.5
2001	74432	73025	36513	16284	20228	50.0	22.3	27.7
2002	75360	73740	36870	15780	21090	50.0	21.4	28.6
2003	76075	74432	36546	16077	21809	49.1	21.6	29.3
2004	76823	75200	35269	16920	23011	46.9	22.5	30.6
2005	77877	75825	33970	18084	23771	44.8	23.8	31.4
2006	78244	76400	32561	19225	24614	42.6	25.2	32.2
2007	78645	76990	31444	20629	24917	40.8	26.8	32.4
2008	79243	77480	30654	21109	25717	39.6	27.2	33.2
2009	79812	77995	29708	21684	26603	38.1	27.8	34.1

数据图表来源：中国国家统计局 http://www.stats.gov.cn/tjsj/ndsj/2010/indexch.htm

从表中可以看出1952年到2009年从业人员的分布情况，通过分组表明了从业人员在三次产业中的分布，也显示了从业人员在三次产业中的结构比重，说明这50多年间我国的产业结构发生了很大的变化。

3. 分析现象之间的依存关系

社会经济现象之间存在着相互制约、相互联系的关系，通过统计分组可以根据现象间的影响因素和结果因素的对应更好地揭示现象之间依存关系。表2—6显示的是城乡居民家庭人均收入及恩格尔系数。

表 2—6　城乡居民家庭人均收入及恩格尔系数

年　份	城镇居民家庭人均可支配收入		农村居民家庭人均纯收入		城镇居民家庭恩格尔系数(%)	农村居民家庭恩格尔系数(%)
	绝对数(元)	指数(1978=100)	绝对数(元)	指数(1978=100)		
1978	343.4	100.0	133.6	100.0	57.5	67.7
1980	477.6	127.0	191.3	139.0	56.9	61.8
1985	739.1	160.4	397.6	268.9	53.3	57.8
1990	1510.2	198.1	686.3	311.2	54.2	58.8
1991	1700.6	212.4	708.6	317.4	53.8	57.6
1992	2026.6	232.9	784.0	336.2	53.0	57.6
1993	2577.4	255.1	921.6	346.9	50.3	58.1
1994	3496.2	276.8	1221.0	364.3	50.0	58.9
1995	4283.0	290.3	1577.7	383.6	50.1	58.6
1996	4838.9	301.6	1926.1	418.1	48.8	56.3
1997	5160.3	311.9	2090.1	437.3	46.6	55.1
1998	5425.1	329.9	2162.0	456.1	44.7	53.4
1999	5854.0	360.6	2210.3	473.5	42.1	52.6
2000	6280.0	383.7	2253.4	483.4	39.4	49.1
2001	6859.6	416.3	2366.4	503.7	38.2	47.7
2002	7702.8	472.1	2475.6	527.9	37.7	46.2
2003	8472.2	514.6	2622.2	550.6	37.1	45.6
2004	9421.6	554.2	2936.4	588.0	37.7	47.2
2005	10493.0	607.4	3254.9	624.5	36.7	45.5
2006	11759.5	670.7	3587.0	670.7	35.8	43.0
2007	13785.8	752.5	4140.4	734.4	36.3	43.1
2008	15780.8	815.7	4760.6	793.2	37.9	43.7
2009	17174.7	895.4	5153.2	860.6	36.5	41.0

数据图表来源：http://www.stats.gov.cn/tjsj/ndsj/2010/html/J1002C.xls

从上表中可以看出，不论是对于城镇居民还是农村居民而言，随着家庭可支配收入的增加，恩格尔系数总体上呈下降趋势。

（四）统计分组分类

统计分组可根据不同的标志进行不同的分类，如图 2—3 所示。

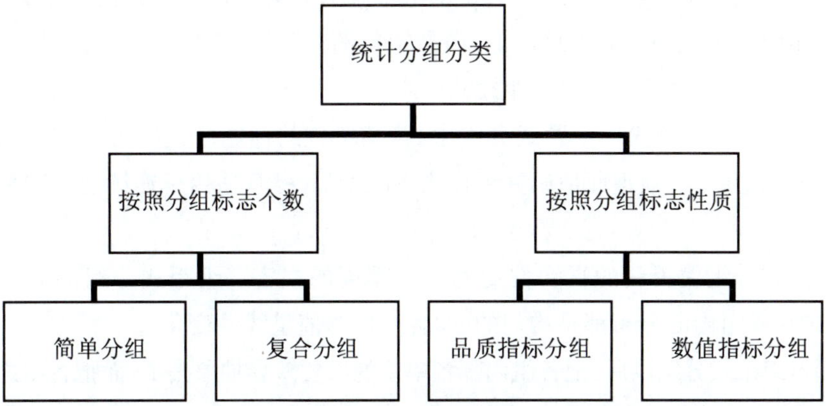

图 2—3 统计分组分类

1. 按照分组标志个数

按分组标志个数的不同，可分为简单分组和复合分组。

（1）简单分组。简单分组是将社会经济总体只选择一个标志进行的分组。

（2）复合分组。复合分组是用两个或两个以上分组标志重叠起来对总体进行的分组。

2. 按照分组标志性质不同

（1）品质指标分组。品质标志分组一般较简单，分组标志一旦确定，组数、组名、组与组之间的界限也就确定。有些复杂的品质标志分组可根据统一规定的划分标准和分类目录进行。

（2）数量指标分组。按数量标志分组的目的并不是单纯确定各组在数量上的差别，而是要通过数量上的变化来区分各组的不同类型和性质。数量标志分组方法从以下几个方面来说明：

一是单项式分组和组距式分组

离散变量如果变量值的变动幅度小，就可以一个变量值对应一组，称单项式分组。如居民家庭按儿童数或人口数分组，均可采用单项式分组。

离散变量如果变量值的变动幅度很大，变量值的个数很多，则应把整个变量值依次划分为几个区间，各个变量值则按其大小确定所归并的区间，区间的距离称为组距，这样的分组称为组距式分组。

也就是说，离散变量根据情况既可用单项式分组，也可用组距式分组。在组距式分组中，相邻组既可以有确定的上下限，也可将相邻组的组限重叠。

连续变量由于不能一一列举其变量值，因此，只能采用组距式的分组方式，且相邻的组限必须重叠。如以总产值、商品销售额、劳动生产率、工资等为标志进行分组，就只能是相邻组限重叠的组距式分组。

在相邻组组限重叠的组距式分组中，若某单位的标志值正好等于相邻两组的上下限的数值时，一般把此值归并到作为下限的那一组（适用于连续变量和离散变量）。

组距式分组使资料的真实性受到一定程度的损害。组距式分组的假定条件是：变量在各组内的分布都是均匀的（即各组标志值呈线性变化）。

通过组距式分组以后，把各组内部各单位的次要差异抽象去了，而把各组之间的主要差异突出出来，因此，可以更容易显示出各组分配的规律性。根据这个道理，如组距太小、分组过细，就容易将属于同类的单位划分到不同的组，因而显示不出现象类型的特点；但如果组距太大、组数太少，就会把不同性质的单位归并到同一组中，失去区分事物的界限，达不到正确反映客观事实的目的。因此，组距的大小、组数的确定应根据研究对象的经济内容和标志值的分散程度等因素，不可强求一致。

二是等距分组和不等距分组

等距分组是各组保持相等的组距，也就是说各组标志值的变动都限于相同的范围。不等距分组即各组组距不相等的分组。

统计分组时采用等距分组还是不等距分组，取决于研究对象的性质特点。在标志值变动比较均匀的情况下宜采用等距分组。等距分组便于各组单位数和标志值直接比较，也便于计算各项综合指标。在标志值变动很不均匀的情况下宜采用不等距分组。不等距分组有时更能说明现象的本质特征。

三是组限和组中值

组距两端的数值称组限。其中，每组的起点数值称为下限，每组的终点数值称为上限。上限和下限的差称组距，表示各组标志值变动的范围。

组中值是上下限之间的中点数值，以代表各组标志值的一般水平。组中值并不是各组标志值的平均数，各组标志数的平均数在统计分组后很难计算出来，就常以组中值近似代替。组中值仅存在于组距式分组数列中，单项式分组中不存在组中值。

组中值的计算是有假定条件的，即假定各组标志值的变化是均匀的（与组距式

分组的假定条件相同)。一般情况下,组中值=(上限+下限)÷2

对于第一组是“多少以下”、最后一组是“多少以上”的开口组,组中值的计算可参照邻组的组距来决定,即:缺下限开口组组中值=上限—1/2 邻组组距,缺上限开口组组中值=下限+1/2 邻组组距。

第四节　统计数据显示—统计表与统计图

一、统计表

(一)编制统计表的意义

统计表是用表格来整理、分析收集到的统计数据及资料的一种形式。在统计研究工作中编制、应用统计表主要出于以下几点考虑:

第一,使大量的统计数据资料系统化、条理化,更加清晰地表现统计资料的基本内容。

第二,便于进行相关数据资料的比较、对比、核查、分析。

第三,更加简单明了地反映统计资料总体和总体中各个部分之间的数量特征和数量关系。

统计表不仅可以用来调查、整理收集到的统计资料,而且还可以在后续阶段作为统计研究分析的工具,广义上的统计表包括统计研究各个阶段所用的一切表格,例如,统计调查阶段的调查表,数据整理阶段的整理表,后续计量分析时用到的计算表等。

(二)统计表的结构

从统计表的内容上来看,统计表由主词和宾词两个基本部分构成。主词是统计表所要说明的总体及其各分组组成部分,宾词是统计表中用来说明主词的各项统计指标,包括指标名称和指标数值。通常根据习惯,统计表的主词排列在统计表的左方,宾词排列在与之相对应统计表的右方。

统计表的形式多种多样,但从统计表构成要素上来看,主要包括以下几部分:

1. 表题(总标题)

表题,即统计表的名称,它简要说明了统计表的主题,一般位于统计表的正上方。

2. 横行标题

横行标题,即总体的名称或各分组组成部分名称,它用来说明统计表统计的各个项目，一般位于统计表的最左边。

3. 纵栏标题

纵栏标题用于说明统计表纪录的各项统计指标，位于统计表的最上方一行。

4. 数据资料

数据资料，即统计表中各项指标的具体数值，表现为横行标题与纵栏标题相交的位置。

5. 附加说明

附加说明是对统计表中各项指标分组依据、计算方法与标准、资料来源等项目所做的解释性说明。

表 2—7 就是一张统计表示例。

表 2—7 2010 年我国派出各类劳务人员按省市区排名(前 10)——→总标题

纵栏标题←——序号	省市区名称	派出人数	年末在外人数
1	山东省	47300	101913
	其中:青岛市	6393	15559
2	江苏省	34576	96336
3	河南省	32435	56291
4	广东省	24788	38455
	其中:深圳市	0	135
5	湖北省	22372	29478
横行标题 6	福建省	19182	24240
	其中:厦门市	5803	7394
7	辽宁省	18291	41448
	其中:大连市	11784	19620
8	吉林省	15972	66566
9	上海市	15910	26847
10	浙江省	13446	26261
	其中:宁波市	1664	4257
	↓ 主词	↓ 宾词	↓ 宾词

说明:表中未列省区暂无此项统计业务。

数据资料来源:中国商务,http://hzs.mofcom.gov.cn/aarticle/date/201101/20110107370207.html.

（三）统计表的种类

根据统计表中主词分组情况，可以将统计表分为简单表、简单分组表和复合分组表。

1. 简单表

简单表是指主词没有经过任何分组的统计表。简单表一般按照总体中各单位名称排列或按时间顺序排列，通常在对调查来的初始资料进行整理时使用。表2—8即为简单表。

表2—8　2012进口影片票房前十名

排名	中文片名	英文片名	制片地区	票房（单位：万元）
1	泰坦尼克号	RMS Titanic	美国	93403
2	碟中谍4	Mission Impossible：Ghost Protocol	美国	67918
3	复仇者联盟	The Avengers	美国	56475
4	黑衣人3	Men in Black 3	美国	49620
5	地心历险记2：神秘岛	Journey2：The Mysterious Island	美国	38784
6	超级战舰	Battleship	美国	30642
7	异星战场	John Carter	美国	26444
8	大侦探福尔摩斯2：诡影游戏	Sherlock Holmes：A Game of Shadows	美国	18680
9	马达加斯加3	Madagascar3：Europe's most wanted	美国	17512
10	诸神之怒	Clash of the Titans 2	美国	16009

2. 简单分组表

简单分组表是指表的主词按照某一指标进行简单分组而得到的统计表。简单分组表可以说明总体内不同类型组的数量特征、内部结构以及数量之间的相互关系等。表2—9即为简单分组表。

表 2—9　2012 年某图书出版公司所属两企业图书出版种数

厂　别	图书出版(种)
甲　厂	500
乙　厂	400
合　计	900

3. 复合分组表

复合分组表是指表的主词按照两个或者两个以上的分组指标进行复合分组所得到的统计表。复合分组表能够更深刻、详细地反映客观现象，表 2—10 即为复合分组表。

表 2—10　人口数及构成　　单位：万人

年　份	总人口(年末)	按性别分				按城乡分			
		男		女		城　镇		乡　村	
		人口数	比重(%)	人口数	比重(%)	人口数	比重(%)	人口数	比重(%)
2000	126743	65437	51.63	61306	48.37	45906	36.22	80837	63.78
2001	127627	65672	51.46	61955	48.54	48064	37.66	79563	62.34
2002	128453	66115	51.47	62338	48.53	50212	39.09	78241	60.91
2003	129227	66556	51.50	62671	48.50	52376	40.53	76851	59.47
2004	129988	66976	51.52	63012	48.48	54283	41.76	75705	58.24
2005	130756	67375	51.53	63381	48.47	56212	42.99	74544	57.01
2006	131448	67728	51.52	63720	48.48	57706	43.90	73742	56.10
2007	132129	68048	51.50	64081	48.50	59379	44.94	72750	55.06
2008	132802	68357	51.47	64445	48.53	60667	45.68	72135	54.32
2009	133474	68652	51.44	64822	48.56	62186	46.59	71288	53.41

注：1. 2001—2004 年、2006—2009 年数据为人口变动情况抽样调查推算数；2005 年数据根据全国 1%人口抽样调查数据推算。

2. 总人口和按性别分人口中包括中国人民解放军现役军人，按城乡分人口中现役军人计入城镇人口。

数据来源：中国国家统计局，http://www.stats.gov.cn/tjsj/ndsj/2010/indexch.htm

（四）统计表的编制原则

由于收集到的统计数据具有不同的类型和特点，在编制时统计表的具体形式和结构上会有较大差异，但设计上的基本要求却是一致的。总体上说，统计表的设计应符合科学、实用、简练、美观的要求。具体来说，编制统计表时要注意以下几点。

第一，要合理安排统计表的结构，比如横行标题、纵栏标题、数字资料的位置应安排合理。当然，由于强调的问题不同，横行标题和纵栏标题可以互换，但应使统计表的横竖长度比例适当，避免出现过高或过长的表格形式。

第二，表头一般应包括表号、总标题和表中数据的单位等内容。总标题应简明、确切地概括出统计表的内容。

第三，如果表中的全部数据都是同一计量单位，可在表的右上角标明计量单位，若各指标的计量单位不同，则应放在每个指标后或单列出一列标明计量单位。

第四，表中的上下两条线一般用粗线，中间的其他线要用细线，这样使人看起来清楚、醒目。通常情况下，统计表的左右两边不封口，纵栏标题之间一般用竖线隔开，而横行的数据之间通常不必用横线隔开。总之，表中尽量少用横竖线。表中的数据一般是右对齐，有小数点时应以小数点对齐，而且小数点的位数应统一。对于没有数字的表格单元，一般用“—”表示，用“—”线填好的统计表不应出现空白单元格。

第五，在使用统计表时，必要时可在表的下方加上注释，特别要注意注明资料来源，以表示对他人劳动成果的尊重，方便读者查阅使用。

二、统计图

（一）概念

统计图是指利用几何图形或具体事物的形象和地图等形式来表现社会经济现象数量特征和数量关系的图形。利用统计图来显示统计数据，可以使枯燥的数据变得直观、形象、生动，便于理解和比较分析。

（二）统计图的类型

结合目前应用较广的应用软件，如 EXCEL、SPSS、SAS 等，常用统计图有如下几种：

1. 条形图

条形图是在直角坐标系中，用相同宽度长条的不同长短来表示数量资料的多少，还可在同一张图表中用不同颜色或阴影的条形表示研究对象中不同的各组，能直观地进行数量多少的对比。如果用柱形代替条形就得到柱形图，其原理与条形图相同。统计数量刻度比例要合适，并在适当位置作必要说明，如图例、单位等。

条形图一般适用于内容较为独立，缺乏连续性的数量资料，用来表示有关数量的多少，特别适合于对各数量进行对比。条形图分为单式直条图和复式直条图两种。

(1)单式直条图。单式直条图是用同类的直方长条来比较若干统计事项之间数量关系的一种图示方法。适用于统计事项仅按一种特征进行分类的情况。图2—4智商分布理论百分比图就是单式直条图。

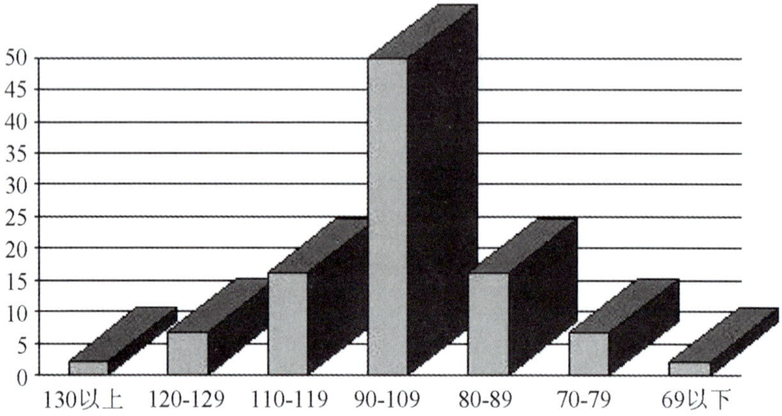

图2—4 智商分布理论百分比

(2)复式直条图 。复式直条图由两个或多个直条组构成，同组的直条间不留间隙，每组直条排列的次序要前后一致。图2—5(见下同)不同地区四季销售百分比就是复式直条图。

直条图的绘制时应该注意以下几点：

(1)坐标轴。横轴为观察项目，纵轴为数值，纵轴坐标一定要从0开始。

(2)直条的宽度。各直条应等宽，等间距，间距宽度和直条相等或为其一半。复式直条图在同一观察项目的各组之间无间距。

(3)排列顺序可以根据数值从大到小，从小到大，或按时间顺序排列。

2.直方图

直方图又称质量分布图，是一种几何形图表，它是根据从生产过程中收集来的质量数据分布情况，画成以组距为底边、以频数为高度的一系列连接起来的直方型矩形图，如图2—6所示。

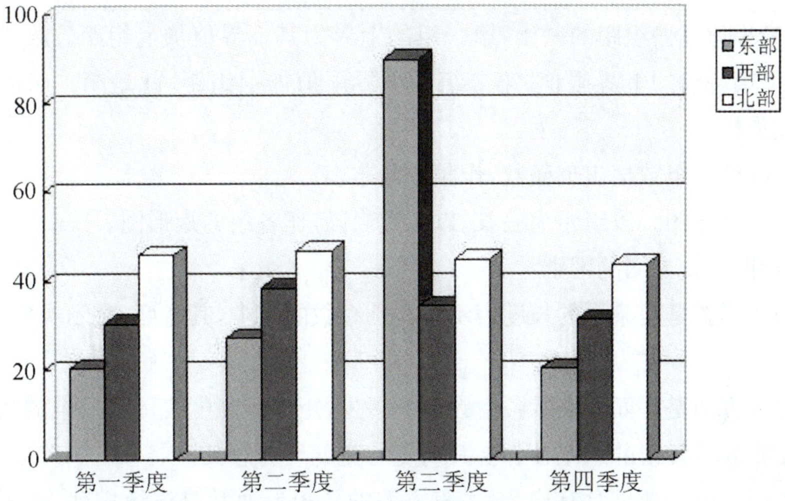

图 2—5 不同地区四季销售百分比

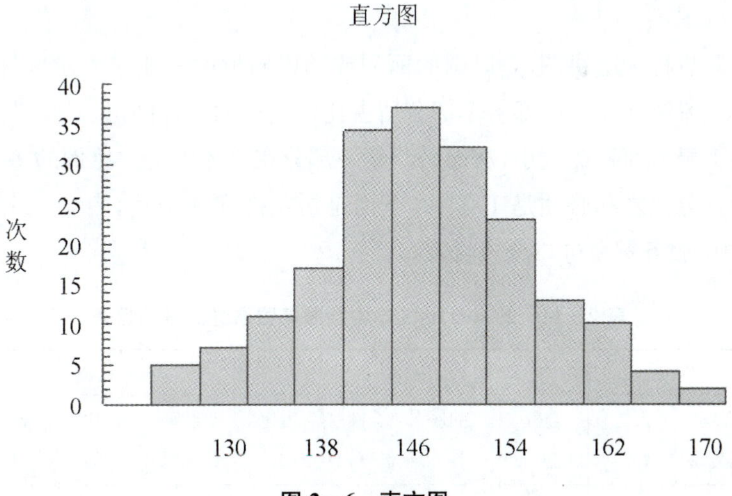

图 2—6 直方图

直方图的绘制方法

(1)集中和记录数据，求出其最大值和最小值。数据的数量应在 100 个以上，在数量不多的情况下，至少也应在 50 个。

(2)将数据分成若干组，并做好记号。分组的数量在 6—20 之间较为适宜。

(3)计算组距的宽度。用组数去除最大值和最小值之差，求出组距的宽度。

(4)计算各组的界限位。各组的界限位可以从第一组开始依次计算，第一组的下界为最小值减去组距的一半，第一组的上界为其下界值加上组距。第二组的下界限位为第一组的上界限值，第二组的下界限值加上组距，就是第二组的上界限位，依此类推。

(5)统计各组数据出现频数，作频数分布表。

(6)作直方图。以组距为底长，以频数为高，作各组的矩形图。

条形图和直方图的区别：

(1)条形图是用条形的长度表示各类别频数的多少，其宽度(表示类别)则是固定的。

(2)直方图是用面积表示各组频数的多少，矩形的高度表示每一组的频数或频率，宽度则表示各组的组距，因此，其高度与宽度均有意义。

(3)由于分组数据具有连续性，直方图的各矩形通常是连续排列，而条形图则是分开排列。

(4)条形图主要用于展示分类数据，而直方图则主要用于展示质量型数据。

3. 饼状图

饼状图也称为圆饼图，是以圆的面积或圆内扇形的面积来表示统计研究对象数值大小或者统计总体内部各个部分所占比例结构的一种图形。饼状图可以描绘出圆中各个扇形面积的大小，从而判断某一部分在总体中所占比例的多少，饼状图中各部份百分比之和必须是100%。下面是饼状图实例应用，表2－11为2004－2008年中国服务贸易进口分项目表。

表2－11　2004－2008年中国服务贸易进口分项目表

年份	2004		2005		2006		2007		2008	
	金额(亿美元)	占比(%)	金额(亿美元)	占比(%)	金额(亿美元)	占比(%)	金额(亿美元)	占比(%)	金额(亿美元)	占比(%)
总计	716.02	100.0	831.73	100.0	1003.27	100.0	1292.55	100.0	1580.00	100.0
运输	245.44	34.3	284.48	34.2	343.69	34.3	432.71	33.5	503.30	31.9
旅游	191.49	26.7	217.59	26.2	243.22	24.2	297.86	23.0	361.60	22.9
通讯服务	4.72	0.7	6.03	0.7	7.64	0.8	10.82	0.8	15.10	1.0
建筑服务	13.39	1.9	16.19	1.9	20.50	2.0	29.10	2.3	43.60	2.8

续表

年份	2004		2005		2006		2007		2008	
	金额（亿美元）	占比（%）	金额（亿美元）	占比（%）	金额（亿美元）	占比（%）	金额（亿美元）	占比（%）	金额（亿美元）	占比（%）
保险服务	61.24	8.6	72.00	8.7	88.31	8.8	106.64	8.3	127.40	8.1
金融服务	1.38	0.2	1.60	0.2	8.91	0.9	5.57	0.4	5.70	0.4
计算机和信息服务	12.53	1.7	16.23	2.0	17.39	1.7	22.08	1.7	31.70	2.0
专有权利使用费和特许费	44.97	6.3	53.21	6.4	66.34	6.6	81.92	6.3	103.20	6.5
咨询	47.34	6.6	61.84	7.4	83.89	8.4	108.56	8.4	135.40	8.6
广告宣传	6.98	1.0	7.15	0.9	9.55	1.0	13.37	1.0	19.40	1.2
电影音像	1.76	0.2	1.54	0.2	1.21	0.1	1.54	0.1	2.50	0.2
其他商业服务	84.78	11.8	93.88	11.3	112.61	11.2	182.38	14.1	231.20	14.6

数据来源：中国商务部服务贸易统计。遵循 WTO 有关服务贸易的定义，不含政府服务。

我们以 2008 年为例，利用 EXCEL 得到服务贸易各个组成部分结构比例饼状图如图 2—7 所示，从图中我们可以清楚的看到运输和旅游服务贸易在我国总体服务贸易中占有较大比重。

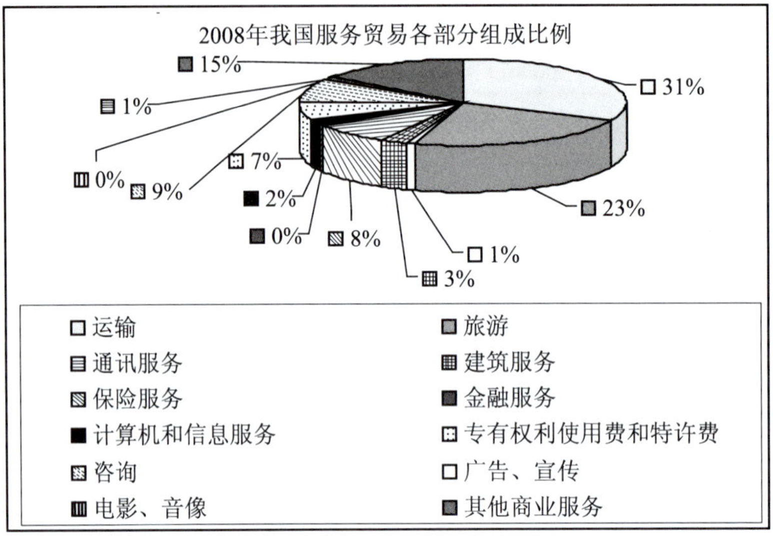

图 2—7　2008 年我国服务贸易各部分组成比例

4. 环形图

环形图中间有一个“空心”，总体中的每一部分数据用整个圆环的一段表示。环形图可以同时对多个总体数据进行绘制，每一个总体的数据系列为一个环。因此，环形图可以显示多个总体各部分所占的相应比例，从而有利于进行比较研究。

图 2—8 即用环形图比较了甲、乙两个家庭的消费支出项目，从中我们可以较为直观的看到甲、乙家庭在消费支出项目上的差别。

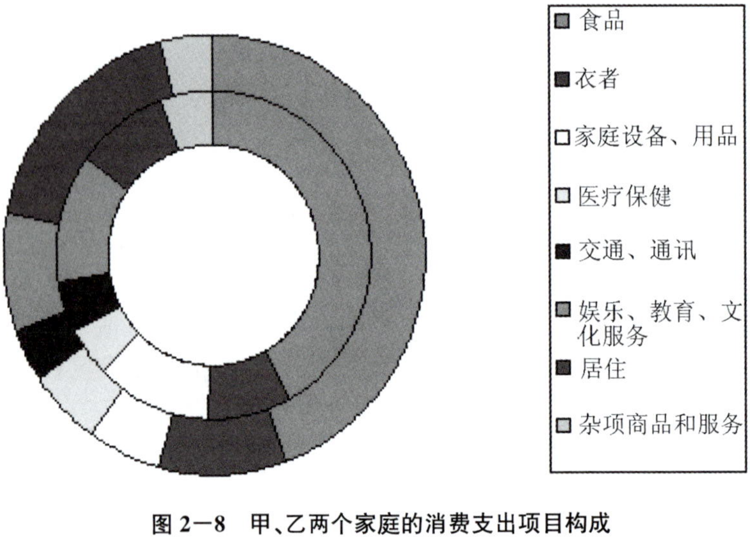

图 2—8　甲、乙两个家庭的消费支出项目构成

5. 线图

线图包括折线图和动态曲线图。

(1)折线图。折线图也称频数多边形图(Frequency polygon),是用直线段将各数据点连接起来而组成的图形,以折线方式显示数据的变化趋势。在折线图中,类别数据沿水平轴均匀分布,所有数值数据沿垂直轴均匀分布。需要注意,具体的做法是将矩形顶部中点通过竖边中点连接。图 2—9 为某学校某班级女生身高分布的折线图。

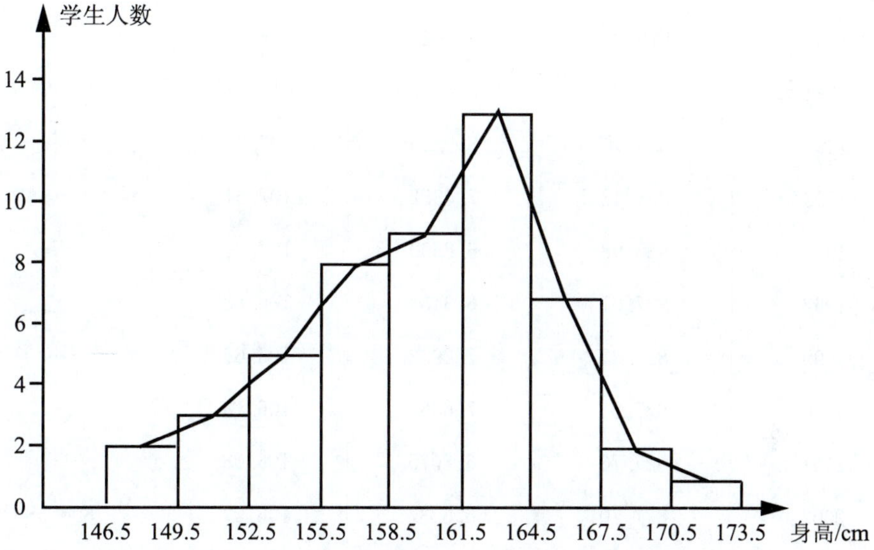

图 2—9　某学校某班级女生身高分布的折线图

(2)动态曲线图。动态曲线图是用曲线来表示统计研究对象随时间变动趋势的图形。动态曲线图通常用来说明统计研究对象随时间发展变化的过程以及在过程当中所表现的趋势和规律。

表 2—12 是我国人民币对世界主要货币汇率变化情况。

表 2—12　人民币汇率(年平均价)　　单位:人民币元

年　份	100 美元	100 日元	100 港元	100 欧元
1985	293.66	1.2457	37.57	—
1986	345.28	2.0694	44.22	—
1987	372.21	2.5799	47.74	—

续表

年　份	100 美元	100 日元	100 港元	100 欧元
1988	372. 21	2. 9082	47. 70	—
1989	376. 51	2. 7360	48. 28	—
1990	478. 32	3. 3233	61. 39	—
1991	532. 33	3. 9602	68. 45	—
1992	551. 46	4. 3608	71. 24	—
1993	576. 20	5. 2020	74. 41	—
1994	861. 87	8. 4370	111. 53	—
1995	835. 10	8. 9225	107. 96	—
1996	831. 42	7. 6352	107. 51	—
1997	828. 98	6. 8600	107. 09	—
1998	827. 91	6. 3488	106. 88	—
1999	827. 83	7. 2932	106. 66	—
2000	827. 84	7. 6864	106. 18	—
2001	827. 70	6. 8075	106. 08	—
2002	827. 70	6. 6237	106. 07	800. 58
2003	827. 70	7. 1466	106. 24	936. 13
2004	827. 68	7. 6552	106. 23	1029. 00
2005	819. 17	7. 4484	105. 30	1019. 53
2006	797. 18	6. 8570	102. 62	1001. 90
2007	760. 40	6. 4632	97. 46	1041. 75
2008	694. 51	6. 7427	89. 19	1022. 27
2009	683. 10	7. 2986	88. 12	952. 70

注：欧元自 2002 年开始进入流通领域

数据来源：中国国家统计局 http://www. stats. gov. cn/tjsj/ndsj/2010/indexch. htm

根据表 2—12，利用 EXCEL 软件，可以绘出美元对人民币汇率动态曲线图，如

图 2—10 所示。从该动态曲线图中,我们可以清楚的看到,美元对人民币汇率随着时间发展变化的过程。

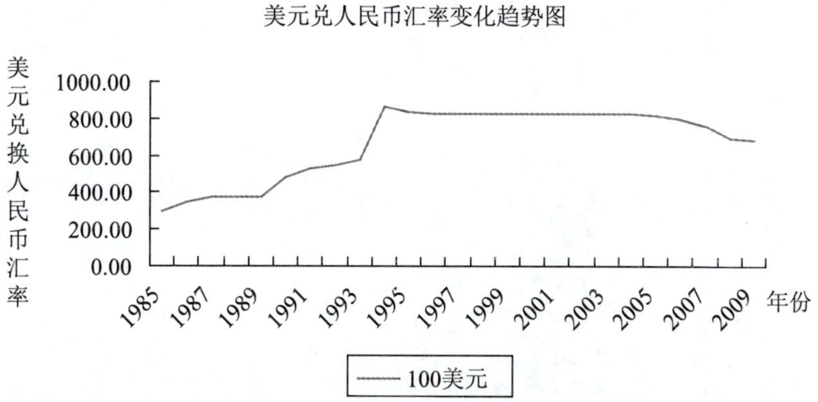

图 2—10　美元兑人民币汇率变化趋势图

6. 散点图

散点图表示因变量随自变量而变化的大致趋势,据此可以选择合适的函数对数据点进行拟合。散点图将序列显示为一组点,值由点在图表中的位置表示,类别由图表中的不同标志表示。散点图通常用于比较跨类别的聚合数据。

在应用散点图的数据时应注意如下几点:第一,散点图通常用于显示和比较数值,如科学数据、统计数据和工程数据;第二,当要在不考虑时间的情况下比较大量数据点时,可使用散点图,散点图中包含的数据越多,比较的效果就越好;第三,对于处理值的分布和数据点的分簇,散点图都很理想,如果数据集中包含非常多的点(如几千个点),那么散点图便是最佳图表类型;第四,在散点图中显示多个序列看上去非常混乱的情况下,应避免使用散点图,而应考虑使用折线图;第五,默认情况下,散点图以圆圈显示数据点,但如果在散点图中有多个序列,应考虑将每个点的标志形状更改为方形、三角形、菱形或其他形状。

图 2—11 是人均收入与一般不良事件发生概率关系的散点图,从该散点图中我们可以看出,人均收入越低,不良事件发生的概率越大。

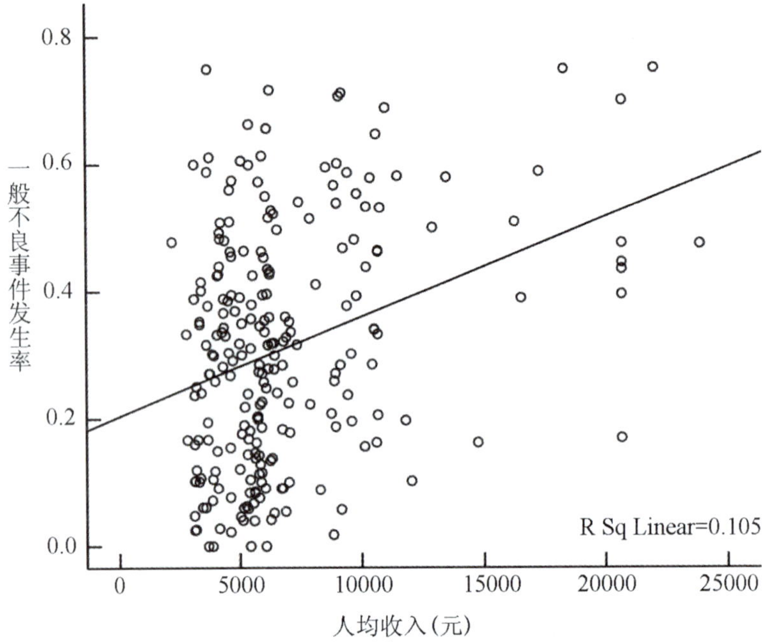

图 2—11 人均收入与一般不良事件发生概率关系①

---

① R Sq linear 为线性决定系数。该系数越高，表明拟合度越好。

第三章　图书版权贸易统计

引　言

21世纪以来，在经济全球化浪潮的推动下，以民族文化为单元的多元文化在世界范围内加快了融合与互动进程，以版权、影视、会展等为代表的文化产业已成为公认的朝阳产业，引发了世界范围内文化贸易的蓬勃发展。其中，图书版权贸易作为文化贸易的重要内容，在国际经济贸易格局中扮演着越来越重要的角色。与此同时，中国作为一个世界文化大国，正在致力于以版权合作与贸易推动中国图书融入全球出版网络，谋求中华文化的崛起。在此背景下，研究中国图书版权贸易的发展现状，对中国文化走向世界具有重要的意义。

第一节　图书版权贸易统计概述

一、图书版权贸易的内涵

（一）图书版权贸易的概念

图书版权贸易是指图书版权所有人与图书版权使用人之间，就有偿转移图书版权中的一项或几项经济权利所进行的贸易行为。版权贸易所涉及的权利一般多是版权中的经济权利。图书版权贸易分为国内版权贸易与对外版权贸易两种。

（二）图书版权贸易的主客体

1.图书版权贸易的主体

图书版权贸易的主体是指进行图书版权贸易的双方当事人，即图书版权的所有人与使用人；主要有以下三类：

（1）著作权人，依照《中华人民共和国著作权法》（以下简称《著作权法》）的规定，包括：作者和其他依法享有著作权的公民、法人或者其他组织。

（2）出版机构，是指从事出版活动的单位，包括报社、期刊社、图书出版社、音像出版社、电子出版物出版社和互联网出版社。

（3）版权代理机构，是版权代理业中的重要一环，起着承上启下的作用。中国大陆的版权代理机构形成于20世纪80年代，第一家版权代理机构为中华版权代理总公司，成立于1988年。中国的版权代理机构分为三种：国家批准的版权代理公司、民营企业的图书工作室和国外出版社在中国设立的办事机构。

2. 图书版权贸易的客体

图书版权贸易的客体是指版权中的财产权利，也称经济权利。例如："中国大陆地区中文翻译出版权"。依照我国《著作权法》的规定，版权中的经济权利主要有以下种类：复制权、发行权、出租权、展览权、表演权、放映权、广播权、信息网络传播权、摄制权、改编权、翻译权、汇编权、同文种地区版权、图书俱乐部授权、平装版本权、重印权、连载权、一次性期刊登载权、录音和音像权、改编权和影视权、复制权、电子出版和多媒体权、商品化版权等。

2. 图书版权贸易的基本要求[①]

在进行图书版权贸易的过程中，应该本着为我所用、诚实信用和双赢原则，在保证国家利益、遵循国际惯例的基础上，体现一定的灵活性，这样才能做好图书版权贸易工作。

(一)版权贸易的原则性

1."为我所用"原则

这里的"我"有两层含义，一是自己的国家，二是自己的出版社。坚持"为我所用"也就是坚持从自身情况出发，以我为主，保证两个效益统一。落实到具体工作中，主要体现在以下几个方面：

(1)对引进版的选题，首先要保证其内容符合我国现阶段的法律、政策，对我国的社会生活有益。这一点是一切选题的前提。对于涉及意识形态的图书，这更是一根需要时刻紧绷的弦，对国外的各种思潮、主义必须保持审慎的判断力。

(2)不跟风、不盲从，从自身出发，冷静分析。出版界向来有跟风出版的传统，而引进版由于是现成的作品直接"拿来"，与寻找作者原创作品相比似乎更加快捷方便，所以跟风现象也更容易出现。真正从自身特点出发，扬长避短，以适合自己为前提进行引进，是参与版权贸易的必修课。

(3)"以我为主"的思想应贯穿整个版权贸易项目的始终。除了前期的选题策划外，在其他阶段也有一些细节需要注意。比如应尽量在合同中注明如发现原作品中有不符合我国国情的内容，有权在告知外方后修改和删除；在后期保证充分履

① 本部分主要参考：张凌凌. 浅谈版权贸易的原则性与灵活性. 中国出版，2012(2).

约的前提下，关于图书的开本、样式、营销方案等，也应以追求自身利益最大化为基础进行操作。

2. 诚实信用原则

诚信是一切贸易活动都应该遵循的原则，是信用社会的基础。版权贸易涉及国际的交流与合作，是否诚信不但会影响贸易活动本身的进程，还可能影响中国出版业在国际上的整体形象，其重要性不言而喻。按照实际的操作步骤分类，版权贸易中的诚信主要体现在两个方面：一是在前期的谈判过程中要保持诚实的态度，二是在后期的履约过程中要严格守信。虽然贸易谈判以利益为杠杆，可能会利用一些虚虚实实的心理战术、有一些谈判技巧，但总的诚信原则必须遵守。对于引进版而言，应如是告知预估印数、定价、国内市场营销计划等，不可为了赢得选题而故意夸大，作出自己无法实现的承诺，这也是为了后期能够顺利实现履约奠定基础。对于版权输出，如果外方希望了解作品目前在国内市场影响力、销售情况等信息，也应该诚实以待。如果自己提供的信息与贸易伙伴从第三方渠道调查获得的信息有很大出入，会给自己的形象带来负面影响。一旦签约之后，诚信原则更是整个履约过程的灵魂。对于印数、销售数、重印等信息不可故意隐瞒，对于付款、样书寄送等也应尽量及时。如果确实由于一些特殊原因导致无法履行某些条款，应提前联系对方，将情况如实告知，并作耐心细致的沟通和解释，争取得到对方的理解和认可。良好的合作一定是建立在彼此信任的基础之上的，而保持诚信是赢得信任最好的途径

3. 双赢原则

在版权贸易中，贸易双方既是利益矛盾体，又是利益共同体。矛盾是指在相同的情况下，如果支付给对方的款项能少一些，那自然意味着自己的利润又多了一些。共同是指双方的收益一般都随作品的销量呈同方向变化，比如销量上升，那授权方得到的收益增加，被授权方的利润也增加。虽然有一定的矛盾性，但长久的、能不断深化和扩大的合作却都是以双赢为基础的，贸易双方的皆大欢喜应该是大家追求的目标。比如采取版权税制时，目前国际上关于不同类型的作品都有被大家广泛认可的版税区间，应该遵循这一游戏规则，无原则地压低报价只会显得自己缺乏专业性。如果是合作出版，也应从双方的角度考虑合作条件，要避免无意中做些损人不利己的事。比如对于自己未来并不可能使用、即使授予他人对自己也无害的授权，就不要尽力争取，要尊重对方希望权利用尽的思路。在保证自身利益的情况下，为对方提供一些力所能及的便利条件，有时对于深化双方企业间的关系非

常重要。

(二)版权贸易实战的灵活性

除了原则性之外,在版权贸易的很多方面都可以发挥灵活性。是否能因地、因时、因项目制宜选择最合适的方式,需要学习和掌握版权贸易的经验和技巧。

1.引进及输出形式的灵活性

在操作引进版权时,可以把外版书当作一个大知识库,按需索取,灵活拿来。比如既可以单本引进,也可以按照整套丛书的形式引进;既可以照搬原书的所有内容,也可以只选择一部分;既可以影印、翻译,也可以走本土化改编的道路;既可以参照原书样式,也可以在开本、外包装等方面进行改革,甚至可以将原来的大书拆分成几个小册子,或将一套小书组合成一本大的精装书。当然,这些都必须以得到原出版社的授权为前提,涉及内容改变时得到许可有时会比较困难,但也绝不是不可能的事情。对于版权输出,情况也类似,特别是我国现阶段的输出主要是出于社会效益方面的考虑,就更应该采取灵活的形式。比如输出到我国台湾地区,以前都以授权繁体版为主,但近年来随着简体字的影响力增加,也可以授权简体影印版,或者是数字化版权。

2.贸易渠道的灵活性

在版权贸易的联系阶段,既可以直接联系出版社,也可以联系原作者或版权代理公司。采取何种贸易渠道,取决于很多因素。有时按照版权所有者的要求,只能选择唯一渠道;有时为了自己工作的便利,要选择最便于沟通、交流的渠道;在某些特殊情况下,灵活地利用渠道也可以成为版权贸易的一个小小技巧,促进项目的成功。

3.贸易类型的灵活性

随着版权贸易的深化发展,版权贸易类型也变得越来越丰富。既有单纯的授权出版,又有共同投资、共享利润的合作出版,还有从选题策划开始就共享资源、分工合作、多版本全球同步出版的联合出版模式。从项目合作到资本合作,具体的版权贸易类型可以有无穷多的可能性。应该针对具体情况,综合考虑各种因素,选择最适合的贸易类型。比如对于一些投资巨大、风险较高的重点书,合作出版模式有时就比需要预付金的授权模式更可行,因为风险由双方共担,减小了国内出版社的前期投入。

4.谈判过程的灵活性

版权贸易的谈判过程是最体现灵活性的阶段。对于不同的项目应采取不同的策略，完全没有一定之规。谈判是双方博弈的过程，既要信任对方，又要学会识别烟雾弹和障眼法，保持自己的判断力，对于有些热门领域的项目这一点非常重要。另外，对谈判步调的把握要适当，该果断时果断，该慎重时慎重。比如对事先已看好的重点书，就应果断出手，避免被别人占得先机。

5.合作条件的灵活性

最终确定的合作条件，是贸易双方谈判的结果，依具体项目而定，有很大的灵活空间。虽然很多国外出版社都喜欢强调自己的合同时格式合同，条款不可改变，但这既是事实也不是事实。某些条款因涉及对方的原则问题，可能确实无法更改，但也有很多条款是可以在不同程度上灵活设置的。关键是要根据自己对项目的评估，权衡贸易双方的地位，然后在设立底限的基础上进行具体条件的谈判。

6.履约过程的灵活性

由于合同的条款已经确立，所以履约过程最主要的是坚守诚信原则，重在规范。但尽管如此，在严格遵守合约条款的同时，也有些细节的地方可以发挥一些灵活性。

三、图书版权贸易与一般图书贸易的区别

图书版权贸易，不同于一般的图书贸易，关键是要突出“版权”的作用。以下是两者的主要区别点，见表3－1。

表3－1　图书版权贸易与一般图书贸易的区别

	一般图书贸易	图书版权贸易
贸易的标物	有形财产，可以用具体的标准衡量图书质量的高低	无形财产，无具体标准可以衡量其质量的
贸易的支付标准	有确定的价格，并在版权页中明确标出价格	无固定价格，一般以引进方的经济利益为依据
贸易过程的复杂程度	一手钱、一手货的简单交易	涉及版权保护、版权价格的确定、交付、交易双方的权利义务等问题，贯穿图书版权贸易的全过程
贸易双方当事人	买方是普通读者，卖方是出版机构、批发商或零售商	双方是同行，是出版机构或版权代理机构

第二节　图书版权贸易的基本形式

图书版权贸易有图书版权许可贸易和图书版权转让贸易两种基本形式。

1. 图书版权许可贸易

图书版权许可贸易是指版权人将拥有的图书版权经济权利中的某项权利，有偿地授权他人在一定期限、一定范围内使用的一种版权贸易形式，是一种被广泛采用的版权贸易形式。

(一)版权独占许可贸易

版权独占许可贸易是指版权所有人将其作品的使用权在合同规定的时间和地域范围内只授权给一个使用人，自己不保留也不允许任何第三人享有该作品的使用权。

(二)版权非独占许可贸易

版权非独占许可贸易是指在合同规定的时间和地域范围内，版权所有人在授权某人使用其版权作品的同时，仍保留自己使用该作品和再授权第三人使用作品的权利。

(三)版权排他许可贸易

版权排他许可贸易是指在合同规定的时间和地域范围内，版权所有人在授权某人使用其版权作品的同时，仍保留自己使用该作品的权利，但不能将该版权在同一时间和地域范围内再授权给第三人使用，也就是排除了第三方使用的权利。

(四)版权分许可贸易

版权分许可贸易是指在合同规定的时间和地域范围内，版权所有人允许版权引进方将其获得的权利全部或部分转让给第三方使用的贸易形式。

(五)版权交换许可贸易

版权交换许可贸易是指版权贸易的双方均对对方所拥有的版权感兴趣时，直接将其各自所拥有的版权进行交换，提供给对方使用的贸易形式。

2. 图书版权转让贸易

图书版权转让贸易是指版权人依照合同将依法享有的图书版权经济权利中的一项或全部权利向非版权人转让的贸易形式。

(一)版权转让的分类

从版权转让内容上，可以分为版权全部转让和版权部分转让。

从版权转让时间上，可以分为版权无限期转让和版权有限期转让。

（二）关于版权转让的法律规定

1. 未知可否的态度

2. 明确规定版权可以转让

3. 明确规定版权不可以转让

综上，版权许可与版权转让的区别，见表3—2。

表3—2 版权许可和版权转让的区别

	版权许可	版权转让
版权是否转移	不转移	转移
获得的权利内容不同	获得使用权并不可以随意让与他人使用	获得版权并可以再许可或转让
签订的合同性质不同	版权许可使用合同	版权买卖合同
版权价格不同	版权使用费	版权转让费
发生侵权行为后，有无独立诉讼主体资格	无	有

第三节 图书版权贸易统计

图书版权贸易具有典型的文化产业特征。图书作为一种商品，不仅仅是简单的用于交换的劳动产品，它还富有文化、思想等丰富内涵，因此，图书版权贸易无论从形式、内容，还是对贸易各方面来讲，都有重大而深远的意义，是我国出版事业的重要组成部分。

从表3—3中2010年国家版权局公布的版权贸易数据可以看出，图书版权贸易占全国版权贸易总量的9成以上，这为我国出版业的发展带来了勃勃生机。

表3—3：2010年全国版权贸易总体情况

	合计	图书	录音制品	录像制品	电子出版物	软件	电影	电视节目	其他
引进合计	16602	13724	439	356	39	304	284	1446	0
输出合计	5691	3880	36	8	187	0	0	1561	19

但是，我国在版权输出上的贸易量与我国世界经济大国的地位还是极不吻合的。改革开放以来，我国在经济、科技、文化、教育等各方面都有了飞速的发展。2011年，我国对外贸易总额为29740亿美元，世界排名第2位，出口排名第1位，进出口占全球比重近9.5%。我国世界经济地位的提升，并不意味着思想文化能占主导，国际上仍有很多对中国误解的声音。目前，正是由于西方国家出版物的大量输出使得他们的观念在世界范围内获得了大批支持者，其中包括我国的和曾经受中华文化影响较多的日本、韩国的青少年。数据表明，美国图书出口额占世界图书总出口量的21.8%，居世界第一，而德国居第二，英国居第三位，中国出版物出口额则极小。因此，图书版权的输出可以让我们的经济成果、科学技术和文化观念通过图书的方式带给其他国家和地区的读者，让世界的读者都能客观地认识中国。

一、我国图书版权进出口统计

（一）我国图书版权进出口统计概述

总体来讲，我国图书的版权贸易一直处于逆差状态，图书版权的引进总量远远超过输出总量，曾一度超过10:1。1999年到达顶峰之后逆差逐年减小，2002年达到7.9:1，2003年激增至15.4:1，2004年又回落到7.6:1。而最近的统计数据表明，虽然引进和输出版权数量都在平稳增长，输出数量的增长率高于引进数量的增长率，版权贸易逆差正在缩小，长期以来的大幅贸易逆差态势正在逐步减缓，但是我们还是应该看到，2010年我国大陆输出图书版权3880项，引进图书版权13724项，引进数量仍然大于输出数量。图书版权引进和输出数量比仍有3.54:1。相关数据见表3—4和图3—1.

表3—4　我国大陆图书版权引进与输出情况（1997—2010）

年份	版权引进种类（种）	较上年增长率（%）	版权输出种类（种）	较上年增长率（%）	引进输出比
1997	3224	22.02	353	41.20	9.1∶1
1998	5469	69.63	588	66.57	9.3∶1
1999	6461	18.14	418	−28.91	15.5∶1
2000	7343	13.65	638	52.63	11.5∶1
2001	8250	12.35	677	6.11	12.2∶1
2002	10235	24.06	1297	91.58	7.9∶1

续表

年份	版权引进种类(种)	较上年增长率(%)	版权输出种类(种)	较上年增长率(%)	引进输出比
2003	12516	22.29	811	−37.47	15.4∶1
2004	10040	−19.78	1314	62.02	7.6∶1
2005	9382	−6.55	1434	9.13	6.5∶1
2006	10950	16.71	2050	42.96	5.3∶1
2007	10255	−6.35	2571	25.41	4.0∶1
2008	16969	0.65	2455	−0.05	6.9∶1
2009	13793	−0.19	4205	0.71	3.3∶1
2010	16602	0.20	5691	0.35	2.9∶1

资料来源:经国家版权局网站统计资料整理

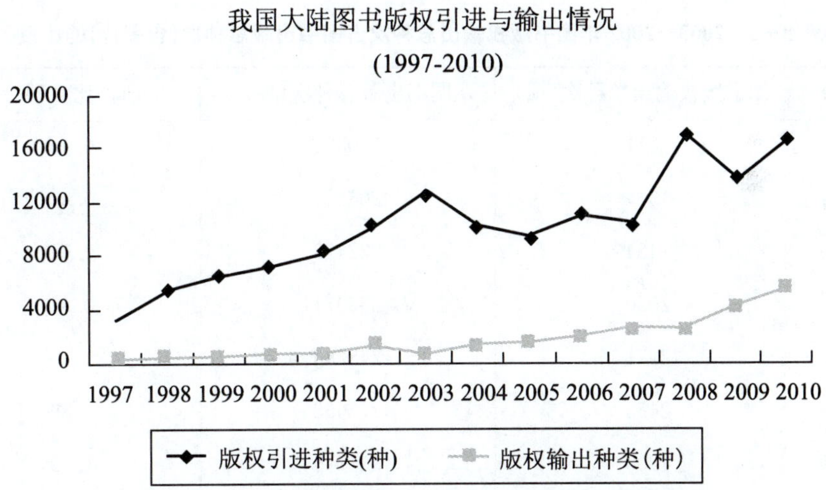

图 3−1 我国图书版权引进与输出情况(1997−2010)

值得注意的是,在版权输出中有一部分是引进类版权图书的再输出。译林出版社和上海译文出版社输出图书的很大一部分为引进版图书的繁体中文版的输出,或者是全球中文版的图书。因此,我国实际输出的本土原创版权的数量其实还要略低一些。而且,如果把对台港澳地区的引进和输出排除在外,单纯对国外的版权贸易的逆差还要大得多,从品种上看,2004 年引进和输出比大约在 30:1,版税收入比要远远大于这个数值。

从国家版权局的统计数字来看，多年来我国的版权贸易中引进和输出持续呈逆差走势。虽然近几年版权输出的量相对来说有所增长，2009 年的法兰克福书展为中国年，中国是主宾国，我国的版权输出虽创历史新高，但出版业总体上的版权贸易逆差依然存在。

（二）图书版权输出所占出版总种（项）统计

图书版权输出所占出版总种次（项）＝图书版权输出总种次（项）/图书出版的总种（项）。

我国版权输出图书总种次（项）占全国图书出版总种次（项）的比重非常得小。从表 3－5 中可以看出，虽然 2003－2007 年我国大陆图书版权的输出总量提升很快，从 811 种增加到 2571 种，种次（项）增长了 217％，占出书总品种数的比例从 0.43％增长到 1％，四年翻了一番。但是我们必须看到，中国是一个出版大国，图书出版总量非常巨大，所以图书版权输出的总种次（项）占图书出版的总种次（项）的比重非常小，即使总量在不断地上升，2007 年也只有 1％。

表 3－5　2003－2007 年图书版权输出总种次占图书出版总种次（含图片）的比重

年份	图书版权输出总种次（项）	图书出版总种次（项）	所占比重（％）
2003	811	190391	0.43
2004	1314	208294	0.63
2005	1434	222473	0.64
2006	2050	233971	0.88
2007	2571	248283	1
2008	2455	275668	0.89
2009	4205	301719	1.39
2010	5691	328387	1.73

二、我国版权引进和输出图书类别情况统计

国家统计局按照中国图书分类法划分，分别发布了《2003 年全国版权引进图书类别情况统计》和《2003 年全国版权输出图书类别情况统计》，分析整理如 3－6 所示：

表 3—6 全国 2003 年版权引进图书类别情况统计

类别	引进图书(种)	输出图书(种)
合计	12516	811
A 马列主义	11	0
B 哲学	220	19
C 社会科学	997	13
D 政治. 法律	604	58
E 军事	30	0
F 经济	1896	10
G 文. 科. 教. 体	1463	148
H 语言. 文字	982	54
I 文学	1288	93
J 艺术	521	16
K 历史. 地理	217	179
N 自然科学	166	39
O 数理科学. 化学	138	2
P 天文学	11	1
Q 生物科学	126	5
R 医药、卫生	734	93
S 农业科学	88	24
T 工业技术	2382	8
U 交通运输	48	3
V 航空、航天	4	8
X 环境科学	44	0
Z 综合性图书	546	38
其中:大学课本 GK1	37	0
中专课本 GK2	0	0
中学课本 GK3	0	0
小学课本 GK4	48	0

在版权引进方面,我国引进图书种类齐全,几乎涵盖了所有图书类别。从上表可以看出,2003 年引进图书中,工业技术占 19.0%,经济 15.1%,文、科、教、体 11.

7%，文学 10.3%。而 2005 年我国引进版图书中比较多的是：经济类图书 967 种，占 14.36%；文化、科学、教育、体育类图书 1114 种，占 16.53%；文学类图书 1354 种，占 20.1%。正是因为我国处于经济转型时期，而国人又有重教、重文学的传统，因此经济、文学、文化科教类图书成为了目前我国版权引进的热门图书。

在版权输出方面，从表 3—6 可以看出，2003 年输出图书主要集中在：历史、地理 22.1%，文、科、教、体 18.2%，文学 11.5%，医药、卫生 11.5%。2006 年的第 58 届法兰克福国际书展上，广东省出版集团达成了多项版权输出协议，90%主要集中在中国历史文化、中医中药、保健养生、少儿教育、儿童文学等类别上，而我国历史文化类的图书占参展图书输出总量的 70%。由此可见，在版权输出中仍然以我国传统的历史、文化为主导，即使输出的是文学与医药卫生类图书，也都以反映中华文化和传统中医的内容居多。

三、全国版权引进情况统计

表 3—7、图 3—2、图 3—3 提供了 2007 年全国各地区版权引进情况的相关统计。

表 3—7　2007 年全国各地区版权引进情况统计　　单位：种

	合计	图书	录音制品	录像制品	电子出版物	软件	电影	电视节目	其他
合计	11101	**10255**	270	106	130	337	1	0	2
北京市	6613	**6189**	0	0	114	310	0	0	0
天津市	72	**72**	0	0	0	0	0	0	0
河北省	53	**52**	0	0	0	1	0	0	0
山西省	17	**15**	0	0	0	0	0	0	2
内蒙古	3	**3**	0	0	0	0	0	0	0
辽宁省	213	**205**	0	6	0	2	0	0	0
吉林省	242	**242**	0	0	0	0	0	0	0
黑龙江	86	**86**	0	0	0	0	0	0	0
上海市	1384	**1242**	127	15	0	0	0	0	0
江苏省	447	**424**	0	0	16	7	0	0	0
浙江省	143	**133**	10	0	0	0	0	0	0
安徽省	108	**108**	0	0	0	0	0	0	0
福建省	16	**10**	0	6	0	0	0	0	0

续表

	合计	图书	录音制品	录像制品	电子出版物	软件	电影	电视节目	其他
江西省	170	**170**	0	0	0	0	0	0	0
山东省	196	**195**	0	1	0	0	0	0	0
河南省	99	**99**	0	0	0	0	0	0	0
湖北省	108	**97**	11	0	0	0	0	0	0
湖南省	239	**180**	59	0	0	0	0	0	0
广东省	209	**68**	63	78	0	0	0	0	0
广西省	187	**187**	0	0	0	0	0	0	0
海南省	165	**165**	0	0	0	0	0	0	0
重庆市	99	**99**	0	0	0	0	0	0	0
四川省	89	**80**	0	0	0	8	1	0	0
贵州省	1	**1**	0	0	0	0	0	0	0
云南省	21	**21**	0	0	0	0	0	0	0
西藏区	0	**0**	0	0	0	0	0	0	0
陕西省	89	**80**	0	0	0	9	0	0	0
甘肃省	1	**1**	0	0	0	0	0	0	0
青海省	1	**1**	0	0	0	0	0	0	0
宁夏区	13	**13**	0	0	0	0	0	0	0
新疆区	17	**17**	0	0	0	0	0	0	0

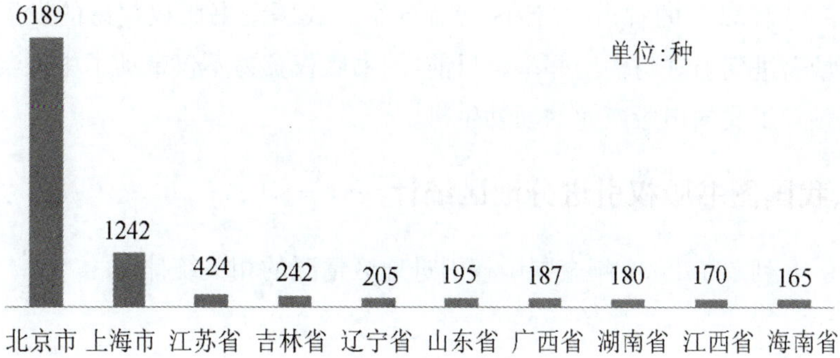

图 3—2　2007 年我图书版权引进前十大省份

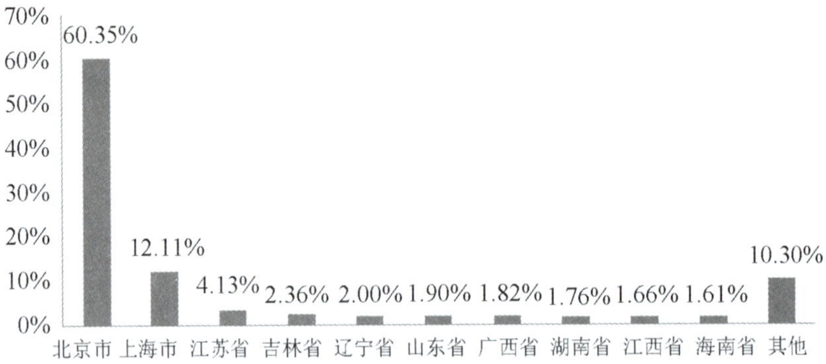

图 3—3 2007 年我国图书版权引进前十名所占比率

由图 3—2 和 3—3 可以看出图书版权贸易以北京为龙头，全国各地差异很大。北京是我国的文化中心，汇集了众多的出版社和版权代理机构，并且每年定期举办“北京国际图书博览会”和“北京图书订货会”，因此，在版权贸易上北京具有得天独厚的优势。自 2000 年至 2007 年的 8 年间，全国引进版权图书共 78940 种，其中仅北京就有 52112 种，占 66.0%，而居第二位的上海仅为 78940 种，占 9.1%，北京在我国图书版权贸易中的龙头位置可见一斑。

在我国大陆 31 个省、直辖市、自治区中，2000 年至 2007 年除西藏外，其他省市、自治区都或多或少参与到了版权贸易活动中来。但由于经济、地域等因素的影响，东部沿海及发达地区的版权贸易量明显比西部省市及落后地区大得多。以 2007 年引进版权图书为例，除北京外，排在前三位的上海、江苏、吉林引进版权图书总数为 1908 种，而排在后三位的西藏、青海、甘肃一共才 2 种，而且引进版权图书总量在 10 种以下的省市、自治区就有 5 个。我国图书版权贸易的发展从无到有，从大量引进到引进与输出并举。目前，图书版权贸易不仅带动了中国与世界的交流，更触发了我国出版产业的勃勃生机。

四、我国图书版权引进分地区统计

表 3—8 列示了 2007 年全国版权引进地区情况的相关统计。

表 3—8　2007 年全国各地区版权引进地情况统计　　单位:种

	合计	美国	英国	德国	法国	俄罗斯	加拿大	新加坡	日本	韩国	香港地区	澳门地区	台湾地区	其他地区
合计	10255	3878	1635	585	393	92	33	228	822	416	268	0	892	1013
北京市	6189	2626	882	399	199	53	14	130	410	185	138	0	452	701
天津市	72	39	5	0	3	1	0	1	5	0	11	0	2	5
河北省	52	3	7	0	0	0	0	0	0	20	1	0	21	0
山西省	15	2	3	2	0	0	0	1	0	0	0	0	6	1
内蒙古	3	0	0	1	0	0	0	0	0	2	0	0	0	0
辽宁省	205	37	40	26	1	0	0	13	23	18	3	0	10	34
吉林省	242	112	48	4	10	1	1	0	7	15	14	0	24	6
黑龙江	86	37	25	5	7	2	0	0	1	9	0	0	0	0
上海市	1242	410	207	79	81	30	1	61	104	5	69	0	110	85
江苏省	424	139	95	13	23	3	8	4	61	22	2	0	31	23
浙江省	133	31	10	4	9	0	0	0	14	55	1	0	4	5
安徽省	108	34	5	1	4	0	0	0	0	17	0	0	11	36
福建省	10	0	0	0	0	0	1	0	1	0	0	0	6	2
江西省	170	35	24	3	1	0	0	0	28	46	0	0	20	13
山东省	195	57	40	8	0	0	0	1	22	2	1	0	35	29
河南省	99	11	30	6	2	0	1	0	4	0	6	0	29	10
湖北省	97	15	50	3	0	0	0	6	9	3	0	0	8	3
湖南省	180	62	47	2	36	0	1	0	9	1	2	0	14	6
广东省	68	19	1	9	1	0	0	0	5	1	7	0	4	21
广西省	187	50	31	1	9	0	1	0	12	3	6	0	62	12
海南省	165	43	15	8	3	0	1	1	71	6	2	0	11	4
重庆市	99	48	35	6	1	0	0	0	4	3	0	0	0	2
四川省	80	35	6	1	2	1	4	0	11	1	5	0	2	12
贵州省	1	0	0	0	0	0	0	0	0	1	0	0	0	0
云南省	21	4	7	0	0	0	0	0	7	0	0	0	3	0
西藏区	0	0	0	0	0	0	0	0	0	0	0	0	0	0
陕西省	80	22	14	1	0	0	0	10	14	1	0	0	15	3
甘肃省	1	1	0	0	0	0	0	0	0	0	0	0	0	0
青海省	1	1	0	0	0	0	0	0	0	0	0	0	0	0
宁夏区	13	3	8	0	1	1	0	0	0	0	0	0	0	0
新疆区	17	2	0	3	0	0	0	0	0	0	0	0	12	0

我国图书版权贸易起步晚，但近年来发展迅速，在图书版权引进和输出方面都有很多突破和提高，形成了以欧美、日韩及新加坡、港澳台国家和地区为主的三个主要市场(根据国家版权局统计数据，本文将美国、英国、德国、法国、俄罗斯和加拿大概括为欧美)。根据国家版权局的统计数字，我们可以整理得出2000年至2007年中国图书版权贸易引进地及输出地的情况如图3—4所示。

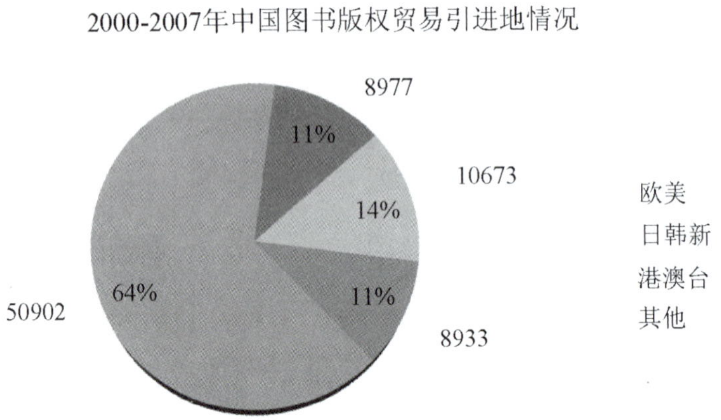

图3—4　2000—2007年我国图书版权贸易引进地情况

(一)与欧美的图书版权贸易

我国在与欧美的版权贸易中，呈现出了"低语境"与"高语境"国家之间的跨文化传播。代表冒险和英雄主义精神的《哈利·波特》(Harry Potter)系列畅销中国，获得茅盾文学奖的《尘埃落定》后在美国版权经纪人的帮助下推广至欧美十几个国家，这种图书版权贸易就是跨文化传播的体现。爱德华·霍尔(1999)曾把文化分为"低语境"(high context)和"高语境"(low context)两种文化类型。低语境文化如西方文化，其重视语言符号本身既定的意义和意思；而高语境文化是如以中国、日本、韩国等为代表的东方文化，在解释信息时强调意义对语境的关联性，意义依赖于语境而不是被固定于语词。低语境文化认为人们所有语言表达的就应该是真实的思想感情，沟通成败全在于能否恰当和准确地表达；而高语境文化更多地依靠非语言传达，而不关心外来者究竟如何想，以及其真实的思想和情感。因此，为了实现相互间有效的沟通，图书版权贸易就是很好的一种传播方式。

(二)与日、韩等亚洲国家间的图书版权贸易

我国在与日韩的版权贸易中，呈现出了"高语境"国家之间的跨文化传播。日、韩等国与我国同处亚洲，拥有共同的文化情感。互相之间版权贸易的成功意味着

跨文化传播的胜利，而这种跨文化传播成功的关键在于找到了两种不同文化的契合点—同属“高语境”的东方文化。以中韩两国的版权贸易来看这种跨文化传播方式。目前在国内文化市场上的滚滚“韩流”，其盛行的主要因素在于这种传播实现了社会文化心理的接近。韩国电视剧和图书中所蕴含的韩国社会文化，和中国传统文化同属东方文化，以及儒家文化。像《人鱼小姐》、《澡堂老板家的男人们》、《看了又看》这样的家庭伦理剧提倡的是大家庭之间的互相关爱、敬老爱幼等最基本的儒家道德思想。十分迎合我国观众的家庭观念。而《蓝色生死恋》、《冬日恋歌》、《天堂的阶梯》这样的爱情悲喜剧，演绎的是男女主人公不离不弃、忠贞不渝的爱情，与我国一直崇尚的“海枯石烂不变心”的爱情故事有异曲同工之妙。我国对韩国图书版权输出的成功也在于韩国长期以来一直受我国传统文化的影响，例如，韩国现在还保留着盛大的祭孔活动，还有庆祝端午节的习俗。输出的图书从内容上来看，主要集中在有关中医、中国传统节日、传统文化以及语言等类别上，如《中国药膳大词典》等。从中可以看出，“高语境”的东文传统文化在两国都有着广泛的受众，这种文化的共通性使版权贸易在两国间开展得更为顺利。

（三）与港澳台地区之间的版权贸易

我国大陆与港澳台地区之间的版权贸易，则是同一文化内部不同亚文化之间的交流。由于同属华文出版，这种跨文化传播的特别之处在于省去了翻译的过程。据国家版权局统计数据显示，近十年来我国版权输出的地区主要集中在亚洲，特别是港台地区。以2004—2006这几个地区之间的图书版权贸易为例，2004年大陆从港台引进图书版权分别为264和1173种，2005年分别为247种和1038种，2006年分别为146种和749种；2004年大陆向港台输出版权分别为278和655种，2005年大陆向港台输出版权分别为169和673种，2006年分别为119和702种。就我国大陆对港台的版权贸易来看，台湾地区要强于香港地区。例如，痞子蔡的网络爱情故事—《第一次亲密接触》、英文学习类的《我的第一本亲子英文书》。之所以出现以港台为主的局面，主要是因为这些地区和大陆文化同根，属于同一文化内部的不同亚文化之间的跨文化传播。

五、其他图书版权统计

（一）全国版权合同登记情况统计

表3—9列示了2010年全国版权合同登记情况。

表 3—9　2010 年全国版权合同登记情况统计

	合计	图书	期刊	音像制品	电子出版物	软件	电影	电视节目	其他
合计	15160	**13303**	234	306	418	453	2	1	443
北京市	8631	**8074**	228	0	37	292	0	0	0
天津市	184	**159**	0	0	1	10	0	0	14
河北省	24	**24**	0	0	0	0	0	0	0
山西省	37	**37**	0	0	0	0	0	0	0
内蒙古	0	**0**	0	0	0	0	0	0	0
辽宁省	519	**501**	0	7	4	4	2	1	0
吉林省	654	**654**	0	0	0	0	0	0	0
黑龙江	45	**45**	0	0	0	0	0	0	0
上海市	1192	**795**	0	206	191	0	0	0	0
江苏省	852	**568**	0	0	8	127	0	0	149
浙江省	684	**154**	0	81	167	2	0	0	280
安徽省	136	**132**	0	0	0	4	0	0	0
福建省	47	**27**	0	10	10	0	0	0	0
江西省	535	**535**	0	0	0	0	0	0	0
山东省	175	**175**	0	0	0	0	0	0	0
河南省	216	**216**	0	0	0	0	0	0	0
湖北省	134	**134**	0	0	0	0	0	0	0
湖南省	337	**334**	2	1	0	0	0	0	0
广东省	0	**0**	0	0	0	0	0	0	0
广西省	37	**37**	0	0	0	0	0	0	0
海南省	0	**0**	0	0	0	0	0	0	0
重庆市	243	**231**	0	0	0	12	0	0	0
四川省	150	**148**	0	0	0	2	0	0	0
贵州省	29	**29**	0	0	0	0	0	0	0
云南省	16	**15**	0	1	0	0	0	0	0
西藏区	0	**0**	0	0	0	0	0	0	0
陕西省	221	**221**	0	0	0	0	0	0	0
甘肃省	2	**2**	0	0	0	0	0	0	0
青海省	0	**0**	0	0	0	0	0	0	0
宁夏区	4	**0**	4	0	0	0	0	0	0
新疆区	56	**56**	0	0	0	0	0	0	0

（二）我国作品自愿登记情况统计

实行作品自愿登记制度是为了维护作者或其他著作权人和作品使用者的合法权益，有助于解决因著作权归属造成的著作权纠纷，并为解决著作权纠纷提供初步证据。实行作品自愿登记制度并未改变著作权法规定的著作权自动保护原则。作品不论是否登记，作者或其他著作权人依法取得的著作权不受影响。

作品登记申请者应当是作者、其他享有著作权的公民、法人或者其他组织及其代理人。作者或其他享有著作权的公民的所属辖区，原则上以其身份证上住址所在地的所属辖区为准。有合作作者及有多个著作权人情况的，以受托登记者所属辖区为准。法人或者其他组织所属辖区以其主要营业场所所在地所属辖区为准。

下表3－10为我国2010年作品自愿登记情况统计。

表3－10　2010年全国作品自愿登记情况统计

	合计	文字	口述	音乐	曲艺	舞蹈	杂技	美术	摄影	建筑	影视	设计图	地图	模型	其他
合计	359871	6294	0	1425	112	18	4	37607	311897	62	1243	559	44	2	604
北京市	313110	272	0	216	1	0	0	1383	311156	0	11	10	0	0	61
天津市	0	0	0	0	0	0	0	0	0	0	0	0	0	0	0
河北省	165	54	0	19	0	0	0	88	0	0	3	1	0	0	0
山西省	205	21	0	47	0	0	0	117	0	0	10	9	0	0	1
内蒙古	325	33	0	67	1	0	0	216	1	0	3	3	0	0	1
辽宁省	4418	3123	0	120	85	15	0	420	0	0	550	21	0	0	84
吉林省	247	108	0	34	0	0	0	13	2	0	0	0	0	0	90
黑龙江	205	82	0	69	0	0	0	46	0	0	2	3	0	0	3
上海市	2636	289	0	71	0	0	0	2077	72	0	48	47	0	0	32
江苏省	7591	405	0	94	3	0	0	6319	497	0	70	183	8	0	12
浙江省	11051	98	0	29	0	0	0	10789	3	0	19	65	0	0	48
安徽省	127	27	0	10	0	0	0	67	4	0	16	1	0	0	2
福建省	10385	154	0	72	0	0	0	10042	6	0	60	46	0	0	5
江西省	306	78	0	39	0	0	0	189	0	0	0	0	0	0	0
山东省	1592	126	0	27	0	0	0	1397	0	0	18	0	24	0	0
河南省	267	68	0	19	0	0	2	133	1	0	39	3	0	0	2
湖北省	650	425	0	6	0	0	0	198	9	0	5	5	0	2	0
湖南省	327	72	0	24	14	0	0	16	25	0	50	114	0	0	12
广东省	3482	154	0	62	3	0	0	2903	15	0	118	8	12	0	207
广西省	117	38	0	14	0	0	0	18	0	44	0	3	0	0	0

续表

	合计	文字	口述	音乐	曲艺	舞蹈	杂技	美术	摄影	建筑	影视	设计图	地图	模型	其他
海南省	0	0	0	0	0	0	0	0	0	0	0	0	0	0	0
重庆市	456	64	0	18		0	0	334	0	0	0	0	0	0	40
四川省	829	317	0	30	0	0	1	427	13	17	8	15	0	0	1
贵州省	118	28	0	1	0	1	0	63	1	1	3	20	0	0	0
云南省	341	79	0	101	0	1	0	157	0	0	0	1	0	0	2
西藏区	7	1	0	0	0	0	0	4	0	0	2	0	0	0	0
陕西省	125	55	0	2	0	0	0	59	1	0	7	1	0	0	0
甘肃省	226	22	0	4	0	0	0	4	0	0	196	0	0	0	0
青海省	23	16	0	0	4	1	1	0	1	0	0	0	0	0	0
宁夏区	40	13	0	4	0	0	0	22	0	0	0	0	0	0	1
新疆区	500	72	0	226	1	0	0	106	90	0	5	0	0	0	0

从上表我们可以清楚的看到，北京基本上占了大部分的自愿登记的作品。

(三)全国版权行政机关收缴盗版品情况统计

表 3—11 为 2008 年我国版权行政机关收缴盗版品情况统计

表 3—11　2008 年全国版权行政机关收缴盗版品情况统计　　单位：件

	合计	图书	期刊	软件	音像制品	电子出版物	其他
合计	45648426	8983933	1805029	1592772	30536277	1111311	1619104
北京市	3141137	1216490	80304	1944	1750188	8075	84136
天津市	45300	45300	0	0	0	0	0
河北省	925501	441480	58850	67108	331912	26091	60
山西省	731725	216628	39816	68406	390073	16802	0
内蒙古	12624	0	0	3464	9160	0	0
辽宁省	2593700	21000	9600	240000	2130000	190000	3100
吉林省	432281	185242	3321	4956	215233	23529	0
黑龙江	225748	61980	10500	12300	133868	7100	0
上海市	63533	1065	0	1116	2330	6230	52792

续表

	合计	图书	期刊	软件	音像制品	电子出版物	其他
江苏省	4502070	586329	377424	90031	3306963	105886	35437
浙江省	82825	12424	0	51352	10684	8365	0
安徽省	217350	200000	17000	350	0	0	0
福建省	1882288	227277	39524	14586	1549200	44945	6756
江西省	599408	178200	39568	68796	278697	34147	0
山东省	1122067	785943	82665	76235	162356	12568	2300
河南省	1093437	288713	21474	24418	484644	25959	248229
湖北省	1183770	480230	34710	52899	536949	78982	0
湖南省	654886	180765	20098	256983	186476	8890	1674
广东省	14405142	1589613	740254	17003	11322626	302568	433078
广西省	632855	302567	8921	128603	187231	5533	0
海南省	601028	16201	2346	1643	567651	1383	11804
重庆市	943000	200000	100000	63000	580000	0	0
四川省	3944349	336940	18537	41474	3483775	18767	44856
贵州省	1501909	285375	33435	55776	1115876	11447	0
云南省	132541	80500	23020	21021	8000	0	0
西藏区	195362	17647	0	15581	162134	0	0
陕西省	1354749	362625	13198	4336	383245	9742	581603
甘肃省	774546	255394	16284	16445	380579	1482	104362
青海省	106970	7163	5937	1736	85790	3394	2950
宁夏区	179625	47563	8243	0	102003	15849	5967
新疆区	1366700	353279	0	191210	678634	143577	0

第四节　全国各类版权贸易统计报表制度

一、全国图书出版统计报表制度

全国图书出版统计报表制度，于 2010 年 10 月由中华人民共和国新闻出版总署修定，并经中华人民共和国国家统计局批准。修订的主要目的和作用是：

为及时全面地掌握全国图书出版业状况，为国家宏观管理和产业发展决策提供科学依据，根据《中华人民共和国统计法》及其《实施细则》和《新闻出版统计管理办法》制定了最新制度。

在最新制度中规定：凡经新闻出版行政管理部门批准成立的图书出版单位，必须依法填报本制度规定的统计报表，准确、及时、完整地报送统计数据。本制度的统计对象为：由出版单位出版、使用中国标准书号或统一书号的书籍、课本、图片等出版物。

其中，在京中央级图书出版单位和出版集团填报的报表直接报送新闻出版总署信息中心；地方图书出版单位和出版集团填报的报表由所在省、自治区、直辖市新闻出版行政管理部门审核、汇总后，一并报送新闻出版总署信息中心。

在最新的制度中规定，统计报表为季报。图书出版单位和出版集团填报的报表应于每季后 5 日内(节假日顺延)报出；各省、自治区、直辖市新闻出版行政管理部门审核、汇总后的报表于每季后 15 日内(节假日顺延)报出。各单位在报送统计报表的同时，应将规定的数据库一并上报。

各省、自治区、直辖市新闻出版行政管理部门、中央级出版集团和图书出版单位应于每年 12 月 20 日前应该以传真的方式向新闻出版总署信息中心报送本年度图书出版统计快报，指标包括：出版图书的种数、新出种数、总印数、总印张数、定价总金额。

填制说明：

一、中国标准书号或统一书号：填写图书的“标准书号”或“统一书号”。标准书号应按规定完整、准确地进行填写，如：ISBN 7—5045—3277—0。

使用统一书号的主要有 2 类：1. 各级技术标准文献；2. 年画、年历画、台历、无书名页的单张美术印刷品或折页美术印刷品，不另加封面的出版物(如活页文选、活页歌篇、小件印品)等。

二、CIP 分类号：填写图书 CIP 数据中的 IV 项内容，如“G219 · 21—66”。如有两个以上分类号时，仅填写第一个分类号。

三、图书名称：填写图书全称。非汉字图书，应在书名后注明使用的文字，如：(藏文)、(蒙文)、(英文)等。分册装订的套书应在书名后注明分装情况，如(上、中、下)等。

图书出版统计一览表

表号：
制表机关：
批准机关：
批准文号：

填报单位名称：(盖章)　　　　年　季度　　有效期至

中国标准书号或统一书号	CIP分类号	图书名称	著(编绘)译者	新出字数(千字)	装帧形式	图书类型	少儿读物	农村读物	出版方式	重点图书	翻译图书	文种	文字	环保用纸	开本(开张)	一册(张)印张(印张)	新出或重印或租型	印次	本次印数(册.张)	本次总印张(千印张)	每册(套张)定价(元)	定价总金额(元)	备注	互联网出版	电子书出版	手机出版
1	2	3	4	5	6	7	8	9	10	11	12	13	14	15	16	17	18	19	20	21	22	23	24	25	26	27

单位负责人：　　统计负责人：　　填表人：　　报出日期：　　年　月　日
通信地址：　　邮编：　　电话：　　传真：　　E_mail：

四、著(编、绘)译者:填写姓名或单位名称。如有二人或二个单位以上的,只填写第一人姓名或第一个单位的名称,后加“等”字样。翻译图书的著(编、绘)者和译者的姓名(或单位名称)均须填写。

五、新出字数:新版书第一次印刷时,按版面字数填报。

六、装帧形式:按图书装帧中的平装、精装、特种装订等选填。

七、图书类型:填写本书所属类型代码。图书类型分为:科技类图书(1)、长篇小说(2)、人物传记(3)、工具书(4)、宗教(5)、教辅读物(6)(指面向中小学生的复习资料、辅导材料、练习册和习题集等)、挂历图片年画(7)、课本(代码=K1...K7)共8大类。其中:课本又分为大专及以上课本(K1)、中专课本(K2)、中学课本(K3)、小学课本(K4)、业余教育课本(K5)、扫盲课本(K6)和教学参考书(K7)共7类。凡属上述类型的图书,应在本栏填入相应代码,非上述类型图书免填本栏。

课本及其分类如下:

1.大专及以上课本:指国家教育行政部门和中央各部委,各地区审定、规划的,列入教材征订目录的高等学校、电视大学、函授大学等使用的教材、教材习题解答集。书籍又兼作教材者,作书籍统计。

2.中专、技校课本:指国家教育行政部门和中央各部委审定、规划的,列入新教材征订目录,专供中等专业学校(包括中等师范学校)、技工学校作教材用的课本和课本习题解答集。书籍又兼作中专、技校课本使用的,作书籍统计。

3.中学课本:指在国家教育行政部门每年春秋两季颁发的《全国普通中小学教学用书目录》和由各省、自治区、直辖市教育行政部门审定、补充下达的《中小学教学用书目录》中所列的课本、教学挂图和随课本作教材用的习题解答集。

4.小学课本:同中学课本。

5.业余教育课本:指国家教育行政部门和中央各部委审定、规划的,列入新教材征订目录,对成人进行政治、业务、文化教育所使用的课本,包括广播电台、电视台举办或与其他单位合办的业余讲座使用的课本及其他业余教育课本。大专、中专采用电视、函授方法授课所使用的课本,应分别计入大专课本或中专课本。

6.扫盲课本:专供扫盲使用的课本。

7.教学用书:由省、自治区、直辖市以上教育行政机关统一规定为各级学校教员必须采用的“教学参考资料”及“教学大纲”。少数民族自治州出版社出版,由少数民族自治州教育行政机关规定的这类书,亦列入此类。

八、少年儿童读物:供初中及初中以下少年儿童阅读的书籍(不包括九年义务制教育的课本及其补充读物),填写“儿”字样;少数民族文字儿童读物应加填“民儿”字样,否则,免填本栏。

九、农村读物:以农村读者为主要对象或主要发往农村的各类农业生产、科技、经济、政治、文化、教育等图书,填写“农”字样,否则,免填本栏。

十、出版方式:填写本书出版方式的规定代码。分为常规出版(无代码)、自费出版(1)、国内出版社合作出版(2)、对外合作出版(3)、购买国外版权出版(4)。

十一、重点图书:填写国家级重点或省部级重点图书,非重点图书免填本栏。

国家重点图书是指:列入由国家出版行政部门制定的国家综合性重点图书出版规划及专类重点图书出版规划的图书;省部级重点图书是指:列入由省级出版行政部门制定的省级综合性重点图书出版规划及专类重点图书出版规划的图书。

十二、翻译图书:凡属翻译图书,应在本栏填写“译”字样,非翻译图书免填本栏。

十三、文种:汉字图书免填本栏,少数民族文字图书填写“民”,外国文字图书填写“外”。

十四、文字:汉字图书免填本栏,其他文字图书应在本栏填写相应文字,如藏、蒙、英、德、法等。

十五、开本(开张):填写图书的实际开本(开张)。大开本图书在开本前加填“D”字样,如:“D32”等;特大开本图书在开本前加填“T”字样,如“T16”等;长开本图书在开本前加填“C”字样,如“C12”等。

十六、每册(张)印张:填写图书“版权记录页”刊载的印张数。一套图书分装数册,并只有一个定价,本栏应填各分册的印张数之和。

十七、新出或重印或租型:本栏的填报以年度为界线。本年度出版的新书,在本年内无论印刷多少次,均按新出图书统计,在本栏填写“新”字样;以前年度出版,本年内重印的图书为重印书,在本栏填写“重”字样;租型印制的图书,一律填写“租”字样。

十八、印次:印次的填报以年度为界限。一本书,本年第一次印制时,在本栏填“1”,本年内如再重印时,依次填写“2”、“3"等本年实际累计印次。

图书的“种数”原则上以一个书名和一个定价单独发行的作为一种。内容完全相同的图书,在一年内先后以几种不同版本、不同装帧形式(精、平装)、不同开张、不同定价或不同颜色(单色或彩色)出版,均只计算最先出版的种数,即在本栏填“1”,后出版的在本年度内不再计算种数,即在本栏填“2”、“3”等本年实际累计印次数。

有以下情形者，应分别计算图书种数：

1. 同一种图书、图片，分若干册（卷、张）出版，并按每册（卷、张）单独定价发售的，每一册（卷、张）作一种计算；

2. 一种图书，用几种不同的文字出版，每种不同文字的版本，应分别计算种数；

3. 经修改增订的图书，凡在“版权记录页”上变动了版次（注意：不是印次），或在该图书名称后新注明是“修订”本的，均作新出图书统计；

4. 仅调整了定价者，不作为另一种书籍或图片计算种数。

十九、本次印数：填报本次实际印装成书的数量。一套图书分装数册，并只有一个定价，应以一个独立的装订单位为一册计算。如：某书分装上、中、下 3 册，一个定价，印制 1000 套，本次印数应填 3000 册。

二十、本次总印张（千印张）：用“每册（张）印张”乘以“本次印数”除以 1000 求得，不包括纸张“加放”数和“损耗”数。

二十一、每册（张）定价（元）：填写每册图书或每张图片的单价。

二十二、定价总金额：以“每册（套、张）定价”乘以“本次印数（册、套、张）”求得。一套图书分装数册，且只有一个定价的，应以“每套（张）定价”乘以“套数”求得。如：某书分装上、中、下 3 册，定价 60 元，本次印数 3000 册，“定价总金额”＝60×3000/3。

二十三、备注：主要用以注明内部出版的图书或租型图书的原出版单位等。

二十四、填入《图书出版统计一览表》的图书，应以收到样书时间为准。

二、全国版权管理及版权贸易统计报表制度

全国版权管理及版权贸易统计报表制度由中华人民共和国新闻出版总署制定，以下为最新版本（2010 年 10 月）

总说明：

一、为全面准确地掌握全国版权管理及版权贸易情况，更好地为国家宏观管理决策提供科学依据，根据《中华人民共和国统计法》及其《实施细则》制定本制度。

二、统计内容：全国版权管理和版权贸易情况。

三、统计范围：各省、自治区、直辖市新闻出版局，新疆生产建设兵团新闻出版局，解放军总政治部宣传部新闻出版局，各中央级图书出版社、报社、期刊社、音像电子出版物出版和复制单位、出版物进出口公司，中国出版集团、中国印刷集团。

四、本制度规定的报表为年度报表，由各省、自治区、直辖市版权行政管理部门根据实际工作中版权管理和版权合同登记的有关记录填报。在京中央单位的版权贸易情况统一上报北京市版权局。

五、各填报单位必须依法准确、及时、完整地填报统计报表，使用从全国新闻出版统计网站（WWW. PPSC. GOV. CN）下载的专用填报软件，完成填报后通过互联网将统计数据直接报送至全国新闻出版统计网站。

各级审核单位通过全国新闻出版统计网站提供的专用审核软件下载本辖区的统计数据，完成催报、审核、汇总后通过互联网直接报送至全国新闻出版统计网站。

本制度规定的所有报表须经本单位领导审核、签字并加盖公章后，于翌年1月15日前报送中华人民共和国新闻出版总署信息中心统计处，同时抄报中华人民共和国新闻出版总署（国家版权局）。

六、本制度自2007年1月1日起执行。

七、本制度由中华人民共和国新闻出版总署（国家版权局）负责解释。

表3—12至表3—14是本制度所涉及的相关表格格式。

表3—12　报表目录

表号	表名	报告期别	统计范围	报送单位	报送日期	页码
BQ01	版权执法情况汇总表	年报	各省、自治区、直辖市新闻出版局，新疆生产建设兵团新闻出版局，解放军总政治部宣传部新闻出版局，各中央级图书出版社、报社、期刊社、音像电子出版物出版和复制单位、出版物进出口公司，中国出版集团、中国印刷集团	各省、自治区、直辖市版权行政管理部门	翌年1月15日前报出	3
BQ02	版权管理情况汇总表	年报	（同上）	（同上）	翌年1月15日前报出	4
BQ03	引进版权情况一览表	年报	（同上）	有版权引进业务的出版单位	翌年1月15日前报出	5
BQ04	输出版权情况一览表	年报	（同上）	有版权输出业务的出版单位	翌年1月15日前报出	6

表 3—13 版权执法情况汇总表

填报单位：(盖章)　　　　　　年

案件查处情况			收缴盗版品情况		
项目	本年度数量	同比增减	项目	数量(册、盒、张、件)	同比增减
行政处罚数量(件)			合计		
案件移送数量(件)			图书		
检查经营单位数量(个)			期刊		
取缔违法经营单位数量(个)			软件		
查获地下窝点数量(个)			音像制品		
罚款金额(人民币元)			电子出版物		
					其他

单位负责人：　　统计负责人：　　填表人：　　报出时间：　　年　　月　　日

邮政编码：　　电话号码：　　传真号码：　　通信地址：

说明：报出时间：翌年 1 月 15 日前报出

表 3—14 版权管理情况汇总表

填报单位：(盖章)　　　　　　年　　　　　　量单位：件

版权合同登记数量									
类别	合计	图书	期刊	音像制品	电子出版物	软件	电影	电视节目	其他
数量									

作品自愿登记数量															
类别	合计	文字	口述	音乐	曲艺	舞蹈	杂技	美术	摄影	建筑	影视	设计图	地图	模型	其他
数量															

单位负责人：　　统计负责人：　　填表人：　　报出时间：　　年　　月　　日

邮政编码：　　电话号码：　　传真号码：　　通信地址：

说明：报出时间：翌年 1 月 15 日前报出

表 3—15 引用版权情况一览表

填报单位:(盖章) 年

单位负责人: 统计负责人: 填表人: 报出时间: 年 月 日

邮政编码: 电话号码: 传真号码: 通信地址:

说明:报出时间:翌年 1 月 15 日前报出

产品类型	产品类别	国内出版(引进版权)单位名称	原版权所在国家或地区名称	原版权所有者中、原文名称	产品中文名称及产品原文名称	作者(权利人)中文、原文姓名或名称	合同约定出版数量(册、盒、张)	本年度收入码洋(人民币元)	订立合同时间

表 3—16 输出版权情况一览表

填报单位:(盖章) 年

单位负责人: 统计负责人: 填表人: 报出时间: 年 月 日

邮政编码: 电话号码: 传真号码: 通信地址:

说明:报出时间:翌年 1 月 15 日前报出

国内产品类型	国内产品类别	国内出版(输出版权)单位名称	版权购买者所在国家或地区名称	版权购买者中、原文名称	产品中文名称	作者(权利人)姓名或名称	合同约定出版数量(册、盒、张)	本年度收入码洋(人民币元)	订立合同时间

三、《版权执法情况统计表》指标解释及填制说明：

此表格依据各地版权行政管理机关行政执法工作中产生的数据填写。

（一）案件查处情况

本项统计包括六个方面的数据统计：

1. 行政处罚数量

（1）本年度数量：指本统计年度内作出版权行政处罚决定的数量。

（2）同比增减：指与上一年度相比，作出版权行政处罚决定数量的增减情况，填写正负百分比数额。

2. 案件移送数量（件）

（1）本年度数量：指本统计年度内向司法部门移交案件的数量。

（2）同比增减：指与上一年度相比，向司法部门移交案件数量的增减情况，填写正负百分比数额。

3. 检查经营单位数量（个）

（1）本年度数量：指本统计年度内检查各类经营单位的数量。

（2）同比增减：指与上一年度相比，检查各类经营单位数量的增减情况，填写正负百分比数额。

4. 取缔违法经营单位数量（个）

（1）本年度数量：指本统计年度内在有关部门配合下取缔违法经营单位的数量。

（2）同比增减：指与上一年度相比，取缔违法经营单位数量的增减情况，填写正负百分比数额。

5. 查获地下窝点数量（个）

（1）本年度数量：指本统计年度内查获制作、销售各类盗版品窝点的数量。

（2）同比增减：指与上一年度相比，查获制作、销售各类盗版品窝点数量的增减情况，填写正负百分比数额。

6. 罚款金额（人民币元）

（1）本年度数量：指本统计年度内在行政处罚中作出罚款决定的总金额。

（2）同比增减：指与上一年度相比，罚款金额的增减情况，填写正负百分比数额。

（二）收缴盗版品情况

本项统计包括对不同种类盗版品的收缴数量及合计数量，并分别填写与上一年度的增减比较的正负百分比。

(1)合计:填写本年度收缴盗版品的总数量;

(2)图书:填写本年度收缴盗版图书的数量;

(3)期刊:填写本年度收缴盗版期刊的数量;

(4)软件:填写本年度收缴盗版软件的数量;

(5)音像制品:填写本年度收缴盗版音像制品的数量;

(6)电子出版物:填写本年度收缴盗版电子出版物的数量;

(7)其他:填写本年度收缴其他盗版品的数量。

四、《版权管理情况统计表》指标解释及填制说明:

此表格依据各地版权行政管理机关日常的管理工作中产生的数据填写。

(一)版权合同登记数量

(1)合计:填写当地版权行政管理机关本年度登记的各类出版物授权合同总数量;

(2)图书:填写本年度登记的图书授权合同数量;

(3)期刊:填写本年度登记的期刊授权合同数量;

(4)音像制品:填写本年度登记的音像制品授权合同数量;

(5)电子出版物:填写本年度登记的电子出版物授权合同数量;

(6)软件:填写本年度登记的软件授权合同数量;

(7)电影:填写本年度登记的电影授权合同数量;

(8)电视节目:填写本年度登记的电视节目授权合同数量;

(9)其他:填写本年度登记的其他出版物授权合同数量。

(二)作品自愿登记

(1)合计:填写本年度自愿到当地版权行政管理机关登记的各类作品总数量;

(2)文字作品、口述作品、音乐作品、曲艺作品、舞蹈作品、杂技作品、美术作品、摄影作品、建筑作品、影视作品、设计图、地图、模型作品、其他作品:分类别填写本年度自愿登记的各类作品数量。

五、《引进版权情况一览表》指标解释及填制说明:

逐一填写本年度图书、音像制品、电子出版物、计算机软件、电影、电视节目和其他产品版权引进的具体情况。

(1)产品类型:选填“图书”、“录音”、“录像”、“电子”、“软件”、“电影”、“电视”和“其他”字样。

(2)产品类别:

对“图书”、“录音”、“录像”、“电子”类别产品填写该引进版权产品在国内出版时所划分的类别。其中:

图书类别分为:科技类图书、长篇小说、人物传记、工具书、宗教、教辅读物、图册、课本、其他。其中,课本又分为大专及以上课本、中专课本、中学课本、小学课本、业余教育课本、扫盲课本和教学参考书。

录音制品类别分为:歌曲、乐曲、戏剧、曲艺、教育、语言、科技、体育、文学、医药、军事、综合、其他。

录像制品类别分为:故事片、戏曲片、风光片、卡通片、音乐舞蹈、卡拉 OK、MTV、社会科学、教育、语言、科技、体育、文学、医药卫生、农业科学、工业技术、交通、航空、军事、综合、其他;

电子出版物类别分为:马列毛泽东思想、哲学、社会科学总论、政治法律、军事、经济、文化科学教育体育、语言文字、文学、艺术、历史地理、娱乐、家政、自然科学总论、数理化、天文地理、生物、医药卫生、农林、工业技术、计算机技术、交通运输、航空航天、环境劳保安全、其他。

对“软件”、“电影”、“电视”类型产品按照如下类别:

软件分为:计算机操作系统、计算机语言、数据库、科学计算、工业设计与控制、管理、金融财务、影视与美术设计、电子游戏、其他各种应用软件。

电影分为:故事片、艺术片、风光片、科技教育片、记录片、卡通片、其他。

电视节目分为:电视剧、科技片、教育片、艺术片、旅游风光片、卡通片、其他。

(三)国内出版(引进版权)单位名称

填写引进出版物版权后出版该产品的国内出版单位名称,对于非出版物的版权引进填写引进版权单位的名称。

(四)原版权所在国家或地区名称

按照国家标准译名的缩写,填写原版权所在国家或地区的中文名称。

(五)原版权所有者中、原文名称

同时填写拥有原版权的个人或单位的中文及原文姓名或名称。

(六)产品中文名称及产品原文名称

同时填写引进产品的中文及原文名称。

（七）作者（权利人）中文、原文姓名或名称

同时填写引进版权的该产品原作者（权利人）的中文及原文姓名或名称。

（八）合同约定出版数量（册、盒、张）

对于出版物填写合同中约定的出版数量，对于影视作品填写合同中约定的引进的部、集数量。

（九）本年度收入码洋

（1）对"图书"、"录音"、"录像"、"电子"类别产品，填写该引进版权产品在本统计年度内的销售码洋。对于以往年度引进的版权产品在本统计年度内的销售码洋也要进行填写；对于本统计年度内引进后没有出版发行的版权产品，此项填写为"0"；

（2）对"软件"、"电影"、"电视"类型产品，填写该引进版权产品在本统计年度内的销售数额。对于以往年度引进的版权产品在本统计年度内的销售数额也要进行填写；对于本统计年度内引进后没有出版发行的版权产品，此项填写为"0"。

（十）订立合同时间：

依据合同订立时间选择填写"本年度"与"以往年度"。

六、《输出版权情况一览表》指标解释及填制说明：

逐一填写本年度图书、音像制品、电子出版物、计算机软件、电影、电视节目和其他产品版权输出的具体情况。

（一）国内产品类型

选填"图书"、"录音"、"录像"、"电子"、"软件"、"电影"、"电视"和"其他"字样。

（二）国内产品类别

对"图书"、"录音"、"录像"、"电子"各类型产品填写该输出版权产品在国内出版时所划分的类别。其中：

（1）图书类别分为：科技类图书、长篇小说、人物传记、工具书、宗教、教辅读物、图册、课本、其他。其中，课本又分为大专及以上课本、中专课本、中学课本、小学课本、业余教育课本、扫盲课本和教学参考书；

（2）录音制品类别分为：歌曲、乐曲、戏剧、曲艺、教育、语言、科技、体育、文学、医药、军事、综合、其他；

（3）录像制品类别分为：故事片、戏曲片、风光片、卡通片、音乐舞蹈、卡拉 OK、MTV、社会科学、教育、语言、科技、体育、文学、医药卫生、农业科学、工业技术、

交通、航空、军事、综合、其他；

(4)电子出版物类别分为：马列毛泽东思想、哲学、社会科学总论、政治法律、军事、经济、文化科学教育体育、语言文字、文学、艺术、历史地理、娱乐、家政、自然科学总论、数理化、天文地理、生物、医药卫生、农林、工业技术、计算机技术、交通运输、航空航天、环境劳保安全、其他。

对“软件”、“电影”、“电视”类型产品按照如下类别：

(5)软件分为：计算机操作系统、计算机语言、数据库、科学计算、工业设计与控制、管理、金融财务、影视与美术设计、电子游戏、其他各种应用软件；

(6)电影分为：故事片、艺术片、风光片、科技教育片、记录片、卡通片、其他；

(7)电视节目分为：电视剧、科技片、教育片、艺术片、旅游风光片、卡通片、其他。

(三)国内出版(输出版权)单位名称

填写输出出版物版权的国内出版单位名称，对于非出版物的版权输出填写输出版权单位的名称。

(四)版权购买者所在国家或地区名称

按照国家标准译名的缩写，填写输出版权购买者所在国家或地区的中文名称。

(五)版权购买者中、原文名称

同时填写版权购买者的个人或单位的中文及原文姓名或名称。

(六)产品中文名称

填写输出版权产品的中文名称。

(七)作者(权利人)姓名或名称

填写输出版权的该产品原作者(权利人)的中文名称。

(八)合同约定出版数量(册、盒、张)

对于出版物填写合同中约定的出版数量，对于影视作品填写合同中约定的输出的部、集数量。

(九)本年度收入码洋：

(1)对“图书”、“录音”、“录像”、“电子”类别产品，填写该输出版权产品在本统计年度内的销售码洋。对于以往年度输出的版权产品在本统计年度内的销售码洋也要进行填写；对于本统计年度内输出后没有出版发行的版权产品，此项填写为“0”；

(2)对“软件”、“电影”、“电视”类型产品，填写该输出版权产品在本统计年度内的销售数额。对于以往年度输出的版权产品在本统计年度内的销售数额也要进行填写;对于本统计年度内输出后没有出版发行的版权产品,此项填写为“0”。

十、订立合同时间

依据合同订立时间选择填写“本年度”与“以往年度”。

八、其他版权统计报表制度

本书在上两小节已经详细讲述了全国图书出版统计报表制度和全国版权管理和版权贸易统计报表制度。这些都在中华人民共和国新闻出版总署财务司的官方网站上有着详细的说明,且每年或几年进行一次更新。如果读者想要了解的更加全面,可进入其官方网站 www.gapp.gov.cn 查阅浏览。

其中还包括全国印刷统计报表制度、全国音像电子出版物出版统计报表制度、全国出版物进出口统计报表制度、全国出版企事业单位财务状况与经营成果统计报表制度、全国期刊出版统计报表制度和全国报纸统计报表制度等。本书在此就不详加说明了。

第四章　广告会展贸易统计

引　言

广告作为现代市场竞争的重要手段，其存在价值已经得到企业界和营销领域的普遍重视。随着市场经济的发展广告也渐渐融入到我们的生活，成为我们日常生活中不可或缺的一部分。广告的最基本功能就是认识功能。通过广告，能帮助消费者认识和了解各种商品的商标、性能、用途、使用和保养方法、购买地点和购买方法、价格等项内容，从而起到传递信息，沟通产销的作用。此外，广告还能够激发消费者的兴趣。一则好的广告，能起到诱导消费者的兴趣和感情，引起消 购买该商品的欲望，直至促进消费者的购买行动。第三，大规模的广告是企业的一项重要竞争策略.

会展是传统营销理论中市场推广的重要手段之一，随着其内容、功能、形式和内涵的不断发展，会展在企业市场营销战略中的地位重新得到认识。会展是行业生产商、经销商和贸易商等进行交流、沟通和商业促进的平台。专业性会展是其所代表行业的缩影，在某种程度上甚至就是一个市场。会展现场提供了进行市场调查的好机会。日益成熟的会展业对现代市场营销的渗透效应力越来越强，众多企业视展会营销为拓展市场的一把利刃。

第一节　广告概述

一、广告的定义

对大量存在于日常生活中的广告，我们可以从广义和狭义两个方面来理解。

（一）广义的广告

广义的广告是指那些能唤起人们的注意，告诉人们某种事物、传播某种信息、说服人们接受某种观点和见解的广告，即含有“广而告之”的意思。广义的广告包括的范围有商品、服务、观念、主张等一切信息。广义的广告实际上包括了商业广告(以营利为目的的经济广告)和非商业广告(不以营利为目的、带有公益性的非经济广告)两大部分。商业广告的出发点是要通过广告的形式来营利,这种广告只发布有关促进商品和服务销售的商业信息。非商业广告是指除了商业广告以外的各种广告。这种广告包含范围广,包括政府公告、宗教布告、教育通告,以及相关的文化、社会福利因素等团体的启示、声明、布告等。

(二)狭义的广告

狭义的广告仅指商业广告(经济广告),现代广告学研究对象一般是指商业广告。商业广告是各类经济组织所做的、以营利为目的、旨在促进商品和服务销售的广告。其广告主体是各类经济组织,如工商企业、经济团体或个体经济组织;广告的对象主要是各种商品的经营者、使用者和消费者,这里既包括个体和集体使用者、消费者,又包括生产消费者和生活消费者。由此可见,商业广告的传播者是推销商品、服务的各类经济组织,广告内容主要是关于出售商品或服务的信息,广告对象是该种商品和服务的各类消费者。从这个角度来理解,广告活动就是一种经济活动,它必须遵循商业活动的基本准侧,即实现投入产出的最优效率与利润的最大化。

(三)西方发达国家对于广告的定义

美国营销协会定义委员会(The Committee on Definitions of the American Marketing Association)对广告进行了如下定义:广告是由可确认的广告主,以任何方式付款,对其观念、商品或服务所做的非人员性的陈述和推广。该定义自1948年以来,经过若干次修改,目前在世界范围内具有较大影响。这个定义最重要的一点是指出了在广告中要有可以确认的广告主。另外,这个定义也强调了广告是付费的和"非人员性的"。这些都是现代广告的重要特征。

美国广告协会(American Association of Advertising Agencies)对于广告的定义为:广告是付费的大众传播,其最终目的是为了传递信息,改变人们对于所广告的商品的态度,诱发其行动而使广告主获得利益。这个定义强调了广告是付费的大众传播方式,以及广告最终的目的。这个定义还点名了广告是如何发生作用的,即广告通过改变人们对商品的态度而产生广告效果。

日本广告业协会关于广告的定义是:广告是被明确表示出的信息发送方针,是对呼吁(诉求)对象进行的有偿信息交流活动。这个定义显示了日本广告界对于广告含义的更为宽泛的理解。他们把广告视为是信息交流活动,这样实际上是扩大了广告活动的业务范围。

英国人似乎把广告当作一种更具综合意义的事业。《简明不列颠百科全书》中关于广告的定义是了:广告是信息的一种方式,其目的在于推销商品、劳务、影响舆论,博得支持,推进一种事业,或引起刊登广告所希望的其他反映 。广告信息通过各种宣传工具,传递给它想要吸引的观众和听众。广告不同于其他传递信息的形式,它必须由登广告者付给传播信息的媒介以一定的报酬。

(四)我国对于广告的定义

我国最具权威性的工具书《辞海》对于广告进行如下定义:“广告是向公众介绍商品、报道服务内容和文娱节目等的一种宣传方式。这个定义淡化了广告的商业性,但指出了广告负有的社会文化功能。这个定义仍然把广告视为一种宣传方式。

《中华人民共和国广告法》对广告的定义为:本法所称广告,是指商品经营者或者服务提供者承担费用,通过一定媒介和形式直接或者间接地介绍自己所推销的商品或者所提供的服务的商业广告。

综合以上不同主体对于广告的定义,本书中广告贸易所指的广告即是按照我国广告法的定义,强调广告的经济属性,即以营利为目的。

二、广告的分类

日常生活中形形色色的广告,让人眼花缭乱,对各式各样的广告进行分类,不仅可以加深对于广告特征的理解,更重要的是它有利于对广告贸易的统计和研究分析。

按照不同的标准,可以对广告进行如下分类:

(一)根据广告传播的媒介来划分

根据广告传播媒介来划分,可将广告分为印刷类广告、电子类广告和实体广告。

1. 印刷类广告

印刷类主要包括印刷品广告和印刷绘制广告。印刷品广告主要包括:报纸广告、杂志广告、图书广告、招贴广告、传单广告、产品目录、组织介绍等;印刷绘制广告主要包括:墙壁广告、路牌广告、工具广告、包装广告、挂历广告等。

2. 电子类广告

电子类广告主要包括广播广告、电视广告、电影广告、计算机网络广告、电子显示屏幕广告、霓虹灯广告。

3. 实体广告

图 4—1　地产楼盘销售广告

图片来源：sc. chinaz. com/psd/047223323. htm

实体广告主要包括实物广告、橱窗广告、赠品广告等。

实物广告以商品自身为宣传媒介的广告。商人或持所售商品，或将经营的商品悬挂于店铺门前，或陈列于顾客易见之处以招揽生意。实物广告是一种最原始的广告形式，是自古以来交换、销售货物时普遍采用的方法。

橱窗广告是现代商店店外 POP 广告的重要组成部分，它借助玻璃橱窗等媒介物，把商店经营的重要商品，按照巧妙的构思，运用艺术手法和现代科学技术，设计陈列成富有装饰美的货样群，以达到刺激消费的目的。

赠品广告，是向消费者、经销商赠送的一些印有产品或企业信息的礼品。将富有创新意识与促销商品相关的广告小礼品，选择时机在较大范围内，赠送给消费者，从而引起轰动效应，促进商品销售。

图 4—2 国产影片《北京遇上西雅图》电影广告

图片来源：http://www. m1905. com/newgallery/hdpic/621399. shtml

（二）根据广告进行地点来划分

根据广告进行地点来划分，可将广告分为销售现场广告和非销售现场广告。

1. 销售现场广告

销售现场广告是指设置在销售场所内的广告，包括橱窗广告、货架陈列广告、室内外彩旗广告、卡通式广告、巨型商品广告等。

2. 非销售现场广告

非销售现场广告是指存在于销售现场之外的一切广告形式。

（三）根据广告内容来划分

根据广告内容来划分，可将广告分为商业广告、文化广告、社会广告和政府广告。

图 4—3 爱马仕(Hermès)户外橱窗广告

图片来源:opus. arting365. com/... /1260976257d218284. html

1. 商业广告

商业广告是广告中最为常见的形式,也是广告市场统计重点对象。本书中对于广告贸易额统计主要集中在商业广告。商业广告是以推销商品为目的,以向消费者提供商品信息为主的广告。

2. 文化广告

文化广告是指传播教育、科技、文化、艺术、体育、新闻、出版、旅游等信息的广告。文化广告是广告主有计划地通过传媒向消费者介绍、推销自己的文化产品或服务,唤起消费者的注意,并促使其去消费某种文化产品(包括文艺演出、电影电视、图书音像、文化娱乐、体育旅游等)的一种信息传播活动。

3. 社会广告

社会广告是指向社会提供服务的广告,具体包括社会福利、医疗保险、社会保险以及征婚、寻人、挂失、招聘等内容。

4. 政府广告

政府广告是指政府部门发布的广告,具体包括公安、交通、法院、财务、税收、工商、卫生等部门发布的信息。

（四）根据发布广告的目的来划分

1. 告知广告

告知广告是以向目标受众提供信息为目的的广告。这种广告的目的在于传达新产品的信息，介绍新产品的用途、性能、使用方法并建立需求，其主要目的是介绍物理性能，其次才是传播某种品牌。

2. 促销广告

促销广告是指向消费者推销产品和服务的广告形式。它运用各种方法，将产品的质量、性能、特点、特性等进行宣传，唤起消费者的消费欲望，从而达到广告的目的。

3. 形象广告

狭义的形象广告是指企业向公众展示企业实力、社会责任感和使命感的广告，通过同消费者和广告受众进行深层次的交流，增强企业的知名度，产生对企业及其产品的信赖感。广义的形象广告还包括了国家形象广告，例如我国商务部启动的“中国制造”海外宣传计划，在国际主流媒体投放的一系列国家形象宣传片就是典型的国家形象广告。

4. 公益广告

公益广告是以为公众谋利益和提高福利待遇为目的而设计的广告，是企业或社会团体向消费者阐明它对社会的功能和责任，表明自己的追求，不仅仅是从经营中获利，而是过问和参与如何解决社会问题和环境问题。这一意图的广告，是不以营利为目的而为社会公众切身利益和社会风尚服务的广告。它具有社会的效益性、主题的现实性和表现的号召性三大特点。公益广告通常由政府有关部门来做，广告公司和部分企业也参与了公益广告的资助，或完全由它们办理。它们在做公益广告的同时也借此提高了企业的形象，向社会展示了企业的理念，这些都是由公益广告的社会性所决定的，使公益广告能很好的成为企业与社会公众沟通的渠道之一。

（五）以广告投放的范围为标准来划分

现代企业根据目标市场来投放广告，按照广告投放影响的范围和传播的区域，可以将广告划分为国际性广告、全国性广告、区域性广告和地方性广告。

1. 国际性广告

国际性广告又叫做全球性广告，就是跨国公司选择具有国际影响力的广告媒体所进行的超越国界的广告运作。这是随着国际贸易的发展出现了国际市场一体化倾向之后出现的广告形式。做国际广告通常可以利用的媒体是国际性媒体，如国际性组织的报纸、刊物、电台以及当地国家的大众媒体等，此外也可以利用本国在国际上传播的媒体进行，如中国中央电视台的对外节目、中国国际广播电视台的节目、网络相对外交流刊物等。

2. 全国性广告

全国性广告的投放范围面向全国，这类广告适用于销售以及服务遍及全国的企业，产品的通用性一般较强、销售量大、选择性小。全国性主要选择覆盖全国的媒体，如中央电视台、中国人民广播电视台、各省电视台的卫星频道和《人民日报》、《半月谈》等全国流通的报纸、杂志，旨在向全国的广告受众传播有关产品、服务、观念、形象等方面的信息，激起国内消费者的购买欲望，产生对其产品和服务的需求。因全国性广告的受众地域跨度大，因此，应注意不同地区受众的接受特点，此类广告活动的广告主多为大型企业。

3. 区域性广告

区域性广告，是指选用区域性传播媒体，如地方报纸、杂杂、电台、电视台开展的广告宣传，这种广告的传播范围仅限于一定的区域内，如我国的华南区、华北区或是在某个省份开展的广告活动。开展区域性广告的产品往往是地区选择性或是区域性需求较强的产品，如加湿器、防滑用具、游泳器材等。

区域性广告的广告主只将产品进行区域性推销。开展区域性广告的产品往往销售量有限，地区选择性较强，广告多是为配合差异性市场营销策略而进行的。

4. 地方性广告

这类广告的传播范围比较窄，广告的产品市场范围也相对较小，主要是选用地方媒体所做的广告，这类广告多为配合密切型市场营销策略的实施，广告传播的重点是促使人们使用当地的产品，因此，可运用省、市、县等地方大众媒体。这类广告活动的广告主多为中小型企业。

第二节　广告贸易统计

一、广告贸易统计定义及相关概念

经过改革开放 30 多年的发展，我国广告业从无到有，从小到大，从简单到丰富多彩，规模和质量都发生了巨大的变化，广告业营运额年均增长幅度达到两位数，广告业已成为具有一定规模、推动民族品牌创建和创意产业发展的重要产业。广告业的壮大是我国改革开放成果的具体体现。同时，我国已经建立了与国情相适应的“政府监管、部门配合、行业自律、社会监督”的广告管理模式，广告监管法治化和制度化建设成效显著，为广告业的健康发展营造了一个良好的市场环境。在2008年，广告业经历了国际金融危机的洗礼和考验，与中国经济同呼吸、共命运，在促进市场竞争和知识创新，推进市场经济发展方面，起到了至关重要的作用。目前，我国已经进入世界广告大国行列，我国广告业也进入黄金发展期。

在我国广告行业快速发展的背景下，广告贸易统计不仅可以为国家制定广告产业发展政策提供有力的支持，而且可以在统计中找到我国广告产业与发达国家的差距，同时发挥自身的优势，从而更加有效的促进我国广告产业的长远发展。

（一）广告贸易统计的概念

广告贸易统计从广义上来理解即是对贸易领域中的各种商业广告进行数据搜集、整理、计算、分析和解释的过程；广告贸易统计从狭义上来说只包括对各种广告贸易及其相关数据进行搜集、整理的过程。

（二）广告贸易统计的原则

在广告贸易统计过程中，必须按照一定的原则来进行，否则统计出的数据不仅无法满足数据使用者的要求，而且还会造成社会资源极大的浪费。在广告贸易统计过程中，应体现出如下统计原则：

1. 全面性

广告贸易统计的全面性是指在统计广告贸易各项指标的过程当中，应力求做到统计数据的全面细致。对于广告贸易统计的全面性，可以从两个方面来理解：一方面，尽可能地将与广告贸易相关的所有数据收集起来，为统计研究奠定基础。例如，在进行广告贸易统计时，不仅要单纯地统计我国广告贸易的额度，还要统计广告从业人员数量、年人均广告消费、广告企业数量、广告市场规模以及增长率、广告主要投放行业等指标。另一方面，面对目前国际经济一体化的大趋势，统计指标还应进行国际间横向比较，从而在比较中找到差异与差距，为以后广告业以及广告贸易的发展指明方向。

2. 客观性

广告贸易统计的客观性要求在实际工作过程当中必须是针对实际发生的广告贸易额才能进行统计。广告贸易统计必须坚持客观性原则。

3. 具体性

广告贸易统计的具体性是指除了要对广告贸易统计指标的各种总量进行统计

外，还要针对每一个分量指标进行深入统计，要做到“细致入微”地研究广告贸易的统计对象。

（三）广告贸易统计标准

随着加入世界贸易组织，我国与世界经济的联系越发紧密，在贸易领域对世界其他各国的影响日益加深。在这种大的历史背景下，我国在经济交往中的许多方面都开始与国际接轨，然而长期以来，我国在包括广告贸易统计的文化贸易统计制度上由于缺乏文化贸易统计归口管理部门，我国的文化贸易统计工作明显落后于发达国家（地区）。

在“十二五”规划中，我国明确提出了中国服务贸易发展的战略目标，对服务贸易统计工作也提出了迫切需求。在此背景下，商务部与国家统计局遵循国际标准，并结合近年来我国服务贸易的发展情况和特点，联合制定了《国际服务贸易统计制度》，于 2007 年 11 月联合发布（商服贸发[2007]464 号），并自 2008 年 1 月 1 日起正式实施，以科学、有效地组织中国的服务贸易统计工作，为国家制定服务贸易政策提供数据信息服务。按照国际规范与标准并结合中国实际情况，《国际服务贸易统计制度》设定了中国服务贸易统计的范围和内容。《国际服务贸易统计制度》采纳了联合国等六大国际组织共同编著的《国际服务贸易统计手册》中所建议的服务贸易统计基本框架。根据《国际服务贸易统计手册》建议的基本原则，国际服务贸易统计遵循《服务贸易总协定》关于国际服务贸易的定义，确定以四种供应模式，即跨境提供、境外消费、商业存在和自然人移动作为服务贸易统计的范围。具体操作上，以居民与非居民之间的服务贸易（即国际收支项下的服务贸易）和通过外国附属机构实现的服务贸易（即 FATS）两条主线进行服务贸易统计。而对于自然人移动统计，因其范围难于界定以及可行的统计指标有限，仅作为服务贸易统计的次要组成部分。

《国际服务贸易统计制度》规定，中国服务贸易统计的范围包括中国居民与非居民间服务贸易和外国附属机构服务贸易两部分，覆盖《服务贸易总协定》建议的四种供应模式。同时，为结合中国的实际情况，中国的服务贸易统计细化了服务贸易的国别（地区）和省市分类，提供了交易性质、国别（地区）、省市等多维分组的国际收支项下服务贸易和外国附属机构服务贸易统计数据框架，从而满足了国际谈判与中国各级政府管理和决策的需要。

为了使我国广告贸易统计指标具有国际可比性且符合标准化的趋势，广告贸易统计应按照我国《国际服务贸易统计制度》的要求来进行。

(四)广告贸易统计范围

根据我国《国际服务贸易统计制度》的相关要求,结合我国文化贸易统计中广告贸易统计的现实情况,广告贸易统计的基本范围包括:跨境提供、境外消费、商业存在和自然人移动。

广告贸易统计的具体范围如下:

(1)跨境提供,指从一成员方境内向另一成员方境内提供服务,其中的“跨境”是指“服务”过境,通过电讯、邮电、计算机联网等实现,至于人员和物资在现代科技环境下则一般无需过境。

(2)境外消费,指在一成员方境内向另一成员方的服务消费者提供服务。

(3)商业存在,是指一成员的服务提供者在另一成员领土内设立商业机构或专业机构,为后者领土内的消费者提供服务。这种方式既可以是在一成员领土内组建、收购或维持一个法人实体,也可以是创建、维持一个分支机构或代表处。

(4)自然人移动,一成员方的服务提供者通过自然人的实体在另一成员方境内的商业现场提供服务。进口方允许个人入境来本国提供服务。

二、广告贸易统计指标及分析

(一)广告贸易宏观指标

1. 居民与非居民间广告贸易统计指标

按照中国居民与非居民间广告贸易进出口规模,按国际收支口径统计,不含政府服务。

(1)广告贸易进出口总额。该项指标主要反映一国广告贸易的总体规模,通过对广告贸易进出口总额的衡量与核算还可以粗略估算出一国广告行业的发展态势。

(2)广告贸易进口总额。该项指标主要反映一国在一定时期内(通常是一年)从外国进口的广告及其相关产品的全部价值。

如图 4—4 所示,从我国广告贸易进口情况来看,2007 年—2011 年 5 年间广告贸易进口额分别达到 13.37 亿美元、19.41 亿美元、19.55 亿美元、20.40 亿美元、27.73 亿美元;

(3)广告贸易出口总额。该项指标主要反映一国在一定时期内(通常是一年)出口到国外的广告及其相关产品的全部价值。

如图 4—5 所示,从我国广告贸易出口情况来看,2007—2011 年的 5 年出口额分别达到 19.12 亿美元、22.02 亿美元、23.13 亿美元、28.85 亿美元、40.18 亿美

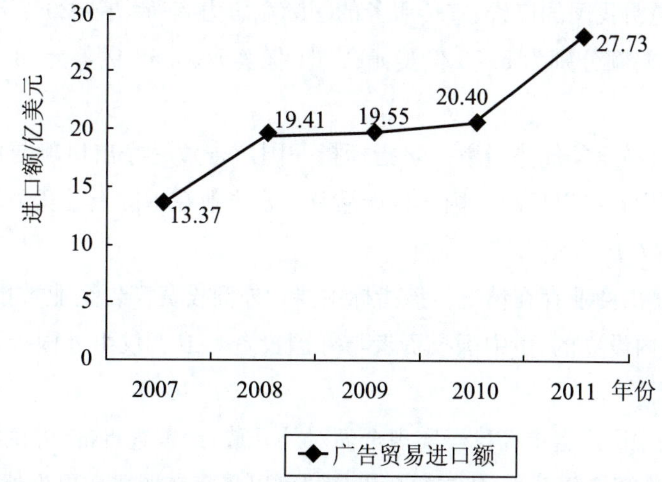

图 4—4　2007 年—2011 年我国广告贸易进口图表　　单位：亿美元

数据来源：中华人民共和国国家外汇管理局

元，如图 4—5 所示。

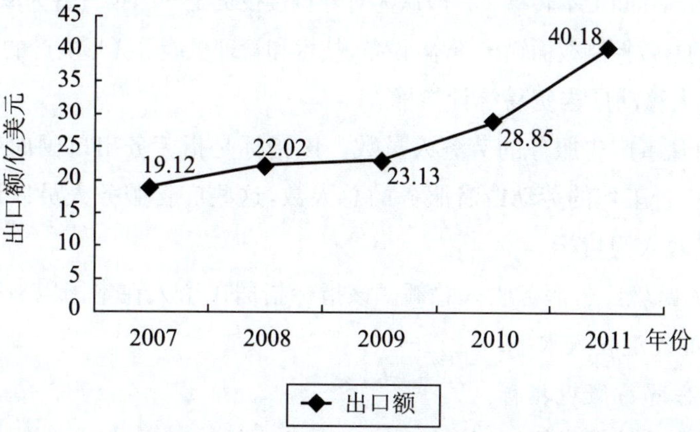

图 4—5　2007 年—2011 年我国广告贸易出口图表　　单位：亿美元

数据来源：中华人民共和国国家外汇管理局

(4)广告贸易差额。广告贸易差额从数量上可以表示为广告贸易出口总额与广告贸易进口总额的差额，如果广告贸易差额为正数，则表示该国广告贸易为顺差；相反，如果为负值，则表示该国广告贸易为逆差；如果正好为零，则表示该国在广告贸易中处于贸易平衡状态。

广告贸易差额上来看，近年来我国广告、宣传服务国际服务贸易额由逆差迅速转变为顺差，说明我国的广告、宣传服务的国际竞争力有所增强，2007年—2011年的5年进出口差额分别为5.75亿美元、2.61亿美元、3.58亿美元、8.45亿美元、12.45亿美元。

(5)广告贸易竞争优势指数。该指标指一国广告贸易净出口额与广告进出口总额之比。该指标可以反映一国广告产品及广告产业在国际上的竞争能力。

2. 商业存在广告贸易统计指标

(1)中国境内商业存在情况。该指标主要指外商投资广告企业数量，用来衡量表示在中国境内设立的，由中国投资者与外国投资者或者仅由外国投资者投资建立的广告企业。

2005年底中国广告市场已经实现全面对外开放，经审查批准，外资可以在中国境内投资设立全资广告企业，从前的合资公司可以将存在形式变更为外资全资子公司。目前世界10大广告公司已全数进入中国市场。奥美、智威汤逊、博报堂、WPP等国际排名前10位的广告业巨头早在上海与各类大型广告公司建立了合资企业。

(2)境外中国商业存在情况。该指标主要用来表示与衡量广告企业以跨国经营的方式所形成的国际间资本转移。一般认为对外直接投资是一国投资者为取得国外企业经营管理上的有效控制权而输出资本、设备、技术和管理机能等无形资产的经济行为。

3. 自然人移动广告贸易统计指标

(1)派出从事广告服务的劳务人员数。该指标是指劳务出口国向劳务进口国提供的从事广告工作的劳动或者服务的总人数，这些广告服务人员以谋取经济利益、获取外汇收入为目标。

(2) 个人跨境广告服务收入总额。该指标指居民个人在本国以从事广告服务工作而获得的外汇收入水平。

(二)广告贸易微观指标

1. 广告行业核算指标

表4—1　广告行业核算指标

序号	指标名称	指标功能
1	总产出	广告行业总体发展规模和水平的价值量指标
2	中间消耗	核算产业活动过程中消耗的物质产品和劳务的价值之和
3	增加值	广告行业活动的最终成果
4	劳动者报酬	劳动者个人参与增加值创造而获得的原始收入

续表

序号	指标名称	指标功能
5	固定资产当年折旧额	全部固定资产在本期生产中的资产转移价值
6	生产税净额	按规定上交给国家的各种税金之和
7	营业利润	行业参与增加值创造而应得到的原始收入份额
8	年平均从业人员数	广告行业年初与年末从业人员的平均数
9	固定资产年平均占用额	广告行业固定资产年初与年末占用余额的平均数
10	事业单位经费自给率	衡量广告事业单位经费自给的程度，反映其市场的程度

2. 广告行业统计分析指标

广告单位（行业）统计分析指标的建立是为广告单位（行业）提供一个分析比较的统计标准，力图从产业活动的生存、发展和盈利（社会和经济）的角度去分析我国广告单位（行业）的发展情形。设置时按经营条件、效益状况、资产运营、偿债能力、发展前景等五个方面进行。具体设置如表 4—2 所示。

表 4—2 广告单位（行业）统计分析指标

序号	方面	统计指标	指标作用
1	经营条件	年末从业人员数	反映广告单位（行业）进行活动所具有的现有条件、环境。
2		年末资产总额	
3		年末固定资产原价	
4		经费收支结余数	
5		所有者权益	
6	效益状况	净资产收益率	反映广告单位（行业）经营活动成果的状况。
7		总资产收益率	
8		资产保值增值率	
9		销售利润率	
10		成本费用利用率	
11	资产运营	总资产周转率	反映广告单位（行业）经营活动资产运行的状况和效率
12		流动资产周转率	
13		存货周转率	
14		应收帐款周转率	
15		不良资产周转率	
16		资产损失率	

续表

序号	方面	统计指标	指标作用
17	偿债能力	资产负债率	反映广告单位(行业)近期或长期偿还到期债务的能力
18		已获利息倍数	
19		流动比率	
20		速动比率	
21		现金流动负债比率	
22	发展前景	销售增长率	反映广告单位(行业)可持续经营的潜力
23		资本积累率	
24		总资产增长率	
25		固定资产成新率	
26		三年利润平均增长率	
27		三年平均资产增长率	

3. 广告单位的基础指标

广告单位的基础指标是为满足广告行业核算和统计分析的需要而提供基础数据的指标。由于现行各广告单位执行的会计制度不同,设置时分为三类指标:Ⅰ类(执行工业企业会计制度)、Ⅱ类(执行商业企业会计制度)、Ⅲ类(执行行政事业会计制度)。具体指标如下表4—3所示。

表4—3　广告单位基础指标

序号	行业/类别	统计指标
1	执行工业企业会计制度的Ⅰ类行业	资产(固定资产、流动资产和无形资产及递延资产)
2		负债(流动负债和长期负债)
3		所有者权益(实收资本)
4		产品销售收入(成本、费用、税金及附加、利润)
5		管理费用
6		利息支出
7		营业利润
8		利润总额
9		本年应交增值税
10		本年应付工资总额(应付福利费总额)
11		本年提取的折旧额
12		全部从业人员年末人数

续表

序号	行业/类别	统计指标
1	执行商业企业会计制度的Ⅱ类行业	资产(固定资产、流动资产和无形资产及递延资产)
2		负债(流动负债和长期负债)
3		所有者权益(实收资本)
4		营业收入(成本、费用、税金及附加、利润)
5		管理费用
6		财务费用
7		营业利润
8		利润总额
9		本年应交增值税
10		本年应付工资总额(应付福利费总额)
11		本年提取的折旧额
12		全部从业人员年末人数
1	执行行政事业会计制度的Ⅲ类行业	资产(固定资产、流动资产和无形资产)
2		负债
3		净资产(事业基金、固定基金、专用基金、经营结余)
4		收入合计(财政补助收入、上级补助收入、事业收入、经营收入)
5		支出合计(事业支出、经营支出、基本建设支出)
6		成本费用
7		销售税金
8		基本、补助、其他工资
9		职工福利和社会保障费用
10		设备购置费
11		公务、业务、修缮费
12		全部从业人员年末人数

第三节　会展概述

一、会展及会展经济的概念

（一）会展的概念

会展是会议、展览等大型集体性活动的简称，是指在一定地域空间，许多人聚集在一起形成的、定期或不定期、制度或非制度的传递和交流信息的社会活动，其概念的外延包括各种类型的博览会、展览展销活动、大型会议、体育竞技运动、文化活动、节庆活动等，其中世界博览会为最典型的会展活动。狭义的会展仅指会议和展览；广义的会展是会议、展览、节事活动和奖励旅游的统称。

（二）会展经济的概念

会展经济是以会议和展览活动作为发展经济的手段，通过举办大规模、多层次、多种类的会议和展览，以获取直接或间接经济效益和社会效益的经济行为。会展业能给主办地带来源源不断的商流、物流、人流、资金流、信息流、创造商机，吸引投资，推动商贸旅游业的发展，进而拉动其他产业的发展。会展经济本身能够创造出巨大的经济效益。

二、会展的分类

（一）按地理范围

按地理范围的不同，可将会展分为国际会展、全国会展、地区会展和本地会展，如图 4—6 所示。

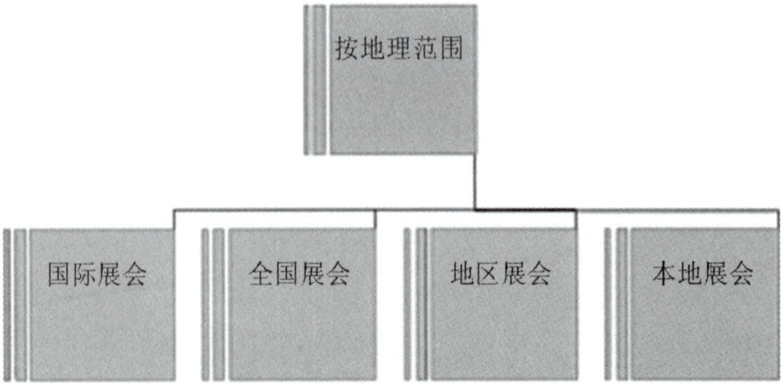

图 4—6　按地理范围对会展分类

(1)国际会展。国际性会展的参展商和观众往往来自许多国家，如今年由德国汉诺威展览公司在上海光大展览中心举办的首届亚洲信息技术展览会(CEBIT Asia)、中国出口商品交易会等。随着经济全球一体化的发展以及我国加入 WTO 后，在我国举办的国际性展览将会越来越多。

(2)全国会展。在全国范围内的会展，主要面向国内的参观者，规模较大。

(3)地区会展。地区性会展一般是全国性会展的一部分。

(4)本地会展。本地会展的规模相对小，旨在吸引附近的参观者，如各城市举办的房展会等。

(二)按会展市场覆盖的范围或产品的性质

按会展市场覆盖的范围或产品性质的不同，可将会展分为专业性(垂直性)会展和综合性(水平性)会展。

1. 专业性(垂直性)会展

专业性会展的主题性比较强，是针对具有集中兴趣的顾客而举办的，其规模一般要小于综合性会展。

2. 综合性(水平性)会展

随着经济的迅速发展，会展市场的逐步完善，众多的会展为参展商提供了丰富的参展机会，参展商对市场细分的需求越来越迫切，综合性的会展已不能满足参展商的要求，专业性的会展成为会展的主流，几乎每个行业都有自己的会展。西方发达国家的会展已经完成从综合性会展向专业性会展的转型，我国的会展也有转型的趋势，如北京国际博览会自第七届起从大型综合展转向消费品专业展。

中国进出口商品交易会，又称广交会，创办于 1957 年春季，每年春秋两季在广州举办，迄今已有 50 多年历史。从第 104 届开始，广交会每届改为了三期。自 2007 年 4 月第 101 届起，广交会更名为“中国进出口商品交易会”，是中国目前历史最久、层次最高、规模最大、商品种类最全、到会客商最多且分布国别地区最广、成交效果最好、信誉最佳的综合性国际贸易盛会。

广交会出口展区由 48 个交易团组成，来自全国两万多家资信良好、实力雄厚的外贸公司、生产企业、科研院所、外商投资或独资企业、私营企业参展。

广交会以进出口贸易为主，贸易方式灵活多样，除传统的看样成交外，还举办网上交易会，开展多种形式的经济技术合作与交流，以及商检、保险、运输、广告、咨询等业务活动。来自世界各地的客商云集广州，互通商情，增进友谊。

广交会主要展馆有流花路展馆和琶洲新馆。流花路展馆建于 1974 年，展馆面积达17万平方米，因每年举办春、秋两届中国进出口商品交易会而举世闻名。近年来多次投入巨资对展馆进行改造更新，其硬件条件日臻完善，足以容纳各种类型展览。琶洲展馆位于广州市东南部的琶洲岛，其设计独特，环境优美，集会议、展览、商务洽谈等多功能于一体，是实用化、智能化、人性化、生态化完美结合的现代建筑。

三、会展的作用

现代会展业作为一种新兴产业形式，对经济社会发展的影响日益增大，会展的作用主要体现在经济、社会文化、环境三个方面。

（一）会展的经济作用

1. 直接经济效益

会展业是一个高收入、高盈利的行业，其利润率在20%至25%以上。大型会展的直接经济效益十分可观。经营会展的直接收入包括会展活动的入场券收入、参会参展费收入、场馆展台和会展设备的租金、会展服务收入、广告收入等。按一般规律，办展单位的摊位费、广告费比门票收入高几倍甚至几十倍。中国国际展览中心“九五”期间的场馆收入达5亿多元，平均年递增46.2%。从有关部门测算结果看，参加国际会议的人员，平均每人每天花费约6000元。以第六届国际汽车展为例，来自国外和境外的会展企业近300家，即使以每家企业平均来10个人的保守估计，每人每天吃住行花费100美元，加上展前准备和撤展，综合展期按10天计算，仅此一项收入就超过300万美元。据全球最大的专业会议组织——国际会议协会（ICCA）统计，全世界每年举行的参加国超过4个、与会外宾超过50人的各种国际会议已达40万个，大型展览达4000多个，每年创造的市场价值达2800亿美元。

2. 拉动相关产业发展

会展产业除了本身的直接收入外，还能带动旅游、住宿、餐饮、零售、通信、交通、物流、保险、金融、贸易等行业的发展，经济联带效益十分显著。2007年，全世界会议代表所订的机票占全球机票销售量的50%左右；1999年《财富》论坛在上海召开，短短几天时间，酒店收入就超过1亿元。会展业带动的经济效益有时不是用倍数就可以简单衡量的。一次会展中签订的贸易、技术合作以及投资协议可能大大超过会展业本身的受益，对一个国家、一个地区的社会经济起着不可低估的作用。据专家估计，发达国家和地区会展产业的带动系数为1:9，即会展收入1元，相关收入为9元。会展经济在不同经济发展程度的地方，其带动效应有所不同，在美国，据美国展览研究中心统计，2007 年美国举办了 13000 个展览，直接收入 120 亿美元，与之相关的社会综合消费约 1250 亿美元，会展的经济带动比例达 1:10。而中国内地现在没那么高，据初步估计是 1:6，但这种带动作用正逐渐增加，如上海直接投入产出比为 1:6，间接投入产出比为 1:9。发展会展业意味着各行业可以在产品、技术、生产、营销等诸方面获取比较优势，从而大大减少国内资源的机会成本，有助于增强综合竞争力。而会展对于当地经济最本质的意义就在于更大范围的开放、更实际的比较、更精确的选择、更有效的配置，进而达到更有质量的增长，以增强经济安全系数。

3. 促进经贸合作

会展活动，尤其是世界性会展，将全球范围内的客商汇聚一堂，有力地促进了会展举办地的对外经济合作与交流，大大降低了交易成本。贸易型展览通常采取规模经营的方式，一般是在会展展厅内，汇集特定行业的众多企业来展示和销售自己的产品，使当地和外地的采购商能够在展会上对自己所需要的产品进行充分的比较和选择，而无需为质优价低的供货对象到处奔波，同时供货商也可以迅速接触到大量的潜在客户。因而展览大大降低了企业采购和营销成本，改善贸易双方的经营环境，为各类企业带来大量便利。据调查显示，通过一般渠道找到一个客户的成本大约是通过展览成本的 6 倍，各类展览，如交易会、洽谈会、博览会往往都会签署大笔的合同和合作意向等。

4. 优化产业结构

会展经济可以有效地带动第三产业的发展，加速二、三线城市经济结构调整，促进产业结构的优化升级。会展经济汇集了大量的人流、物流、资金流、信息流，通过关联效应和扩散效应，必定带动信息通讯、交通运输、住宿、餐饮、旅游、娱乐、金融、海关、贸易咨询等第三产业的发展，能促进合理分工的社会化经营和服务体系的形成，推动城市经济结构转型、调整及优化。

5. 增加就业

据统计，每增加 1000 平方米展览面积，可创造近百个就业机会，1996 年汉诺威世博会就创造了 10 万个就业机会。2000 年德国展览业从业人员 10 万人，直接收益 45 亿马克，创造社会综合效益 410 亿马克，为社会提供了 23 万个就业机会。有“展览之都”美名的中国香港，每年超过 1000 万名的游客中，约有 30%的人是参加各项贸易展览或会议的，有两万多家企业每年参展，有约 20 万个来自世界各地的买家每年在此签下订单，一年的会展收入超过 74 亿港元，同时提供了 9000 多个就业机会。欧洲 16 个最大的场馆为 35.2 万人提供了就业机会。据经济与产业研究基金会(2000)研究,1992 年巴塞罗那奥运会创造就业机会 59328 人,1996 年亚特兰大奥运会创造就业机会 77026 人,2000 年悉尼奥运会创造就业机会 99500 人。

(二)会展的社会文化作用

1. 提高举办会展当地的知名度

举办会展尤其是大型会展活动对提高举办地的知名度有很大作用。目前,国际上有许多以会展著称的城市,如德国的汉诺威、慕尼黑、杜塞尔多夫、莱比锡等均是世界知名的展览之都。我国的香港也因为每年举办若干大型国际会议、展览而在国际上享有盛名。近年来,在我国东北的大连市每年举办的"服装节",也大大提高了该市在国内和国际上的知名度。

2. 促进信息交流与技术进步

会展活动的举办大幅度促进了信息、知识、观念的传播,因此具有积极的文化效益。首先,会展活动具有便捷性、集中性、直观性和快速性,对传播先进的技术成果、展示和推广新产品和工艺具有重要作用。历史上,许多具有划时代意义的科学发明如电话机、蒸汽机、计算机等都是率先在展览会上得到展示和推广的。即使是在信息技术和手段发达的今天,会展在商品与科技成果的展示和交流方面也具有不可替代的位置。

3. 丰富文化生活,提高人文素质

在会展尤其是大型会展活动,如像世博会、奥运会、艺术节等重大展会期间,政府以及主办方通常会进行广泛、深入的宣传。在宣传的过程当中,可以开阔人们的眼界,增长科学文化知识,提高文化修养,树立文明风尚。

(三)会展的环境作用

会展经济的发展能够促进城市生态环境的改善。一个城市要举办会展,必然要通过改善城市的环境质量来吸引众多的企业和个人来参展,因此,通过举办会展,可以加速城市生态环境的整改,有效促进城市环境质量的优化。

德国的汉诺威市被誉为"世界会展之都",承办过两届世博会,拥有世界上最大的展览场馆——汉诺威博览中心,世界十大展览会中的五个在汉诺威举办。而从另外一个角度来说,汉诺威展览业的发达又和这里的一个展览公司——汉诺威展览公司的拓展有着必然的联系。可以说,两者互为因果,相互依存。这种情况在全球也并不多见。

汉诺威是德国下萨克森州首府,北德重要的经济文化中心。它濒临中德运河,位于北德平原和中德山地的相交处,又处于巴黎到莫斯科、北欧到意大利的十字路口,是个水陆交通枢纽。这为其会展业的发展提供了重要的自然条件。但是,汉诺威会展业发达的原动力其实还是来自于政府的高度重视和支持。在会展业极为发达的德国，许多城市的政府普遍将展览业作为支柱产业加以扶持。德国几个大的展览公司都具有政府背景，政府对展览业的支持力度很大。

汉诺威会展业的发展离不开汉诺威展览公司的成功经营和悠久历史。从1947年举办第一届工业博览会至今，汉诺威展览公司已发展成为世界第一大展览公司。目前它负责协调和筹备在汉诺威举办的所有展事，每年平均承办的国际展事大约在20多个左右，几乎月月都有一到两个大展览。其中最著名的当属每年春季举办的"工业博览会"和"信息、通讯及办公室自动化博览会"(CeBIT)。前者前身为1947年的"德国出口博览会"，到今年已办了52届，它在全球工业领域具有无可比拟的权威和方向性；后者始于1986年，目前已成为这一领域里世界最大规模的展事，也是全球最大的展览会。两大展会的观展人次每年均在30万以上。

德国汉诺威北展馆鸟瞰实景图片

(图片来源：www. cityup. org/topic/citytheme/cities/20070710/34372.shtml)

汉诺威拥有完善的基础设施和高效的商业运营，汉诺威的城市基础设施建设，尤其是展览会的各种硬件设施堪称世界一流。以世界最大的汉诺威博览中心为例，这一会展场馆几经扩充，现已达到占地 100 万平方米，内有一至两万平方米的巨型展厅 24 个，其中好几个是多层展厅。室内展出面积共达 47.9 万平方米，露天展场 27.8 万平方米，还配备有功能齐全的会议中心。它为 2.6 万余位展商和 230 万观众的年流量而设计。其展览技术和设备还在不断改进和完善。汉诺威现代化的展览馆成功地经历了 2000 年世博会的考验。

另外，博览中心还拥有设备完善的、欧洲最大的专用客运火车站，两条线路，还有专用的货运站。

除了完善的硬件设施外，汉诺威展在展会的组织和服务等“软件”方面也有口皆碑。它们很注重为展商和观众提供的切实帮助。比如，德国大型展览会的宣传资料，很多都是一本册子或一本书，内容不仅包括历年展会的情况回顾，而且介绍整个欧洲，甚至整个世界某一行业的发展趋势和动态，同时涉及参展费用等信息。

第四节　会展贸易统计

一、会展贸易统计概念

会展贸易统计从广义上来理解是指对贸易领域中各种与会展相关的数据以及会展产业相关数据进行搜集、整理、计算、分析和解释的过程；会展贸易统计从狭义上来说只包括对各种会展贸易数据进行搜集、整理的过程。

会展行业作为一项“朝阳产业”，未来发展潜力巨大，国家、企业甚至普通民众对于会展行业以及相关贸易信息的关注越来越高，而且要想更为全面深刻地反映会展贸易以及会展行业的发展情况，就有必要进行全面统计。因此，对于会展贸易的统计应从广义概念上展开。

二、会展贸易统计指标

结合文化贸易统计指标体系以及相关统计部门的要求，考虑会展贸易的具体实际，对会展贸易的广义统计可以从微观和宏观两个方面展开。

(一)会展贸易宏观指标

1. 居民与非居民间会展贸易统计指标

按照中国居民与非居民间会展贸易进出口规模，按国际收支口径统计，不含政府服务。

(1)会展贸易进出口总额。该项指标主要反映一国会展贸易的总体规模，通过对会展贸易进出口总额的衡量与核算还可以粗略估算出一国会展行业的发展态势。

(2)会展贸易进口总额。该项指标主要反映一国在一定时期内(通常是一年)从外国进口的会展服务及其相关产品的全部价值。

(3)会展贸易出口总额。该项指标主要反映一国在一定时期内(通常是一年)出口到国外的会展服务及其相关产品的全部价值。

(4)会展贸易差额。会展贸易差额从数量上可以表示为会展贸易出口总额与会展贸易进口总额的差额。如果会展贸易差额为正数，则表示该国会展贸易为顺差；相反，如果为负值，则表示该国会展贸易为逆差；如果正好为零，则表示该国在会展贸易中处于贸易平衡状态。

(5)会展贸易竞争优势指数。指一国会展贸易净出口额与会展进出口总额之比。该指标可以反映一国会展服务以及相关会展产品、会展产业在国际上的竞争能力。

2. 商业存在会展贸易统计指标

(1)中国境内商业存在情况。该指标主要指外商投资设立会展企业(具体包括独资、合资、合作等企业性质)数量，用来衡量在中国境内设立的，由外国投资者或者仅由外国投资者投资建立的会展企业。

(2)境外中国商业存在。该指标指会展产业对外直接投资，主要用来表示与衡量会展企业以跨国经营的方式所形成的国际间资本转移，具体包括国内企业在国外设立的会展企业及办事处等。

3. 自然人移动会展贸易统计指标

(1)派出从事会展服务的劳务人员数。该指标是指劳务出口国向劳务进口国提供的从事会展工作的劳动或者服务的总人数，这些会展服务人员以谋取经济利益获取外汇收入为目标。

(2)个人跨境广告服务收入总额。该指标指居民个人在本国以从事会展服务工作而获得的外汇收入水平。

(二)会展贸易微观指标

1. 对会展举办单位统计指标

会展举办单位统计指标如表 4—4 所示。

表 4—4　会展举办单位统计指标

指　标　名　称	计量单位
一、人员情况	—
会展期末从业人员人数	人
其中：大学本科学历及以上人员	人
其中：具有高级技术职称人员	人
二、举办或服务会议情况	—
举办或服务会议个数	个
其中：在境内举办或服务国际会议个数	个
(1)在本地举办或服务的会议个数	个
其中：服务外省市在本地举办的会议个数	个
服务外国及港澳台在本地举办的会议个数	个
(2)在外省市举办或服务的会议个数	个
(3)在外国及港澳台举办或服务的会议个数	个
其中：举办或服务参会人员超过 500 人的会议个数	个
其中：举办或服务居住一夜以上的会议个数	个
在本地举办或服务的会议人数	人次
其中：在本地举办或服务的国际会议人数	人次
三、举办或服务展览情况	—
举办或服务展览个数	个
其中：在境内举办或服务的国际展览个数	个
(1)在本地举办或服务的展览个数	个
其中：服务其他省市在本地举办的展览个数	个
服务外国及港澳台在本地举办的展览个数	个
(2)在外省市举办或服务的展览个数	个
(3)在外国及港澳台举办或服务的展览个数	个
举办或服务展览面积 1 万(不含)平方米以下的展览个数	个
举办或服务展览面积 1 万(含)—5 万(不含)平方米的展览个数	个
举办或服务展览面积 5 万(含)平方米及以上的展览个数	个
举办或服务展览累计面积(含室外展览面积)	平方米
其中：举办或服务国际展览累计面积	平方米

续表

指　标　名　称	计量单位
在本地举办或服务的展览的参展单位(商)个数	个
在本地举办或服务的展览的观众人数	人次
其中:举办或服务的国际展览观众人数	人次
四、奖励旅游情况	—
服务奖励旅游项目个数	个
服务奖励旅游人数	人次
境内团人数	人次
境外团人数	人次
五、财务状况	—
营业收入(收入合计)	千元
其中:举办或服务会展收入	千元
1. 举办或服务会议收入	千元
其中:举办或服务国际会议收入	千元
2. 举办或服务展览收入	千元
其中:举办或服务国际展览收入	千元
3. 服务奖励旅游收入	千元
企业单位:	—
营业成本	千元
营业税金及附加	千元
费用(营业费用、管理费用、财务费用)合计	千元
其中:管理费中列支的税金	千元
社会保险费	千元
住房公积金和住房补贴	千元
职工福利费	千元
工会经费	千元
资产减值损失	千元
公允价值变动收益	千元
投资收益	千元
营业利润	千元

续表

指　标　名　称	计量单位
利润总额	千元
所得税	千元
增值税	千元
本年提取折旧	千元
应付工资总额	千元
资产总计	千元
负债合计	千元
行政事业单位：	—
工资福利支出	千元
商品和服务支出	千元
其中：取暖费	千元
福利费	千元
劳务费	千元
差旅费	千元
工会经费	千元
对个人和家庭的补助	千元
其中：助学金	千元
抚恤金	千元
生活补助	千元
救济费	千元
退职(役)费	千元
经营收入	千元
经营支出	千元
经营税金	千元
固定资产原价	千元
资产合计	千元
负债合计	千元
当年收支结余	千元

续表

指 标 名 称	计量单位
民间非营利组织:	—
费用合计	千元
其中:业务活动成本	千元
其中:人员费用	千元
税费	千元
固定资产折旧	千元
其中:管理费用	千元
其中:人员费用	千元
税费	千元
固定资产折旧	千元
净资产变动额	千元
资产合计	千元
负债合计	千元
当年收支结余	千元

2. 对会展场馆统计指标

会展场馆统计指标如表 4—5 所示。

表 4—5 会展场馆统计指标

指 标 名 称	计量单位
一、人员情况	—
会展期末从业人员人数	人
其中:大学本科学历及以上人员	人
其中:具有高级技术职称人员	人
二、会展设施情况	—
拥有(可出租)会议室个数	个
其中:座位数超过 500 座的会议室个数	个
全部(可出租)会议室使用面积	平方米
全部会议室可容纳人数	人

续表

指　标　名　称	计量单位
全年各会议室白天使用天数总和	天
会议室年白天使用率	%
全年各会议室夜间使用天数总和	天
会议室年夜间使用率	%
全部展厅使用面积	平方米
全部室外可使用展览面积	平方米
全年各次展厅使用面积与展出天数的加权总和	平方米·天
展厅年使用率	%
三、接待会议情况	—
接待会议个数	个
其中:接待国际会议个数	个
其中:接待其他省市在本地举办的会议个数	个
接待外国及港澳台在本地举办的会议个数	个
其中:接待参会人员超过500人的会议个数	个
其中:接待居住一夜以上的会议个数	个
接待会议人数	人次
其中:接待国际会议人数	人次
四、接待展览情况	—
接待展览个数	个
其中:接待国际展览个数	个
其中:接待国内其他省市举办展览个数	个
接待外国及港澳台举办的展览个数	个
接待展览面积1万(不含)平方米以下的展览个数	个
接待展览面积1万(含)—5万(不含)平方米的展览个数	个
接待展览面积5万(含)平方米及以上的展览个数	个
接待展览累计面积(含室外展览面积)	平方米
其中:接待国际展览累计面积	平方米
接待展览观众人数	人次
其中:接待国际展览观众人数	人次

续表

指　标　名　称	计量单位
五、接待奖励旅游情况	—
接待奖励旅游项目个数	个
接待奖励旅游人数	人次
境内团人数	人次
境外团人数	人次
六、财务状况	—
营业收入(收入合计)	千元
其中:接待会展收入	千元
接待会议收入	千元
其中:接待国际会议收入	千元
接待展览收入	千元
其中:接待国际展览收入	千元
接待奖励旅游收入	千元
其中:门票收入	千元
场馆租金收入	千元
企业单位:	—
营业成本	千元
营业税金及附加	千元
费用(营业费用、管理费用、财务费用)合计	千元
其中:管理费中列支的税金	千元
社会保险费	千元
住房公积金和住房补贴	千元
职工福利费	千元
工会经费	千元
资产减值损失	千元
公允价值变动收益	千元
投资收益	千元
营业利润	千元
利润总额	千元

续表

指　标　名　称	计量单位
所得税	千元
增值税	千元
本年提取折旧	千元
应付工资总额	千元
资产总计	千元
负债合计	千元
行政事业单位:	—
工资福利支出	千元
商品和服务支出	千元
其中:取暖费	千元
福利费	千元
劳务费	千元
差旅费	千元
工会经费	千元
对个人和家庭的补助	千元
其中:助学金	千元
抚恤金	千元
生活补助	千元
救济费	千元
退职(役)费	千元
经营收入	千元
经营支出	千元
经营税金	千元
固定资产原价	千元
资产合计	千元
负债合计	千元
当年收支结余	千元
民间非营利组织:	—
费用合计	千元

续表

指　标　名　称	计量单位
其中:业务活动成本	千元
其中:人员费用	千元
税费	千元
固定资产折旧	千元
其中:管理费用	千元
其中:人员费用	千元
税费	千元
固定资产折旧	千元
净资产变动额	千元
资产合计	千元
负债合计	千元
当年收支结余	千元

第五章　电影贸易统计

引　言

2012 年，中国电影市场继续保持了快速增长的态势，全年票房超过 170 亿元。近 10 年间，票房收入年均增长速度高达 35%。票房高速增长的势头使各方对中国电影产业未来充满信心。据美国四大会计师公司安永的预测报告，中国电影票房或将在 2020 年超过美国，成为全球最大的电影票房市场。

终端的爆发式增长是中国电影市场近年来高速发展的主要动力。在节节攀升的票房纪录背后，离不开影院剧增的给力支持。银幕增长也不再倚重于一线城市，而已深入到二、三线城市市场。未来随着中国城市化和居民消费水平的不断提升，中国影院仍将在较长一段时间内保持快速增长。

与国内电影市场如火如荼的发展形势相比，中国电影在国外却遭遇寒冬。2011 年中国电影海外收入较 2010 年大幅下降近 42.4%，几乎倒退回 5 年前的水平。2012 年中国海外票房和销售收入 10.63 亿元，同比减少 48%。与此同时，2012 年我国根据与美国的双边协议，将进口影片配额从 20 部大幅提高至 34 部，国产影片票房九年来首次低于进口影片票房。我国电影进口大幅增加，出口却陷入困境，电影贸易逆差现象严重。

第一节　电影贸易统计概述

电影从一开始就是一种国际交易。

——(美)罗伯特. C. 艾伦，道格拉斯. 戈梅里

电影在西方世界最先成为规模化盈利的核心文化工业。百余年来，电影业已经从先锋文化产业演变成传统文化产业。进入 21 世纪来，全球电影业始终保持着强劲的增长势头。随着全球化的进一步发展，服务贸易尤其是电影贸易在贸易中的作用逐步加强。

一、电影贸易统计的概念

电影贸易属于服务贸易的范畴，在我国的国际收支平衡表里，通常把电影、音像归类到经常账户下的服务贸易一栏。电影贸易统计，则是为了更好的反映电影贸易的发展状况和变化趋势，对电影行业各项经济活动的统计。比如，2004 年，全球电影业的产值是 780 亿美元，全球范围内美国电影的观众人数达到了 96 亿人次，这是用绝对数据来进行电影贸易统计；1980 年，好莱坞影业在国际电影市场的占有率为 30%，而今天全世界影院 85%的片源来自好莱坞，这是用相对数据来进行电影贸易统计。

二、电影贸易统计的内容

电影贸易统计的主要内容涉及到国家与国家之间的电影进出口数据量，外国电影与本国电影在本国的票房数据。例如，2000—2004 年，我国从各个渠道进口的影片总部有 4332 部；，2011 年进口影片在我国大概有 32 亿元的票房。

这两方面不同类型的数据可以有效地用来描述电影的世界贸易。通过考虑全球电影贸易的这两个方面，就能成功地解释媒体文化产品的跨境流动了。此外还有电影贸易的开放度、电影贸易的竞争优势指数，世界电影总票房等指标，使我们更全面的了解电影贸易的发展状况和变化趋势。例如图 5—1 所示为 2001—2011 年全球票房贸易统计情况。

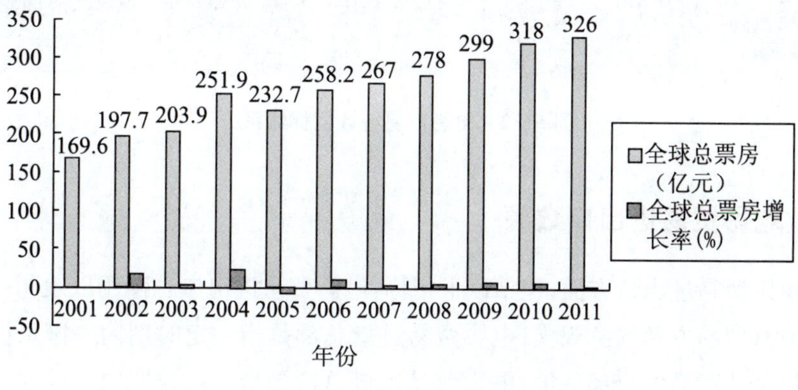

图 5—1　2001—2011 全球电影总票房增长状况

三、电影贸易统计的意义

准确权威的电影统计信息是电影产业健康、有序发展的重要保证，是分析导演与演员的市场潜力、影片类型的观众喜好、电影的市场前景等因素的基本数据资料，是电影投资、制片、发行各方对市场进行科学分析的重要依据。完善的电影统计体系和准确的电影统计信息是衡量一个国家电影业健康快速发展水平的重要标志。在全球化的时代，电影作为一种影响广泛的大众媒介，在构建国家形象，提升文化软实力方面占有重要的地位。国际电影贸易不仅促进电影产业结构调整，实现文化产品的增值，增加国家外汇收入，而且还有助于民族文化的对外传播和国家形象的国际塑造。近年来，世界各国纷纷制定相关扶持政策，鼓励本国电影产业拓展国际市场，充分发挥文化“软实力”的影响力和渗透作用。从这一层面来讲，不断完善电影贸易的统计工作具有与时俱进的重要意义。

第二节　电影贸易统计指标分析

电影贸易统计指标体系如图 5—2 所示。

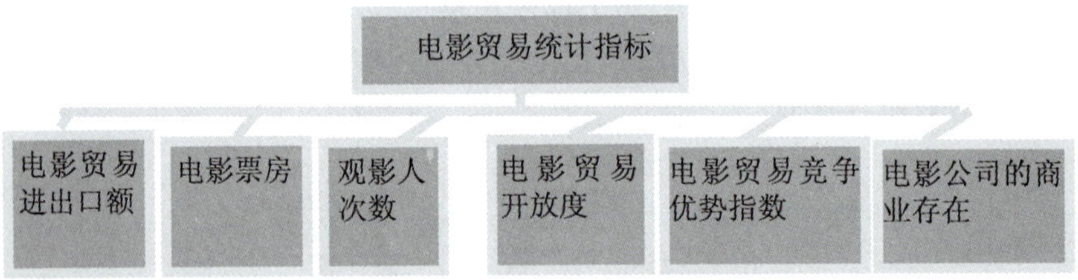

图 5—2　电影贸易统计指标体系

一、电影贸易进出口数额

在电影贸易进出口方面，包括以下指标：电影贸易进出口总额用以表明一国电影产业对外贸易方面的总规模；电影贸易进口总额是指一定时期内一国从国外进口的电影文化产品的全部价值；电影贸易出口总额是指一定时期内一国向国外出口的电影文化产品的全部价值；电影贸易差额是指一国在一定时期内出口总额与进口总额之间的差额，差额的正负反映进出口电影贸易数量或贸易额是否平衡。

电影贸易可以通过比较一个国家一段时间内出口和进口数量和额度来考察，

在国内发行和交易的影片可以通过贸易送往国外。例如 2008 年，中国电影、音像出口 4.2 亿美元，比 2007 年增长 32.1%；进口 2.6 亿美元，比 2007 年增长 65.6%；顺差 1.6 亿美元。2000—2008 年，中国电影、音像年均出口增长 57.0%，占中国服务贸易出口额的 0.3%；进口年均增长 27.1%，占中国服务贸易出口额的 0.2%。

图 5—3 显示了 2000—2007 年中国电影贸易的进出口情况。

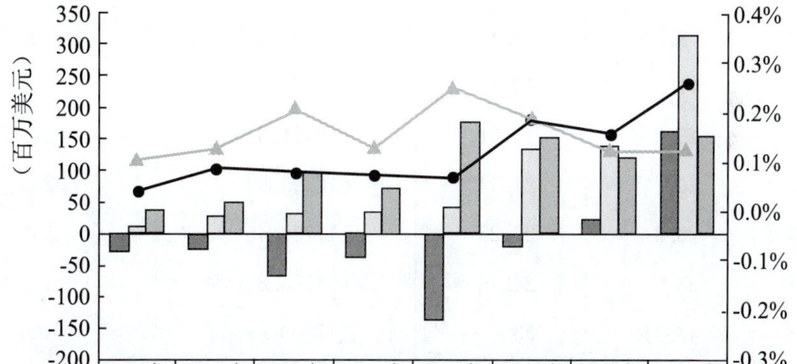

	2000年	2001年	2002年	2003年	2004年	2005年	2006年	2007年
差额	-26	-22	-66	-37	-135	-20	20	162
出口	11	28	30	33	41	134	140	316
进口	37	50	96	70	176	154	120	154
出口占比	0.04%	0.09%	0.08%	0.07%	0.07%	0.18%	0.15%	0.26%
进口占比	0.10%	0.13%	0.21%	0.13%	0.25%	0.19%	0.12%	0.12%

图 5—3　2000—2007 年中国电影服务贸易进出口情况

数据来源：国家外汇管理局

二、电影票房

电影票房是电影业绩的风向标，是票房税收和电影专项资金收取的依据，是对国家的电影事业产业整体发展总体性把握和评估的依据。票房可以用观众人数或门票收入来计算。在现今的电影业中，票房已经成为衡量一部电影是否成功的一项重要指标。目前国内统计票房的机构主要有两个，一个是广电总局电影专项资金办公室；另一个是中国电影发行放映协会。前者是通过影院的计算机售票系统统计，后者是通过各个放映单位逐层联网上报完成。但是由于目前通过安装计算机售票系统完成数据报送的影院只存在于大城市的部分主流院线（业内称为一级市场），像县级市这样的二级市场和农村市场，以及主流院线内没有安装计算机售票系统的影院，仍然是以手工统计上报为主。

表5—1是关于2000—2011年我国电影市场票房收入相关数据的统计结果。

表5—1　中国2000—2011年电影市场票房收入相关数据统计

年份	总收入(亿元)	平均票价(元)	人均可支配收入(元)	影片数(部)
2000	8.6	7.84	6279.98	91
2001	8.9	10.5	6859.6	88
2002	9.5	16.2	7702.8	100
2003	11	18.17	8472.2	140
2004	15.2	21.01	9421.6	212
2005	20	24.54	10493.03	265
2006	26.2	27.25	11759.45	330
2007	33	24.46	13785.8	402
2008	43.41	33	17500	406
2009	62.06	36.38	16110	456
2010	101.72	33.39	19109	526
2011	131.15	35	21810	558

自2002年我国电影发行体制改革以来，我国电影行业近几年的市场化程度不断提高，电影票房收入也快速增长。2008年我国电影票房收入约为43亿元，2009年约为62.06亿元，2010年约为101.72亿元，年平均增速始终维持在30%以上。我国电影票房收入的高增长主要受益于国民经济的持续、快速增长及居民消费能力的不断提高。随着居民对文化娱乐产品消费意愿的不断增强及未来居民消费能力的进一步提升，未来我国电影产业发展空间广阔。

三、观影人次数

观影人次数包括观影总人次、人均观影次数等指标。我国国家统计局规定：艺术表演观众人数(人次)指售票、包场演出或民族地区免费演出的艺术表演观众人次数，不包括彩排审查和内部观摩演出的观看人次数。

2006至2008年，国内看电影影人次分别为0.89亿、1.3亿和1.7亿，分别增长了46%和31%。而同期的中国影院数量分别为1325座、1427座、1545座，年增长幅度为7%和8%，同期的荧屏数量为3034块、3527块、4097块，增速分别为14%和16%。中金公司的一份研究报告表明，如果以人均观影次数为2次/年，平均票价为20元来计算，考虑到7亿的城镇人口，国内电影票房收入可以达到280亿元，相对于现在的票房收入，还有极大的增长空间。

四、电影贸易开放度

服务贸易开放度(SO)又称为服务贸易依存度，它是指一个国家在某一年的服务贸易总额与该国国内生产总值之比，它可以反映出服务贸易对GDP的贡献率，亦可以反映出一国的经济发展依赖服务贸易发展的程度。其计算公式为：

$$SO=\frac{(S_x+S_i)}{GDP}$$

其中Sx、Si分别表示服务贸易的出口总额和进口总额，GDP是国内生产总值。

据联合国教科文组织统计数据表明：每年进口影片在100部以上的国家达83%。而且，各国对进口影片的依存度普遍较高，国内生产量与国内放映总片数之比超过10%的国家也仅有30个，大部分国家严重依赖电影进口。

五、电影贸易竞争优势指数

影视产品的出口竞争力通常用贸易竞争指数来衡量。贸易竞争指数是指一国某种产品的净出口值与该产品进口值和出口值合计的比值，可以用TC(Trade Competition)指数来表示。即：

贸易竞争力指数＝某种产品的净出口值/(该产品进口值＋该产品出口值)

其中：指数值为正值，表明是净出口国；指数值越接近1，表明国际竞争力越强；越接近0，表明国际竞争力越弱。

表5－2显示的是2000－2008年中国影视贸易竞争力指数。2006年以前，中国的电影贸易竞争力指数均小于0，最低时达到了－0.62，这表明中国的影视贸易更多地依赖于进口，而且竞争力非常弱。作为年电影产量排名世界第三的影视大国，中国电影产品逆差情况严重，此后虽有好转，但在国际市场中的地位远远落后于其他影视强国。可见，中国要想从单边的影视贸易赤字向国际影视贸易平衡转变，并进而成为世界影视出口大国，还需要政府制定一系列有效的政策与措施。

表 5—2 2000—2008 年中国影视贸易竞争力

年份	电影、音像出口额（单位：万美元）	电影、音像进口额（单位：万美元）	TC 指数
2000	1130.2	3742.4	−0.54
2001	2789.5	5022.0	−0.29
2002	2967.4	9692.4	−0.53
2003	3344.3	6953.5	−0.35
2004	4099.3	17583.1	−0.62
2005	13385.9	15395.4	−0.07
2006	13743.3	12148.0	−0.06
2007	31628.5	15371.6	0.35
2008	41794.3	25462.2	0.24

数据来源：根据国家外汇管理局统计数据计算

六、电影公司的商业存在

商业存在（Commercial Presence）是指一成员的服务提供者在任何其他成员境内建立商业机构（附属企业或分支机构），为所在国和其他成员的服务消费者提供服务，以获取报酬。它的特点是服务提供者（个人、企业或经济实体）到国外开业，如投资设立合资、合作或独资的服务性企业。有很多好莱坞电影公司在中国开设了分支机构

图 5—4 派拉蒙公司的标志

图片来源：www.baidu.com

比，如哥伦比亚（亚洲）有限公司在香港，派拉蒙（中国）有限公司、华纳（中国）有限公司、环球（香港）有限公司等。这些公司一般从事总公司的辅助工作，如选外景地，演员选拔，与中国电影集团公司交流沟通和中国大陆的电影以及 DVD 发行等。

图 5—5 哥伦比亚公司的标志

图片来源：www. baidu. com

此外，其他世界知名影视公司的商业存在还有：日本 NHK、韩国希杰媒体公司、韩国电影振兴委员会、新加坡传媒机构、新加坡环亚有限公司、南非 MIH、欧洲广播联盟等。同时，我国也在海外设立了相关机构，如中央电视台国际电视总公司在日本东京设立分公司，从事节目推广等活动；中广公司在古巴设立代表处，负责租用古巴发射台转播国际台节目等合作事宜；中国电影集团公司在美国洛杉矶、法国巴黎设有代表处。

第三节 我国电影贸易概况统计

一、我国电影贸易发展历史

电影贸易是中国对外文化交流的重要形式，在我国的对外经济合作中占有重要地位。对任何一个产业来说，我国这样的庞大的市场规模和发展潜力都不容忽视，电影产业也是如此。

20世纪前10年，我国几乎每一个港口城市都以拥有一个电影院为荣。很多口岸城市都有5到6个电影院，但是这些电影院都为欧洲人掌控。其中，法国百代公司几乎垄断了当时对中国各个影院的影片供应。

第一次世界大战切断了欧洲电影来源，并且极大削弱了欧洲人的主导地位，美国电影开始全面进军亚洲市场，到战争结束，好莱坞已经取代欧洲，后来居上。根据数据统计，美国对中国输出的胶片总额从1913年的2100万美元激增到1926年的9400万美元；从比例上看，对中国的电影出口额相对其所占出口总额的比例增加了3倍，1913年，美国对中国的电影出口额占总出口额的比例为0.04%，1925年增加到0.16%。

第二次世界大战爆发以后，受战乱的影响，我国电影市场陷入低谷，对国外引进影片也十分稀少。第二次世界大战后，美国电影卷土重来。仅1946年，有881部美国影片在中国上映。

新中国成立后，由于意识形态对立，美欧等西方国家的电影基本被排除在中国电影之外。到70年代末，中国进入改革开放时期，电影事业才开始重新发展。直到1979年，中美正式建交，为美国电影重新进入中国市场打下基础。1994年，国内电影市场滑坡，为激活市场，国家有关部门决定引进国际影坛最新大片。从那时起，以好莱坞为代表的美国影片重新占据我国电影市场，每年卷走几亿到几十亿票房收入。

二、中国近几年电影贸易发展势态

随着我国加入WTO，我国电影市场这块巨大蛋糕更是引起全球电影市场霸主好莱坞的密切关注。影片开放进口、投资兴建影院、跨国合作拍片等，为好莱坞进一步蚕食中国电影市场提供了绝好机会。加入WTO时，我国承诺每年允许以分账形式进口20部境外影片用于影院商业放映。在此前的《关于建立更紧密经贸关系的安排》中，内地政府允许香港、澳门服务提供者经内地主管部门批准后，在内地试点设立独资公司发行国产影片（含合拍片）；允许香港、澳门服务提供者在内地以合资、合作或独资的形式建设、改建及经营电影院；允许港产粤语影片在经审查通过后在广东地区发行，但港方不能参与发行；以分账形式引进港产影片不受进口配额限制。

自2003年以来，随着中国经济的高速增长和中国文化产业的发展，正在变革和转型中的中国电影产业开始积极参与全球竞争。《英雄》、《十面埋伏》、《功夫》、《夜宴》、《满城尽带黄金甲》、《霍元甲》、《投名状》等一批大制作商业电影打开欧美主流院线市场的大门，在扩大出口规模，提升国际影响力方面迈出了历史性的步伐。中国与世界各国的电影合作与交流已取得了良好的成效。

2005年，中国共有263部次国产影片在海外参加了101个国际电影节，获得32个奖项；在国外和港澳台地区举办了26次中国电影展，共展映国产影片215部次。一批国产电影在海外取得良好票房收入，例如在北美市场，影片《无极》票房收入3000万美元，《十面埋伏》票房收入1100万美元。另外，中国政府在加入世界贸易组织后，加大了文化领域开放的力度，积极实施文化“走出去”工程。2007年文化部、商务部、广电总局联合出台了《文化产品和服务出口指导目录》，鼓励包括电影在内的文化产品出口，中国电影产品对外输出获得前所未有的历史机遇。

2008年，中国以分账形式引进用于影院发行的境外影片20部，来自美国、法国、英国、韩国、日本、俄罗斯、西班牙等7个国家；以买断形式引进用于影院发行的境外影片34部(含香港影片4部)，来自美国、加拿大、德国、卢森堡、意大利、奥地利、芬兰、荷兰、法国、俄罗斯、西班牙、英国、韩国、泰国、日本、越南、中国香港等17个国家和地区。此外，电影频道(CCTV－6)2008年全年引进播出来自20个国家和地区的影片352部，在全国各级地方电视台发行的境外影视剧共180部2232集。据不完全统计，2008年共有45部国产影片(含合拍片)以各种方式销往境外61个国家和地区(销售285部次)。

面对国际金融危机的严重影响，中国电影产业逆势而上，2008年全年电影综合效益达到84.33亿元，比2007年增长17.07亿元，增幅达25.38%，增速较2006年的19.4%和2007年的17.38%有显著提高。其中，电影票房(不含农村市场)43.41亿元，较2007年增长10.14亿元，增幅30.48%，国产影片的市场占有率超过总票房的60%，连续六年超过进口影片；国产电影海外销售收入(含票房收入)25.28亿元，全国各电影频道播放电影的广告收入15.64亿元。国产电影产量继续增长，全国故事片产量406部，动画片16部，纪录片16部，科教片39部，供电视播映的数字电影107部。院线和影院建设持续发展。

2009年中国电影市场全国城市的电影票房收入达到62.06亿元，同比增幅达42.96%，其中国产片票房占据总额的56.6%，国产片票房连续7年超过进口片。2009年全年故事片产量达到456部，动画片27部。全年国产电影海外销售收入

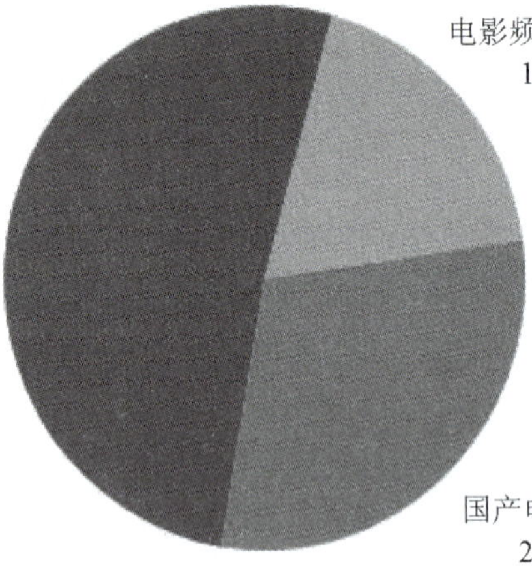

图 5—6　2008 年中国电影市场综合收入构成

27.7 亿元，全年电影综合效益 106.65 亿元，同比增幅达 26.47%。中国电影业从 2003 年起全面推进产业化以来，电影产量从 2002 年的 100 部左右上升到 2008 年的 406 部，电影投资主体从 2002 年的几十家发展为 2008 年的超过 300 家，且投资结构趋于多元化。随着产业化改革的继续深入和产业成效的初步显现，各行业投资电影的热情进一步高涨。全年主流市场新增影院和银幕数字不断增加。与之同步发展的是电影放映数字化程度全面提升。在 2009 年新建的电影院中，数字影厅达到 500 多个，约占新增影厅的 80%，部分影院实现了全部数字化放映。

2011 年中国电影市场全国城市的票房收入为 131.15 亿元，同比增长 28.93%。按美元汇率，中国市场票房大约为 20 亿美金，仅次于近百亿美金的北美市场、约 25 亿美金的日本市场，成为全球第三大电影市场。全国生产故事片 558 部，电影产量保持世界第三，次于印度和美国。电影产量较 2010 年有小幅增长，加上纪录片、科教片和电影频道节目中心生产的电视电影等，各类影片产量达 791 部。国产电影市场份额连续九年超过进口影片，取得 70.31 亿元的成绩，占全年票房总额的 53.61%。在全年影院上映的 200 多部影片中，共有 35 部中外电影票房收入过亿，约占年度总票房的 70%。其中，20 部国产影片票房过亿，票房之和超过 40 亿元，占年度国产影片票房份额近三分之二，其中 7 部影片票房超过 2 亿元。

2012 年，中国全年生产的各类电影总量达到 893 部，其中故事片产量为 653 部，年度观影人次达到 4.71 亿，全国电影总票房达到 170.73 亿元，同比增长

38.18%。国产影片票房达到82.73亿元,与2011年国产影片票房70.31亿元相比,同比增长17.66%。但是需要指出的是,2012年国产影片票房占全部票房总额为48.46%,与2011年相比下降了5.15%。2012年,中国电影市场创造了许多奇迹,12月全月票房约26亿元,这一个月的票房就相当于2006年中国全年的电影票房。年度上映的三百二十多部中外新片中,有43部影片票房过亿元,其中国产片21部;在21部票房过亿元国产影片中,六部影片达到两亿元以上票房,三部影片达到七亿元以上票房。其中,《人在囧途之泰囧》上映以来受到观众极力热捧,被赞为"年度最好笑喜剧",上映3天过亿元,5天票房突破3亿元,7天4亿元,创造华语片首周票房纪录,上映一个月票房达到12亿,观影人次超过3800万人,不仅超越《画皮Ⅱ》拿下国产影片新"票王",而且直逼获13.8亿元票房的《阿凡达》。《泰囧》以3000万元的投资获得超高收益,着实令电影界瞩目。

三、我国电影贸易逆差严重

目前,美国控制了全球75%的电视节目的生产与制作,生产的电影只占全球6.7%,却占全球总放映时间的50%以上。1995年,中国进口大片平均票房都在400至500万以上,观众上座率平均达50%,1/3的放映时间、10部左右的影片,创造的是50%左右的票房收入,而2/3的放映时间、100部左右的国产影片创造的票房收入也只有50%。而中国电视在1999年对外销售的总收入只有0.21亿美元,这对于全球每年上百亿的电视贸易额来说,简直有点微不足道。

长期以来,中国电影"走出去"都以政府间的文化交流为主,在观念上过度强调"对外宣传",市场化程度比较低,影响了交流效果和传播范围。自20世纪90年代以来,张艺谋、陈凯歌以及一些年轻导演的艺术影片相继通过国际电影节参展的方式介入海外市场版权交易,但在以外语片院线播映和音像销售为主的国外市场,其市场占有率和市场效益差强人意。

根据国家外汇管理局的统计数据,从2000年到2004年,中国进口影片4332部,而出口影片却屈指可数。2005年,全国电视节目进出口总额约为4.67亿人民币,其中进口总额约为4亿人民币,而出口总额只有0.67亿人民币。相比其他国家,我国电影贸易的数量十分有限,通过以下一组数据可以看到:2000年底,美国影视业直接出口额达180亿美元。仅欧盟在音像制品方面(即电视节目外加影片)对美国逆差就达50亿美元。2002年,英国文化产业出口额达到175亿美元,2003年文化产业成为仅次于金融业的全国第二大产业。2003年,日本文化产业出口额达 1.5779 万亿日元(约合 134 亿美元),文化产业出口贸易仅次于汽车工业。2003 年,韩国电影出口额达 3098 多万美元,2002 年,其文化节目出口额达 2881 万美元,进口额达 2511 万美元,实现顺差 370 万美元。从以上数据我们可以看出,中国影视文化产品贸易额在世界文化产品贸易中所占比例很小,与称霸世界的美国影视产业不可同日而语,即使与韩国相比也有很大的差距。

图 5—7　周星驰电影《功夫》剧照

图片来源:www.baidu.com

第四节　中国与美国电影贸易比较

一、中美电影贸易现状

从 1994 年中国首次以配额方式引进电影,到 2001 年中国加入世界贸易组织(WTO),中美双方签署"双边协议",每年允许以分账形式进口 20 部美国大片,再到2012年3月份中美双方就解决WTO电影相关问题的谅解备忘录达成新协议，将进口分账大片名额提升至34部，不难看出，中国电影市场在国际化的戏规则的影响下，其开放程度正在被一步步地推高。

2012年起，中国在每年20部海外分账电影的配额之外，在增加引进14部3D或IMAX电影；美国票房分账从原来的13%升至25%；中国将增加中国民营企业发布进口片的机会；中美合拍片将享受中港合拍片同等待遇，在中国大陆放映不受引进片配额限制。

新协议将对整个中国电影行业产生巨大影响，主要表现在以下几个方面，一是进口电影数量增多，国产电影的生存空间将面临进口电影的挤压；二是在进口影片的刺激下，拥有良好内容制作能力的电影制片商将能得到快速成长；三是电影行业的竞争加剧，国内电影制片方将会拓展其他渠道来提高其综合票房收入，未来电影行业的非票房收入比重将会得到提升。

二、中美电影产业竞争力比较

(一)中美电影数量上之比较

1. 电影产量

美国的电影业发达，其电影产量占全球的6%，但是其国际市场占有率高达80%。中国电影产量目前仅次于印度和美国，成为世界第三大电影生产国。表5—3显示了中美电影产量的发展情况：

表5—3　中美两国2005—2009年电影产量

	电影产量(单位:部)				
年份 \ 年份	2005	2006	2007	2008	2009
美国	920	928	909	716	677
其中:3D电影	6	8	6	8	20
中国	260	330	402	406	456

资料来源:中国国家广播电影电视局网站、美国电影协会(MPAA)官网

虽然中国电影产量并不低，但是影片市场竞争力相对较弱，许多影片抢不到档期放映，导致每年实际能够进入院线放映的仅有20部左右，这其中能真正产生良好票房的少之又少。大部分电影直接进入电影频道，或者直接进入库房。

2. 电影院数量

从电影院和银幕数量看，中国与美国之间同样存在较大的差异。截至2009年，美国拥有电影院6039家，共有银幕35280块。美国是世界上银幕密度最大的国家，平均每7600人就有一块银幕。美国的银幕数量组成情况大致分为四种情况，具体分组和数据如表5—4所示。

表5—4　2009年美国电影银幕数量组成

银幕数量	单银幕	2～7块银幕	8～15块银幕	16块银幕级以上
电影院数量	1677	2043	1681	638

数据来源：美国电影协会(MPAA)官网

我国拥有电影院数量6343座，大部分建于20世纪五六十年代，由于年久失修，设施非常落后，大部分影院是单银幕影院。实行院线制后，截至2009年年底，加入37条院线的电影院1036座，银幕数4697块。没有加入院线的影院基本是单银幕影院。由此推算我国目前拥有银幕约为一万块，平均每15万城镇人口用有一块银幕。

（二）中美电影质量上的比较

1. 电影票房收入

从表5—5中，可以通过电影票房和其他收入，更深层次地发现中国与美国电影业的巨大差距。

表5—5　2005—2009年中美票房收入情况及其市场份额比较

年份	中国票房(人民币：亿美元)	汇率	折算后的中国票房(10亿美元)	中国票房在全球票房的市场份额(%)	美国票房(10亿美元)	美国票房在全球票房的市场份额(%)	全球票房(10亿美元)
2005	20.0	8.1917	0.2	1.1	8.8	38.1	23.1
2006	26.2	7.9718	0.3	1.3	9.2	36.1	25.5
2007	33.3	7.6040	0.4	1.7	9.6	36.5	26.3
2008	43.4	6.9480	0.6	2.2	9.6	34.5	27.8
2009	62.1	6.8271	0.9	3.0	10.6	35.5	29.9

资料来源：中国国家广播电影电视局、中国国家外汇管理局、美国电影协会(MPAA)官网

2009 年美国票房高达 106 亿美元，占全球市场的 35.5%。但票房只是美国电影收入的一小部分，其余则来自版权转让以及相关电影后市场的开发。仅 1994 年一年，美国与电影相关的收入就高达 70 亿美元。

而我国电影总票房虽然增幅较大，但是技术很低，2009 年在全球的市场份额仅为 3%。而且我国国产片票房存在严重的两级分化，票房向大投资、大制作影片集中，小制作电影多数质量不高。电影品牌积累的深度和厚度不够是国内电影后市场难做的一大障碍。由此可以看到，其实中国电影后市场发展空间是十分广阔的。

2. 电影产业的规模效应

电影产业可以其规模化、系统化来吸收众多相关产业的参与和支持，其规模经济效应主要体现在内部和外部两方面。

(1) 电影业内部规模经济。

美国的电影业充分利用其内部规模经济条件，已经形成寡头垄断的局面，比如米高梅、华纳兄弟等 8 家电影公司，基本形成了对电影制作、发行和放映的控制，使得美国电影市场呈现一种高度垂直整合的局面。这种垂直链条的形成，有利于电影集团内部充分利用其设备与资源，投入大量资金，发挥其内部规模经济优势。

中国目前尚存在对电影行业跨地区、跨行业经营的限制，虽然制作、发行等机构数量众多，但是规模很小，不能充分利用其资源、设备，能不用说再投资以扩大规模了。即使有些机构具有内部规模经济的条件，也不存在一个适合其发展的政策环境。

(2)电影业外部规模经济。

外部规模经济产生于行业内部，常常由于产业的集群化形成“集群效应”。好莱坞是非常经典的外部规模经济，各类人才的汇集为好莱坞提供了一个灵活、经济的人才市场，加上基础设施和配套服务的共享，使得好莱坞的外部规模经济成为可能。整个好莱坞如同一个生产车间，各个换季流水线运作，使得电影制作成本大为降低，还能形成集群效应，使得美国电影得以流通到世界各地。

中国电影业不具备产生外部规模经济的条件。中国目前有规模不等的电影制片机构 100 多家，电影制片厂 30 多家，制作单位各自为政，地理位置又十分分散，影视基地也遍布全国，导致拍摄成本和制作成本居高不下。

三、我国电影贸易发展的战略

近年来，中国电影产业随着中国经济的飞速发展，取得了巨大的进步。但中国电影产业与其他传媒产业相比，规模还显弱小，急需确定明确的发展战略才能做大做强。中国电影产业的发展战略应该是建成完善的电影管理体系、完善的电影产业体系、健康的电影市场格局，是中国成为世界上最大的电影市场之一和世界上最重要的电影输出国之一，让中国电影成为中国文化传播的重要载体，让世界通过中国电影了解中国。

电影作为一种最具跨国文化传播能力的符号形式，也是各个民族之间文化沟通、文化交流、文化贸易、文化影响的最重要的手段。因此，中国电影产业的发展，对于满足大众日益增加的文化娱乐需求，对于中国现代文化的继承创新、中华文化的国际传播和国际影响、中国文化产业的发展，对于中国国家文化实力的提升等，都具有重要意义。

(1)以培育和扩大国内市场为基础，巩固国内电影市场根据地

尽管电影已经越来越成为一种跨国性文化产品，但一方面中国电影从整体上看还不具备国际化的条件，另一方面中国本身的电影消费市场潜力巨大，所以中国电影首先必须依赖和开发本土市场，为之服务，并以此作为根据地走出国门，逐渐扩大在全球电影市场上的份额。

中国电影在发展策略上，首先应该继续实行对进口电影的配额审批。其次，通过优惠和鼓励政策，吸引外资、民营资本和其他社会资本投入国产电影的生产和发行、影院建设和渠道建设。同时，要强化电影产品的本土性和本土服务意识，拓展中国的电影市场，提高国产电影的国内市场份额。如果中国国内电影市场每年能够达到目前30%左右的增长幅度、而其中50%以上由国产电影获得的话，中国电影的整体实力将会不断提高，即便中国电影很难具有像跨过媒体雅漾的国际性优势，但广阔的本土市场仍然可以成为中国电影生存和发展的重要支柱。在全球化背景中，中国电影并非没有自己的核心竞争力，发现、发掘、培养、扩大自己的潜在竞争优势，;利用自己的优势来改变自己的劣势，才能扶持和壮大中国电影市场的消费能力。

(2)以国际市场为补充，扩大中国电影在全球市场的份额

在相当长的时期内，中国电影在国际市场上还无力与好莱坞电影正面竞争，甚至于在中国本土市场，还会面临好莱坞电影的巨大冲击。美国电影的国际化道路已经经历了近100年，在产业规模、渠道控制、市场经验等方面都是目前中国电影望尘莫及的。

最近几年，美国电影的国内市场虽然略有萎缩，但是海外市场却仍然在扩张，

2009 年其海外电影票房达到了 194 亿美元。远远超过了其国内 105 亿美元的票房收入。而中国电影 2009 年销往海外市场的收入则是 27.7 亿人民币，相当于 4 亿美元，仅仅是美国海外票房收入的 2%。尽管如此，随着中国电影国际合作的深度和广度的增加，中国电影的国际竞争力应该说正在迅速提高。尽管中国电影的海外收入不能与美国电影相比，但是与国内电影票房相比，却是相当可观的数字。

要开辟海外市场，首先必须加大与海外的合作力度，通过合作更加容易地获得国际市场。这也是世界各国文化产品进行国际贸易通常采用的手段。

其次，除了与美国合作以外，还应该加强与韩国、日本这样的文化接近的亚洲国家、俄罗斯和其他与中国有历史渊源的东欧国家以及正在逐渐对中国感兴趣的欧洲其他国家的合作，以进入不同的国际细分市场。

同时，还应该建立具有国际发行、推广和交易能力的专业电影经营公司，吸取具有丰富国际经验的香港企业的参与，提高中国电影在国际市场上的交易能力。以强化发行能力为关键，建立中国电影的产业体系。对于电影产业来说，制作是头，市场是腿，发行则是腰。电影制作因为发行才能获得资金，电影产品因为发行才能走向市场。好莱坞有发行系统完善的大公司作为电影制作市场中间的支配性力量。而在中国，由于发行领域限制外资进入，国有公司亦缺乏体制动力，所以，中国还没有出现像好莱坞大电影公司那样具有电影投资融资能力、市场干预能力、国际市场拓展能力的大型电影发行公司。中国发行公司的规模和竞争力都明显不足。目前中国电影还只能依靠销售海外版权的方式获得海外收益。中国电影发行在电影市场产业链条中还处于弱势地位，这直接导致中国电影生产与市场存在明显的脱节，也导致电影市场盈利空间的狭窄。因此中国电影产业需要建立健全国际销售渠道，包括海外销售代理，要争取到影片海外发行的合理权利，以更专业化的营销方式积极地全方位推介中国电影的整体形象。同时还要培养专业的电影发行策划、熟知国际贸易规则的人才。积极通过各种途径将我们的优秀影片展示给世界。

(3)以降低票价和提高服务为基础，扩大电影观众规模

与中国国产制作、发行环节相比，中国的影院市场可能是目前中国电影产业化发展中更令人乐观、进展也最为迅速的环节，但中国的影院市场还远远不能满足当前的观影需求。中国还需要继续推进院线、影院的建设和扩大市场竞争，尤其是加快多厅影院的合理布局和建设。特别应该指出的是，高票价成为限制电影观众规模扩大的障碍，中国国产电影的票价在一流影院已经达到 50 至 70 元，进口电影达

到了60至80元，甚至超过了美国电影的平均票价。对于平均收入水平远远低于美国的中国消费者来说，看电影成了一种奢侈消费，过高的票价抑制了很多观众对电影的消费。目前，在电影消费需求上升的阶段，电影院应该采用适度的营销策略，加大电影对社会群体的渗透力，培养观众对电影持续消费的热情，让电影走进百姓的日常生活。

(4)以垂直和横向整合为方向，建立以综合性大型媒介集团为主导的大电影产业

电影作为创业工业，必然趋向于规模经济，而规模经济也必然趋向于市场集中。美国电影产业一直都在向垂直整合和横向整合的目标努力。如今，好莱坞的大电影公司几乎都已经成为综合性大型媒介集团的一部分。而中国电影企业目前这种行业割据、行政割据、所有制割据、媒介割据的局面，造成了中国电影企业的规模小、体制复杂、运营艰难的局面。中国电影应该在政府放松媒介行业管制的基础上，推行现代企业制度，形成一批跨媒介、跨行业、跨区域、跨级别的以内容生产和发行为核心的品牌影视企业，自主经营、自我发展、扩大融资、整合资源，按照利益普遍性原则进行纵向和横向产业整合，形成理念、机制、资源配置等各个方面真正意义上的集团企业。

(5)以电影新人培养为重点，促进中国电影的持续发展

无论是调整产业结构还是产品结构，中国电影产业面临的一个严峻的问题是，人力资源的积累不能适应电影产业发展的需要。当前的电影市场上，具有市场号召力的为数不多的几个导演，已经是多年前就在中国电影业内占据主要位置的导演。虽然一些青年电影人开始步入创作第一线，一些年轻导演也陆续摆脱以往拍摄“地下电影”的状态，力图融入主流电影体系，但他们要成为国产电影创作的主力还为时尚早。同时，随着电影的产业化转型，不仅在创作环节，在制作、经营、管理等方面也缺乏对市场有良好预判能力的人才。这种被动的局面如果得不到改变，最终将影响中国电影的产业生态，对中国电影的未来发展带来深刻危机。政府应该制定鼓励政策和提供资金支持，开展电影专业培训和扩大电影教育。对电影经营管理人员、骨干人员进行现代电影制作、经营、创作、管理方面的培训，鼓励更多的人到海外学习，鼓励艺术院校以外的综合大学参与电影教育，提高电影行业的整体素质。特别是应该设立专项基金，支持和培养一批有潜力的青年电影人进入电影第一线，扶持有艺术创作特色或市场运作空间的中小制作，培养中国电影经营、制作、管理、创作的后备力量，以保证将来中国电影的可持续发展。

第五节 电影贸易相关法规统计

一、进口影片管理政策统计

1980年4月14日中共中央、国务院、中央军委根据《关于制止滥放内部参考影片的通知》制定了《进口影片管理办法》。该办法规定:凡属从国外及港澳地区进口发行的影片获试映的拷贝,包括35毫米、16毫米、超8毫米、影片录像带和影片视盘等,统称进口影片。影片进口时,由海关凭中影公司填报的进口货物报关单核查放行。并对进口影片的纳税须知做出规定:第一,属于在全国发行的商业性影片,应在进口时办理纳税手续。第二,属于非商业性影片,应予免税。中国电影资料馆进口的资料影片(包括中国电影资料馆与外国电影资料馆互相选购、交换、赠送或通过其他途径够作资料的影片),属于非商业性影片,海关凭该馆填报的进口货物报关单核查免税放行。第三,属于非商业性影片,进口后经过批准在全国发行的,由中影公司按章向北京海关办理补税手续。进口影片由中国电影发行放映公司(简称中影公司)统一经营管理。

1992年12月21日至26日,为呼应全国的改革热潮,当时的广电部召开全国电影工作会议,会上讨论通过了《关于深化电影行业机制改革的若干意见》并于1993年1月5日颁布实施,“1993年……将国产故事片由中影公司统一发行改为由各制片单位直接与地方发行单位见面(进口影片仍统一由中影公司向各省、市、自治区公司发行)……”国产片开始自产自销,进口片仍然是垄断经营。在该文件颁布的实施细则中,规定并划分出了进口影片发行的五类市场(不同市场类别都有相应的价格标准),同时还规定了进口片拷贝的等级和单价,这意味着进口影片的收入将是一组固定的数字。

2000年,国家广电总局及相关部门制定了大量的政策法规,以进一步巩固电影行业在体制改革方面取得的显著成果,并进一步推动电影行业的产业化发展。

2000年3月1日,为进一步加强对进口广播电视节目和电影片的管理,国家广播电影电视总局、中华人民共和国海关总署在《关于加强广播电视节目电影片进口管理的通知》中作出规定:境内广播电台、电视台、有线广播电视台、教育电视台、中国电影集团公司、中国电影资料馆及广播电视节目制作经营机构从国外及港、澳、台地区进口广播电视节目、电影片、资料带等,统一由国家广播电影电视总局归口管理。各省、自治区、直辖市、广播电影厅局负责本辖区内广播电视节目进口管理工作。进口电影片由国家广播电影电视总局电影事业管理局统一管理。该通知所称的广播电影电视节目是指录有内容的电影胶片、录音带、录像带、唱片、激光唱片、激光视盘等。办理进口手续时，不论何种贸易方式，进口广播电影电视节目，海关均凭国家广播电影电视总局统一印制的《进口广播电影电视节目带（片）提取单》及其他有关单证办理报关验放手续。

2002 年 2 月 1 日，国务院实施了《电影管理条例》，该条例明确鼓励各类资本积极参与国内电影市场的各个环节，由此为各类资金进军电影业打开了大门。但对外资而言，其股份比例不得超过 49%。该条例对进口电影单位资格做出严格规定：电影进口业务由国务院广播电影电视行政部门指定电影进口经营单位经营；未经指定，任何单位或者个人不得经营电影进口业务。报送电影审查机构审查的电影片，有指定的电影进口经营单位持国务院广播电影电视行政部门的临时进口批准文件到海关办理电影片临时进口手续；临时进口的电影片，经电影审查机构审查合格并发给《电影片公映许可证》和进口批准文件后，由电影进口经营单位持进口批准文件到海关办理进口手续。中国电影资料馆进口电影资料片，可以直接到海关办理进口手续。中国电影资料馆应当将其进口的电影资料片按季度向国务院广播电影电视行政部门备案。

2003 年 6 月 29 日，内地和香港签署了更紧密经贸关系的安排（简称 CEPA），一举打开香港电影通往内地市场的大门，让香港电影获得了几乎完全的"国民待遇"，CEPA 规定，"允许香港公司在内地以合资形式从事音像制品（含后期电影产品）的分销业务，港方可控股，但股比不得超过 70%"等，对进一步放宽香港企业进入内地电影市场作出了更加详细的安排。

2003 年 9 月至 10 月，广播电影电视总局先后颁布了 4 个新规定：《电影制片、发行、放映经营资格准入暂行规定》、《中外合作摄制电影管理规定》、《电影剧本（梗概）立项、电影片审查暂行规定》和《外商投资电影院暂行规定》（总局令第 18、19、20、21 号文件）。这些规定或者"暂行规定"，在新的《电影管理条例》的基础上再次为电影产业的开放和发展提供较大的政策支持，进一步降低了电影制片、发行、放映领域资格准入门槛，调整并完善了电影融资政策，并进一步促进了国产影片的发行放映，减少了政府审批程序，促进了产业的快速发展。

2005 年 4 月，《国务院关于非公有资本进人文化产业的若干决定》公布。该决定鼓励和支持非公有资本进人电影电视剧制作发行、广播影视技术开发运用、电影院和电影院线、农村电影放映，非公有资本可以投资参股电影制作发行放映，但其中国有资本必须控股51%以上，随后，文化部、广电总局、新闻出版总署、国家发展改革委、商务部等又联合制定了文化领域投资的另一配套文件《关于文化领域引进外资的若干意见》（下称《意见》）。《意见》进一步明确了外商不得通过出版物分销、印刷、广告、文化设施改造等经营活动，变相进入频道、频率、版面、编辑和出版等宣传业务领域。并提出要建立健全市场退出机制，从严发放许可证，认真执行年度审核制度；各级文化、广播电影电视、新闻出版行政部门要大力推进综合执法，加大对违法违规行为的打击力度。

为加强和改进文化产品进口的管理，切实保护知识产权，提高对外开放水平，维护国家文化安全，2005年8月2日，中宣部、文化部、广电总局、新闻出版总署、商务部、海关总署六部门联合下发《关于加强文化产品进口管理的办法》。该办法明确规定：文化行政部门负责音像制品、美术品和演出项目进口等方面的监督管理工作；广播电影电视行政部门负责广播电视节目、电影、电视剧、动画片进口，中外合作制作电影、电视剧、动画片和境外卫星电视频道落地等方面的监督管理工作。商务主管部门和各级海关在其职责范围内负责文化产品进口的监督管理工作。国家继续对文化产品进口实行特许经营，对经营单位实行文化产品进口经营许可证制度。进口经营许可证由国务院文化、广播电影电视、新闻出版行政部门核发，各级海关凭其核发的进口文化产品准入文件办理验放手续。

2005年至2006年，为加强内地与香港、澳门的经贸联系，国家广播电影电视总局、中华人民共和国商务部、中华人民共和国文化部联合下发《〈外商投资电影院暂行规定〉补充规定》、《〈外商投资电影院暂行规定〉补充规定二》（总局令第49、51号文件），允许香港、澳门服务提供者在内地以合作、合资或独资的形式，在多个地点新建或改建多间电影院，经营电影放映业务。

为规范和改进电影剧本（梗概）备案和电影片管理制度，提高电影质量，繁荣电影创作，满足广大群众的精神文化需求，推进电影业健康发展，2006年4月3日，国家广播电影电视总局发布《电影剧本（梗概）备案、电影片管理规定》，未向广电总局备案的电影剧本（梗概）不得拍摄，未经审查通过的电影片不得发行、放映、进口、出口。该规定适用于在中华人民共和国境内公映的各类故事片、纪录片、科教片、动画片、专题片（含以上各类型的中外合拍片）等的电影剧本（梗概）备案、电影片审查和进口片审查。

二、关于电影统计工作情况的报表

2005年3月1日起施行《广播电影电视行业统计管理办法》，该办法所称广播电影行业统计是指广播影视部门依法调查、收集、整理、研究和提供广播影视统计资料的活动，适用于各广播影视行政管理部门、广播影视系统内从事广播影视业务活动以及其他业务活动的法人单位、广播影视系统外从事广播影视业务活动的法人单位。国家广播电影电视总局负责制定、调整、修改全国广播影视统计报表制度、报国家统计局批准后实施。地方广播影视行政管理部门可结合自身管理需要制定补充性的地方广播影视统计报表制度，并报上一级广播影视行政管理部门和同级政府统计机构备案后实施。国家鼓励开展各种形式的广播影视专项统计调查。

国家广播电影电视总局为了做好广播电影电视的统计工作制定了统一报表制度，该报表适合电影及广播电视工作的统计，如表5—6所示。

表5—6　电影统计工作情况

序号	地区及单位	机构与人员	报表情况(130分)												统计分析报告	年度总结	统计培训工作	统计工作情况	总分
			年报(50分)			快报(25分)			半年报(25分)			月报(30分)							
			时间性	准确性	完整性	时间性	准确性	完整性	时间性	准确性	完整性	时间性	准确性	完整性					
		(10分)	(5分)	(40分)	(5分)	(5分)	(15分)	(5分)	(5分)	(15分)	(5分)	(5分)	(20分)	(5分)	(20分)	(10分)	(10分)	(20分)	

其中，时间性指统计报表(包括书面、网上报送)按照统计制度规定的时间报送；准确性指统计范围、计量单位、口径及方法按统计制度进行；完整性指按照统计制度规定上报的报表各项内容完整，不重不漏，书面文件按规定要求审核说明(年报要有年报说明)，有主管领导签字，印章齐全；统计培训工作指当年完成本省(区、市)培训工作；统计工作情况指当年完成总局布置的(除报表外)其他统计工作事项的情况。

案例：　"文化折扣"阻碍中国电影国际化

伴随着2012年帷幕的落下，中国电影票房节节攀升。继2010年中国电影票房突破百亿大关之后，2012 年票房突破 170 亿元，完成华丽的飞跃，成为世界电影第二大票房产地。然而，繁荣背后隐藏的是另一番极不相称的景象：2012 年国产电影海外发行总收入仅有 10.63 亿，这个数字比起 2011 年的 20.24 亿和 2010 年的 35.17 亿，呈大幅下降趋势。在认识度方面，中国电影的全球反馈也低得惊人。权威调研显示，32.3%的英语观众“完全没有看过中国电影”，除了李小龙、成龙、张艺谋、李安之外，华人演员和导演在海外鲜为人知。

近年来中国电影的航海之路为何一再触礁，市场不断紧缩？一个重要原因就是席卷全球的经济危机。受到欧债危机的影响，海外片商特别是欧洲方面会在挑选中国影片时格外谨慎，诸如西班牙、希腊等国甚至停止了进口中国电影。而在宣传发行阶段，海外片商也会选择稳妥保守的成本投入，留给影片的空间十分有限。

更重要的原因是中国电影在世界市场遭遇普遍的“文化折扣”。“文化折扣”是指对于产品所反映的风格、价值观、信仰、历史、社会制度等内容不熟悉的消费者，文化产品的吸引力、影响力大大降低的现象。近年来，虽然中国文化的影响力不断扩大，但西方观众对我们的文化内涵依然陌生，在许多西方人眼里，中国文化仅仅是一串串饱含孔子、故宫、长城等繁琐表象的符号，只要文化背景稍稍复杂一些，海外观众就感觉理解吃力、不能接受甚至非常反感。以美国市场为例，斥资 8000 万美元的《赤壁》仅入袋 62 万美元；内地口碑票房双丰收的《让子弹飞》根本找不到发行商；冯小刚的《唐山大地震》在北美只收入 6 万美元，连国内票房的零头都凑不到。

中国电影想走出海外困境一方面要加强海外的宣传和营销，更要注重如何用国际普遍接受的认知方式讲好中国故事。中国电影要想走出去，最终必须要靠内力。一定要拍出独具特色的、足够优秀、具有国际化视野的影片。只有推出有影响力的作品，拍出震撼人心的内容，中国电影才能形成文化的穿透力，在海外市场开拓出一片天。

第六章　广播电视节目贸易统计

引　言

广播电视产业是一种特殊产业，既具有精神文明建设特征，又是一种创意产业。作为重要的创意产业，广播电视产业发展已成为了我国建设创新型国家的战略选择，并日益成为了我国国民经济中新的增长点。

我国广播电视收入主要得益于以下因素：一是广告产业稳定增长。二是网络产业发展迅速，有线电视基本收视维护费收入是广播影视产业第二大收入来源。其他网络增值服务也显示了发展潜力。三是内容生产规模继续加大。广播电视节目生产制作量较明显上升，特别是广播音乐节目、电视娱乐节目发展迅猛。四是动漫生产大幅提升，国产影视动画片的制作质量较以前有很大提高，品牌形象得到进一步提升，品牌的后产品开发有了进一步的探索。五是新媒体产业增长较快。数字电视、手机电视、网络电视、楼宇电视发展层出不穷。

与此同时，国内的广播电视交易市场也在飞速发展。上海电视节、北京广播电视周等各各类广播电视市场参展作品数量和交易金额逐年攀升。与我国电影市场类似，我国广播电视进出口也一直处于贸易逆差状态，主要出口国也集中在东南亚地区。

第一节　广播电视节目统计概况

一、广播电视节目内容统计

（一）广播统计

广播统计针对广播节目的制作和播放等服务，包括互联网广播节目的制作、播放。它包括的内容有：广播节目的制作、编排、播音、播放等活动；为广播服务的广播节目制作中心；互联网广播节目的制作、编排、播音、播放、点播、交换等服务；广播电台其他辅助服务。广播统计暂不包括以下内容：广播信号的发射、转播（发射台、转播站、中继站等）；有线广播和互联网广播的传输、接收、接入等服务。

(二)电视统计

电视统计面向电视节目的制作和播放等服务,包括互联网电视节目制作、播放。它包括的内容有:电视(含有线电视、卫星电视)节目的制作、编排、节目主持、播放、点播、交换等服务;电视台的专业影视制品中心的制作活动;为电视服务的电视节目制作中心的制作活动;互联网电视节目的制作、编排、节目主持、播放、点播、交换等服务;电视台其他辅助活动。不包括以下内容:电视信号的传送(发射台、电视塔、转播站、中继站等);有线电视和互联网电视的传输、入户、接入等服务;电视节目、剧本的创作;为非电视节目提供影像制作的活动(广告、宣传片、MTV 等),电视节目主持人、演员的个人代理;不参与影视制作,仅从事影视投资的活动(如影视投资机构、投资人等);为电视剧、电视节目提供代理的机构。

二、广播电视节目指标统计

广播电视节目统计指标可如表 6－1 所示。

表 6－1　广播电视节目统计指标

序号	指标	内容
1	全年制作广播节目时间	广播电视节目制作机构全年自采、自编、自录的及合作制作、加工制作的各类广播节目
2	全年制作新闻资讯类广播节目时间	广播电视制作机构全年制作的各类新闻资讯类节目时间,主要有新闻、新闻信息摘编、报道、深度分析、各类大型文艺、体育等节目等,包括直播广播节目
3	全年制作专题服务类广播节目时间	广播电视制作机构全年制作的除新闻类以外的、专业性、对象性的专题广播节目播出时间,其中专业性指针对股市、交通、科教、音乐等,对象性指针对少儿、农民、老年人、残疾人等
4	全年制作综艺类广播节目时间	广播电视制作机构全年制作的综艺类节目时间。包括文学类、曲艺类、大众文艺类、经典艺术类、游戏竞猜类节目以及单本戏曲
5	全年制作广播剧类广播节目时间	广播电视制作机构全年制作的广播戏剧类节目时间,包括广播剧类、电影录音类节目
6	全年制作广播剧数量	广播电视制作机构全年制作的广播剧的部数和集数

续表

序号	指标	内容
7	全年制作广告类广播节目时间	广播电视制作机构全年制作的广告类节目时间，包括公益广告类、商业广告类节目
8	全年制作其他类广播节目时间	广播电视制作机构全年制作的除以上各类广播节目外制作其他节目的时间
9	全年购买、交换广播节目时间	广播电视制作播出机构全年从国内其他广播节目制作机构购买的(包括版权和播出权)以及从其他广播播出机构交换得到的节目的时间，不包括进口节目
10	全年广播节目国内销售额	广播电视制作、播出机构全年在国内市场销售广播节目的销售额，包括公共广播节目和付费广播节目，进口节目在国内的销售也包括在内
11	全年广播节目进口总额	广播电视制作、播出机构全年直接从境外(包括港澳台)进口的广播节目总额
12	全年广播节目出口总额	广播电视制作、播出机构全年直接向境外(包括港澳台)出口的广播节目总额
13	全年广播节目进口量	广播电视制作、播出机构全年直接从境外(包括港澳台)进口的广播节目量(时间)
14	全年广播节目出口量	广播电视制作、播出机构全年直接向境外(包括港澳台)出口的广播节目量(时间)
15	全年制作电视节目时间	广播电视播出机构全年自采、自编、自录及合作制作、加工制作的各类电视节目，包括直播电视节目
16	全年制作新闻资讯类电视节目时间	广播电视制作机构全年制作的新闻资讯类电视节目时间，包括信息推介类、深度报道类、消息类节目
17	全年制作专题服务类电视节目时间	广播电视制作机构全年制作的专题服务类电视节目时间，包括纪录片类、谈话类、教学类、经济生活类、科教文化类节目
18	全年制作综艺益智类电视节目时间	广播电视制作机构全年制作的综艺益智类电视节目时间，包括游戏竞猜类、经典艺术类、大众文艺类及曲艺戏曲类(包括单本戏曲)节目等

续表

序号	指标	内容
19	全年制作影视剧类电视节目时间	广播电视制作机构全年制作的影视剧类电视节目时间。包括电视电影、电视剧、动画电视等
20	全年制作广告类电视节目时间	广播电视制作机构全年制作的广告类电视节目时间，包括公益广告类、商业广告类节目
21	全年制作其他类电视节目时间	广播电视制作机构全年制作的除以上各类电视节目外制作其他节目的时间
22	全年制作电视剧数量	广播电视制作机构全年制作的电视剧的部数和集数；由总局批复的拥有许可证号的单位填报
23	全年合拍电视剧数量	广播电视制作机构之间或与境内外其它机构全年合作拍摄制作的电视剧部数和集数
24	全年制作动画电视数量	广播电视制作机构全年制作的动画电视的部数和集数；由上报规划的单位填报
25	全年合拍动画电视数量	广播电视制作机构之间或与境内外其它机构全年合作拍摄制作的动画电视的部数和集数
26	全年制作电视电影数量	广播电视制作机构全年拍摄制作的电视电影部数
27	全年电视剧制作投资额	全年制作电视剧的投资额
28	国家投资额	全年制作电视剧投资额中国家投资额，包括财政拨款；主要由国有事业、企业单位及非盈利机构填报
29	社会投资额	全年制作电视剧投资额中私人投资额
30	外商投资额	全年制作电视剧投资额中外商的投资额，外资、合资、合作企业均填在此
31	全年动画电视制作投资额	全年制作动画电视的投资额。
32	全年购买、交换电视节目时间	广播电视制作、播出机构全年从国内其他电视节目制作机构购买的(包括版权和播出权)以及与其他广播电视播出机构交换得到的节目时间(不包括进口)
33	全年电视节目国内销售额	广播电视制作、播出机构全年在国内市场的销售额
34	全年电视剧国内销售额	广播电视制作、播出机构在国内全年销售电视剧的销售额
35	全年电视电影国内销售额	广播电视制作、播出机构在国内全年销售电视电影的销售额

续表

序号	指标	内容
36	全年动画电视国内销售额	广播电视制作、播出机构在国内全年销售动画电视的销售额
37	全年电视节目进口总额	广播电视制作、播出机构全年直接从境外(包括港澳台)进口的电视节目总额
38	全年电视节目出口总额	广播电视制作、播出机构全年直接向境外(包括港澳台)出口电视节目总额
39	全年电视节目进口量	广播电视制作、播出机构全年直接从境外(包括港澳台)进口的电视节目量(时间)
40	全年电视节目出口量	广播电视制作、播出机构全年直接向境外(包括港澳台)出口电视节目量(时间)
41	全年进口电视剧	广播电视制作、播出机构全年直接从境外(包括港澳台)进口的电视剧部数和集数。
42	全年进口动画电视	广播电视制作、播出机构全年直接从境外(包括港澳台)进口的动画电视部数和集数

第二节　广播电视节目常用统计指标分析

广播电视节目常用统计指标如图 6—1 所示。

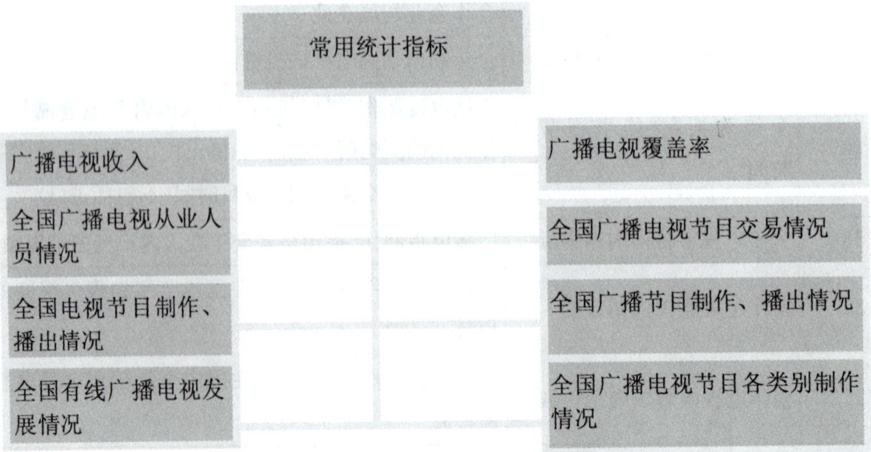

图 6—1　广播电视节目常用统计指标

一、广播电视收入

这里的广播电视收入是指上一财政年度电视企业出售广告和收视费、接收机的管理费或政府津贴、节目制作和发行费或出售节目的版权费，不包括硬件的销售，如电视机、卫星接收天线、电视信号的输送等；而包括广播电视的财政收入、广告收入、有线电视收视费收入等。

表 6－2 列示了 2004－2009 年我国广播电视的收入情况。

表 6－2　2004 年——2011 年我国广播电视收入统计

年份	总收入	财政收入	广告收入	有线电视收视费收入
	亿元	亿元	亿元	亿元
2004 年	825	89	414	137
2005 年	931	109	469	160
2006 年	1099	126	527	184
2007 年	1316	175	601	212
2008 年	1584	209	702	250
2009 年	1853	245	782	285
2010 年	2302		940	323
2011 年	2717	314	1123	564

数据来源：国家广播电影电视总局统计信息

二、广播电视覆盖率

某一电视频道的覆盖率指明确表示“能收到”该电视频道的某区域或全国人数与该区域或全国“电视人口”之比。用公式可表达为：某电视频道的覆盖率＝某区域或全国“能收到”该电视频道的人数/该区域或全国“电视人口”×100%。

表 6－3 列示了 2004－2009 年我国广播电视覆盖情况。

表 6－3　2004 年——2011 年我国广播电视覆盖情况统计

年份	广播综合人口覆盖率(%)	电视综合人口覆盖率(%)
2004 年	94.05	95.29
2005 年	94.48	95.81

续表

年份	广播综合人口覆盖率(%)	电视综合人口覆盖率(%)
2006 年	95.04	96.23
2007 年	95.43	96.58
2008 年	95.96	96.95
2009 年	96.31	97.23
2010 年	96.78	97.62
2011 年	97.06	97.82

数据来源:国家广播电影电视总局统计信息

三、广播电视从业人员情况

从业人员是指取得工资或其他形式劳动报酬的全部工作人员(含非在编人员)。但不包括离退休人员,包括临时人员。

表 6—4 列示了 2004—2009 年我国广播电视从业人员的情况。

表 6—4　2004 年——2011 年我国广播电视从业人员情况统计

年份	2004	2005	2006	2007	2008	2009	2010	2011
广播电视从业人员数(万人)	58.18	59.54	62.43	64.53	67.17	70.58	75.09	78.64

四、广播电视节目交易情况

全年购买、交换广播节目时间指广播电视制作、播出机构一年中从国内其他广播节目制作机构购买的(包括版权和播出权)以及从其他广播播出机构交换得到的节目的时间,不包括进口广播节目。

全年购买、交换电视节目时间指广播电视制作、播出机构一年中从国内其他电视节目制作机构购买的(包括版权和播出权)以及与其他广播电视播出机构交换得到的节目时间,不包括进口电视节目。

表 6—5 列示了 2004—2009 年我国广播电视节目的交易情况。

表 6-5　2004——20011 年我国广播电视节目交易情况

年份	全年购买、交换广播节目时间（万小时）	全年购买、交换电视节目时间（万小时）
2004 年	44	299
2005 年	51	337
2006 年	64	370
2007 年	84	426
2008 年	93	447
2009 年	100	472
2010 年	105	524
2011 年	169	562

数据来源：国家广播电影电视总局统计信息

五、电视节目制作、播出情况

全年电视节目制作时间指广播电视播出机构一年中自采、自编、自录及合作制作、加工制作的各类电视节目，包括直播电视节目。

表 6－6 列示了 2004－2009 年我国电视节目制作播出的情况。

表 6-6　2004-2011 年我国电视节目制作、播出情况

年份	全年电视节目播出时间（万小时）	全年电视节目制作时间（万小时）
2004 年	1104	212
2005 年	1259	255
2006 年	1360	262
2007 年	1455	255
2008 年	1495	264
2009 年	1578	265
2010 年	1636	274
2011 年	1675	295

数据来源：国家广播电影电视总局统计信息

六、广播节目制作、播出情况

全年广播节目制作时间指广播电视节目制作机构一年中自采、自编、自录的及合作制作、加工制作的各类广播节目。

表 6—7 列示了 2004—2009 年我国广播节目制作、播出情况。

表 6—7　2004—2011 年我国广播节目制作、播出情况

	全年广播节目播出时间(万小时)	全年广播节目制作时间(万小时)
2004 年	983	527
2005 年	1030	614
2006 年	1078	619
2007 年	1127	633
2008 年	1163	649
2009 年	1227	672
2010 年	1226	681
2011 年	1306	694

数据来源:国家广播电影电视总局统计信息

七、有线广播电视发展情况

全国有线电视的发展情况可用有线电视用户和有线电视入户率来衡量,如表 6—8 所示。

表 6—8　2004—2011 年我国有线广播电视发展情况

年份	有线电视用户数(万户)	有线电视入户率(万户)
2004 年	11605	33
2005 年	12872	35
2006 年	13995	37
2007 年	15325	40
2008 年	16398	42
2009 年	17523	44
2010 年	18872	46
2011 年	20264	49

数据来源:国家广播电影电视总局统计信息

八、全国广播电视节目各类别制作情况

表 6—9 列示了 2000—2009 年我国广播电视节目各类别制作情况。

表 6—9 2004—2011 年我国广播电视节目各类别制作情况 单位:小时

指标	2004 年	2005 年	2006 年	2007 年	2008 年	2009 年	2010 年	2011 年
广播节目制作时间	5267457	6139227	6192339	6333000	6494000	6717000	6814226	6936960
新闻	858579	1066880	1055077	2229011	2304021	2416269	1216632	1295019
专题	1579675	1822621	1728485	2535912	2602136	2738048	1955180	2016386
综艺	1606519	1937290	1986800	3264664	3381502	3495247	1942828	1905916
广播剧	66053	75456	59225	486855	506123	538451	80181	119477
广告	564207	671071	691610	1032147	1086299	115408	775931	766463
其他	592424	565909	671142	1732775	1794648	1942091	843474	833699
电视节目制作时间	2117158	2553861	2618034	2553300	2641900	2653600	2742949	2950490
新闻	474218	637956	646337	17113301	1813995	1957143	719680	802377
专题	486311	525528	540369	1497371	1576236	1703189	640857	775565
综艺	321318	382350	407442	1260884	1214111	1314713	407849	416289
影视剧	167511	193771	71377	6521340	6629026	6982130	93536	75452
广告	426553	524892	589067	1901734	1986190	2047041	526839	508294
其他	241247	289364	363442	1651927	1733803	1769951	354188	371515

据国家广播电影电视总局统计信息 2011 年统计公报发布，我国现有广播电台 249 座，电视台 275 座，广播电视台 2181 座，教育电视台 44 座。年末广播综合人口覆盖率为 97.06%；电视综合人口覆盖率为 97.82%。全年生产故事影片 558 部，动画影片 24 部，科教影片 76 部，纪录影片 26 部，特种影片 5 部。

2011 年，广播电视广告市场平稳增长，广播电视广告收入达到 1122.90 亿元，比上一年增长了 180 亿，增长率为 19.5%。其中，广播广告收入为 123.32 亿元，比上年增加 23.74 亿元，增长率为 23.8%；电视广告收入达到 934.54 亿元，比上年增加 137.95 亿元，增长率为 17.3%。有线网络收入增长显著，全年达 563.78 亿元，同比增长 76.34 亿元，增长率 15.67%。其中收视费收入达 364.17 亿元，同比增加

41.65亿元，增长率为12.9%。广播电视总收入2717.32亿元，比上一年增长18.05%。广播电视创收收入2371.18亿元，比上一年增长18.39%。

在广播电视公共服务方面，2011年全国广播电视总收入2717.32亿元，有线电视收视费收入364.17亿元，比2010年分别增长18.05%、12.9%；全国广播电视综合人口覆盖率分别为97.06%、97.82%，比2010年增长0.28%、0.20% 。全国有线广播电视用户达到2.03亿户，其中付费数字电视用户1760.59万户，比2008年增长59.32%。全国广播电视系统全年共制作广播节目694万小时、电视节目295万小时，分别比2010年增长1.85%、7.57%；播出公共广播节目1306万小时、公共电视节目1675万小时，分别比2010年增长3.14%、2.43% 。有线电视数字化步伐加快，取得显著成果。有线网络整合加速推进，基本实现"一省一网"。到2011年底，全国已有26个省（区、市）完成或基本完成了有线网络整合。其中，北京、上海、陕西、广西等巧个省（区、市）完成或基本完成到县级的网络整合；河南、内蒙古等7省（区）完成或基本完成到市（地）级的网络整合；湖南、广东等4个省完成或基本完成到除个别市外的市（地）级的网络整合。

第三节　广播电视节目进出口情况统计

一、我国电视节目进出口情况统计

2011年我国各地区广播电视节目进出口情况统计如表6－10所示。

表6－10　2008年我国各地区广播电视节目进出口情况统计

指标名称	合计	欧洲	美国	拉美	日本	韩国	非洲	其他
全年电视节目进口总额（万元）	45,420.67	7,152.38	7,029.34	548.00	3,578.01	7,967.58	—	19,145.36
其中：全年电视剧进口总额（万元）	24,293.23	452.00	145.00	324.00	2,901.00	7,572.18	—	12,899.05
全年动画电视节目进口总额（万元）	878.26	403.00	334.25	—	45.01	—	—	96.00

续表

指标名称	合计	欧洲	美国	拉美	日本	韩国	非洲	其他
全年电视节目进口量(小时)	20,550	6,551	7,463	165	582	2,869	—	2,920
其中:全年进口电视剧(部)	122	3	10	2	18	34	—	55
其中:全年进口电视剧(集)	3,594	54	20	67	407	1,439	—	1,607
全年进口动画电视(部)	13	4	3	—	5	—	—	1
全年进口动画电视(集)	734	233	207	—	254	—	—	40
全年电视节目出口总额(万元)	12,476.06	1,553.02	1,010.64	189.00	1,340.61	209.27	253.00	7,920.52
其中:全年电视剧出口总额(万元)	7,524.95	1,410.49	912.00	105.00	1,272.90	140.35	97.00	3,587.21
全年动画电视出口总额(万元)	2,947.79	64.00	—	—	—	—	80.00	2,803.79
全年电视节目出口量(小时)	10,300	346	1,464	124	846	410	500	6,610
其中:全年出口电视剧(部)	149	11	12	1	19	9	13	84
其中:全年出口电视剧(集)	6,662	239	898	102	801	304	542	3,776
全年出口动画电视(部)	38	3	—	—	—	—	4	31
全年出口动画电视(集)	1,877	124	—	—	—	—	165	1,588

2009 年全国电视节目进出口情况统计如表 6—11 所示。

表 6—11　2009 年全国电视节目进出口情况统计

指标	合计	欧洲	美国	拉美	日本	韩国	非洲	其他
全年电视节目进口总额（万元）	49146	7193	12147	630	1567	7088		20521
＃电视剧（万元）	26887	2266		560	1177	6713		16172
动画电视（万元）	128	34	74		20			
全年电视节目进口量（小时）	21426	8661	8697	144	233	1328		2363
＃电视剧（部）	115	8		1	11	32		63
电视剧（集）	4035	371		120	187	1614		1743
动画电视（部）	5	1	3		1			
动画电视（集）	421	209	160		52			
全年电视节目出口总额（万元）	9173	729	1130	25	443	351	511	5984
＃电视剧（万元）	3584	77	246	25	372	298	161	2404
动画电视（万元）	4456	520	801			7	350	2778
全年电视节目出口量（小时）	10238	278	1372	30	367	525	48	7618
＃电视剧（部）	128	7	18	1	12	10	4	76

续表

指标	合计	欧洲	美国	拉美	日本	韩国	非洲	其他
电视剧（集）	5825	168	805	30	384	475	37	3926
动画电视(部)	55	6	3			1	2	43
动画电视(集)	3191	156	3			50	44	2938

数据来源:国家统计局网站

中国加入世贸组织后在中外贸易过程中依然保持着自20世纪90年代以来的贸易顺差趋势,然而,在这个乐观的成绩背后,我们不能忽视了中外文化贸易中的逆差现象。特别是以影视产品为代表的文化产品,在贸易全球化的背景下一直持续着逆差的趋势。2009年时中国从美国、日本、韩国三国进口的电视节目总额分别为12147万元、1567万元和7088万元,而向美、日、韩三国出口的电视节目总额仅为1130万元、443万元和351万元。

2010年全国电视节目进出口情况统计如下表6—12所示。

表6—12　2010年全国电视节目进出口情况统计

指标	合计	欧洲	美国	拉美	日本	韩国	非洲	其他
全年电视节目进口总额（万元）	43047	4937	13593	13	826	2243	18	21417
♯电视剧	21450	646	551		318	2092		17843
动画电视	247	110	136		1			
全年电视节目进口量（小时）	22197	9363	8526	4	350	1285	3	2666
♯电视剧（部）	156	8	10		3	26		109
电视剧（集）	4482	46	137		34	1499		2766
动画电视（部）	8	2	5		1			

续表

指标	合计	欧洲	美国	拉美	日本	韩国	非洲	其他
动画电视（集）	785	130	555		100			
全年电视节目出口总额（万元）	21010	2277	1143	156	713	940	48	15732
#电视剧	7484	77	690	156	676	407	32	5445
动画电视	11133	2199	369			272	5	8288
全年电视节目出口量（小时）	13762	505	3032	69	192	668	113	9183
#电视剧（部）	288	8	89	2	4	13	2	170
电视剧（集）	12362	338	2838	82	134	521	81	8368
动画电视（部）	84	25	8			3	1	47
动画电视（集）	4930	431	502			130	26	3841

数据来源：国家统计局网站

2010年我国对其他国家和地区广播电视节目进出口情况，从下表中可以看出：2010年我国全年电视节目进口总额43047万元、进口数量22197小时，出口总额21010万元、出口数量13762小时，进口远远大于出口；进口来源地区主要是韩国、欧洲、美国和日本，出口地区主要是欧洲、美国、韩国和日本；从进口类别来看，我国主要从韩国引进大量电视剧，而动画电视主要从欧洲、美国和日本引进，从出口类别来看，我国主要向港澳台和东南亚国家出口电视剧，但是动画电视的出口非常少，对日本和拉美地区都没有出口。

案例：　　如何改变我国电视剧“净进口”局面

2012年我国电视剧制作机构所制作出来的电视剧节目已经接近2万个小时

的播出量，但是国内电视频道黄金时间只能容纳 8000 小时。由此造成了许多制作出来的电视节目找不到播出平台的现状。面对行业内越发激烈的竞争压力，以及海外市场对于国产电视剧认可程度的提高，许多电视剧制作机构都会纷纷开始选择将电视剧投放至海外市场。但是，多年来我国的电视剧市场始终面临着进口远大于出口的局面，就目前国产电视剧走向海外市场的现状而言，仍面临着输出风险高、渠道不畅、运营模式单一的问题。

海外市场有待拓展

与韩剧、日剧、美剧等进口电视剧在国内的电视荧幕上大行其道形成鲜明对比的是，国产电视剧能够称得上成功走出去的凤毛麟角。据了解，中国电视剧的海外销售额仅占总额的 5%左右，且销售面很小，销售价格也不高，并且在走出去的市场格局还存在盲区。据了解，国产电视剧的主要对外输出地是我国港澳台地区和东南亚，约占总量的 2/3，这两个区域庞大的华人群体构成了我国电视剧的主要海外受众群，而欧美等主流市场则几乎成为国产电视剧的“禁区”。

风险问题亟待解决

事实上，国产电视剧走出去难也有着自己的苦衷。较大金额的资本投入、完全陌生的海外市场需求、后续的制作费用的投入都是成为我国电视剧走向世界的潜在风险。而且，由于国内外文化存在差异，国产电视剧从题材上来讲，能够被海外观众所接受的类型仍有很大的局限性。例如针对欧美市场来说，武打题材的电视剧就比较容易受到欢迎，而现代题材的电视剧也才刚刚被亚洲市场所接受。纵然在电视剧发行方面有太多的困难需要突破，在市场上成功走出去并且名利双收的案例也并不是完全没有。2011 年，大型史诗剧《三国》出口到 30 多个国家，海外发行营业额达近亿元。电视剧《媳妇的美好时代》在坦桑尼亚热播，使得这部剧的海外发行之路颇受关注。

案例分析：

中国电视剧的海外之路

抓住需求，注重营销

国内电视剧制作方要寻找和中国文化差异不太大的市场做重点营销投入。目前，包括东南亚地区等在内的新兴市场都是中国电视剧的主要买家，有针对性地按照对方的需求安排营销活动是很有必要的。非洲是除了发达国家之外最大的电视剧新兴市场之一，但这些国家的电视剧自制能力较弱，有从中国等电视剧生产大国购买电视剧产品的迫切需求。

借助外力促推广

为了能让电视剧更加精准地打入海外，并被市场所接受，合拍电视剧或将成为国产电视剧"走出去"的最新途径。与海外影视公司的合作，也是国内公司把国产电视剧推向海外市场的一种新的尝试，其关键是在于首先要找到一个双方都认可的合适题材。文化和意识形态的差异、国际视野的缺乏，是我们的弱点，所以我们要在这几个方面去调整提升。

前置广告降风险

国外电视台在购买国产电视剧之前要考虑该剧的广告收益，基本预先确定广告客户愿意往该电视剧中投放广告才能够放心地购。因此，我们可以提前为国外的电视台等播出机构寻找好愿意往电视剧中投放广告的国内外企业，然后带着他们的合作协议与电视剧一同去和国外电视台谈判，为他们前置广告收益，提高收购国产电视剧的信心，并且在一定程度上提高电视剧的版权价格，进一步打开国外市场对于国内电视剧存在的进口壁垒。

二、我国电视节目进出口概况

2006 年—2009 年我国电视节目进出口情况统计如表 6—13 所示。

表 6—13　2006—2011 年我国电视节目进出口情况

	全年电视节目进出口量 小时	全年电视节目进出口总额 万元
2006 年	43965	50654
2007 年	30234	44328
2008 年	30850	57897
2009 年	31664	58319
2010 年	35959	64057
2011 年	47447	76761

数据来源：国家统计局网站

2006 年我国各地区广播电视节目进出口情况如表 6—14 所示。

表 6—14 2006 年我国主要地区广播电视节目进出口情况表(一)

指标	国家广电总局直属	北京	河北	吉林	上海	江苏	浙江
电视节目进口总额(万元)	16187.81	389.30	24.52	415.96	968.80	996.00	
＃电视剧	3806.00	150.00		415.96	968.80	470.00	
动画电视	330.00	106.92					
电视节目进口量(小时)		331	99	1790	55	2622	
进口电视剧(部)	85	1		33	3	11	
进口电视剧(集)	732	48		2385	67	320	
进口动画电视(部)	5	2					
进口动画电视(集)	124	103					
电视节目出口总额(万元)	6735.61	4727.30			402.34	10.30	150.00
＃电视剧	6472.81	4399.30			22.45	10.30	
动画电视	260.00				4.06		150.00
电视节目出口量(小时)	5267	955			872	34	19
出口电视剧(部)	80	21			2	2	
出口电视剧(集)	2445	971			60	44	
出口动画电视(部)	7				1		1
出口动画电视(集)	227				150		52

表 6—15 2006 年全国各地区广播电视节目进出口情况表(二)

指标	湖北	湖南	广东	广 西	四川	安徽	山东
电视节目进口总额(万元)		8000.00	2224.04	89.00	322.00	4060.95	35.84
＃电视剧		8000.00	311.00		297.00	4058.40	35.84
动画电视			338.50		25.00	2.55	
电视节目进口量(小时)		450	12754	5200	465	453	27
进口电视剧(部)		12	10		16	23	2
进口电视剧(集)		600	349		384	575	36
进口动画电视(部)			5		6	1	

续表

指标	湖北	湖南	广东	广 西	四川	安徽	山东
进口动画电视(集)			287		304	51	
电视节目出口总额(万元)	4454.00	274.00	186.24				
#电视剧			180.00				
动画电视	4454.00	274.00	6.24				
电视节目出口量(小时)	52	681	171				
出口电视剧(部)			6				
出口电视剧(集)			165				
出口动画电视(部)	7	10	1				
出口动画电视(集)	108	3088	26				

3. 全国各地区广播电视对外宣传情况

表 6－16　全国各地区广播电视对外宣传情况

2006 年全国各地区广播电视对外宣传情况														
地区	对外广播 International Radio Programs							对外电视 International TV Programs						
	对外广播节目播出套数 (套)	对外广播节目播出时间 (时 : 分)			#自制节目 Broadcasting			对外电视节目播出套数 (套)	对外电视节目播出时间 (时 : 分)			#自制节目 Broadcasting		
全国合计	55	388070	:		385321	:		29	190312	:	11	75507	:	
国家广电总局	43	359525	:		359525	:		8	70080	:		21474	:	4
北京			:			:		1	8760	:		8760	:	
山西			:			:		4	18615	:		6635	:	
内蒙古	1	3754	:		3754	:		1	6630	:	30	6630	:	30

续表

2006 年全国各地区广播电视对外宣传情况

地区	对外广播 International Radio Programs			对外电视 International TV Programs		
	对外广播节目播出套数	对外广播节目播出时间	＃自制节目	对外电视节目播出套数	对外电视节目播出时间	＃自制节目
	（套）	（时：分）	Broadcasting	（套）	（时：分）	Broadcasting
黑龙江		:	:	1	8500 :	4315 :
江　苏	1	1460 :	1460 :	1	7627 : 50	1803 : 16
浙　江		:	:	1	3216 :	528 :
安　徽	1	104 :	104 :	1	121 : 48	121 : 48
福　建	3	17702 : 30	14957 : 30	2	16861 :	7887 : 42
山　东		:	:	1	8772 : 30	1472 : 30
河　南		:	:	1	112 : 40	112 : 40
广　东	1	130 :	130 :	3	17098 :	9317 :
广　西	1	3012 :	3008 :	1	7848 :	3620 : 10
云　南	2	1834 : 30	1834 : 30	1	8760 :	1460 :
西　藏		:	:	1	6852 : 38	913 : 5
新　疆	2	548 :	548 :	1	456 : 15	456 : 15
计划单列市	1	6752 : 30	5110 :	1	8101 :	6302 : 20
厦　门	1	6752 : 30	5110 :	1	8101 :	6302 : 20

第四节　国际广播电视节目交易市场统计

1. 世界电视业基本格局

通过《国际电视商务》评出的 1999 年“世界电视 100 强”(以下简称“100 强”我们可以大约看出世界电视业的基本格局。从“100 强”的分布来看，美国、日本、德国、英国、法国、意大利、澳大利亚、加拿大、西班牙和巴西稳居世界十大电视强国的位置。这十大电视产业强国,除澳大利亚外,基本上都是连续多年的世界"经济十强"。而且,相对于世界经济、政治和科学、文化发展的不平衡,电视产业的发展更加倾斜。在1999年"100强"中,上述十大强国的电视机构占了79个,总收入1180亿美元,约占"100强"总收入的85%;其中,美国的电视机构在"100强"中占据了31个位置,包括收入最高的前5名,占据世界电视产业的半壁江山(52%多)。而地广人多的亚、非、拉地区(包括大洋洲),总共只有21个电视机构入选,总收入约为200亿美元。若是减去亚太地区中属于西方阵营的日本、澳大利亚和新西兰的电视机构及其收入,1999年"世界电视100强"中真正属于发展中国家的电视机构只有区区7家,总收入38.65亿美元,只占"100强"总收入的2.8%。

二、国际电视节目交易市场统计

全球有三种类型的国际电视节目交易会:第一种是全球性的电视节目交易会,包括所有类型的节目和来自世界各地的参加者;第二种是地区性的博览会,主要是来自本地区的发行商向国际买主推介他们的产品;第三种是某一特定类型的节目交易会,参展节目集中在某一特定节目类型上,如纪录片。另外,有些国际性的电影节上也进行电影的电视节目改编权的交易。全球性的电视节目交易会中规模较大的有以下三个,如图6—3所示。

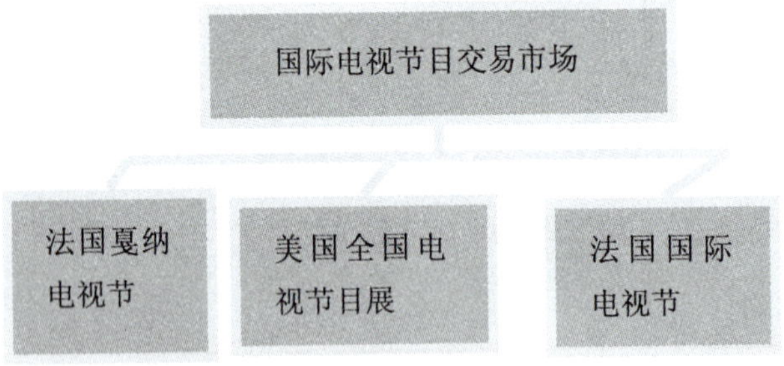

图6—3 国际电视节目主要交易市场

(一)法国戛纳电视节(MIP—TV)

法国戛纳电视节每年春天举行,是全球最主要的电视节目市场,创立于1963年。在过去的十几年中,每年都有来自100多个国家和地区的电视节目公司和电视台参加法国戛纳电视节,参加交易的公司数量增加了大约20%,反映出国际电视节目贸易的增长和法国戛纳电视节在国际电视节目贸易中的重要地位。(见图6—4)

图 6—4　第 46 届法国戛纳电影节开幕现场

图片来源：www.baidu.com

(二)美国全国电视节目展(NATPE)

美国全国电视节目展创立于 1963 年，当初仅仅是作为美国国内的业内同行之间的节目交易所，然而近年来，前来参加这一交易会的国际代表团越来越多。1996 年之后，虽然美国国内的媒介集团大举进行产权合并，电视台的数量锐减，国际电视节目的生意却越来越红火。2002 年美国全国电视节目展的发展充分说明电视节目的国际贸易已经成为国际媒介集团独立的、具有巨大利润空间的重要领域。

美国全国电视节目展的主办单位是全美的电视节目经理协会，随着国际媒介集团和美国国内电视网络之间的分向发展趋势越来越明显，美国全国电视节目展分成两个主题会议，一个重在国内市场，一个重在国际市场，各自有所侧重。美国全国电视节目展的国际部分具有两个独特的功能：首先，它为美国之外的发行商向美国国内的有线电视网销售节目提供了便利，美国国内的有线电视网对国际来源的节目越来越倚重；其次，它可以使来自北美洲各地的发行商在博览会上找到最富有的买主，因为到美国参加这个交易会费用昂贵，参加者都有一定经济实力；美国全国电视节目市场的这两个特点使它与法国戛纳电视节和法国国际电视节区分开来，成为全球最大的发行商聚会的胜地。

(三)法国国际电视节(MIPCOM)

法国国际电视节创办于 1985 年，每年秋天在法国戛纳举行。从 1992——2000 年，法国国际电视节的参加者增长了 50%。法国国际电视节参加人数的急剧增长与近年来国际电视节目贸易的迅速增长是一致的，说明国际电视节目贸易与节目博览会之间的鱼水关系。另外，法国国际电视节的创立再次说明西方电视节目和西方的电视机构支配了国际电视节目贸易。虽然好莱坞八大公司的买卖主主要在每年5月份举行的地区性的洛杉矶展映会上进行，那里有他们最主要的客户，签订了大单合同，但毕竟他们的节目不会在5月份洛杉矶一次交易会上全部售出，剩下的节目仍需须找出口。法国国际电视节就为他们提供了这样一个场合。

第五节　中国广播电视节目交易市场统计

20世纪80年代中期，中国还没有一个国际性的电视文化交流活动。1983年出现了内地第一个初具市场属性的内地省级电视节目交易网。1988年上海电视节，推出了内地首个国际电视节目交易市场，而节目交易市场上按质论价、现金交易方式的出现使电视节目交易真正开始市场化。20世纪80年代末90年代初，北京国际广播电视周、四川电视节在创办之后相继将电视节目交易纳入电视节活动的主要内容，形成了每年相对固定的电视节目交易市场。2003年，由国家广播电影电视总局和中国广播电影电视集团共同举办了中国国际广播影视博览会，自此，上海电视节、北京国际电视周、四川电视节、中国国际广播影视博览会成为中国四大主要电视节目交易市场，基本上反映了我国电视节目交易的现有格局。如图6—5所示。

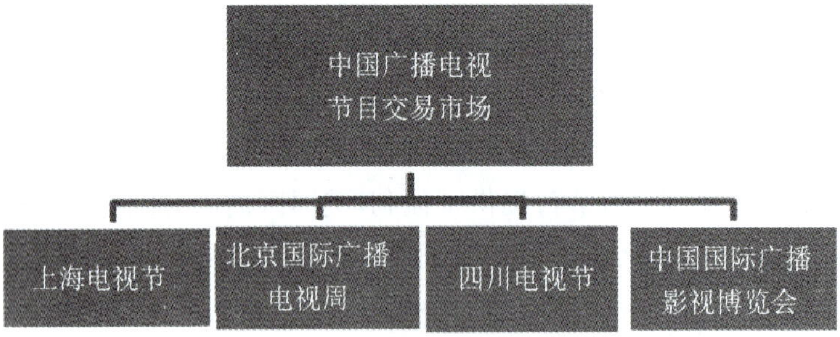

图6—5　中国广播电视节目交易市场

一、上海电视节

上海电视节始于1986年。1988年，第二届上海电视节设置了中国第一个国际电视节目交易市场，从此以后，在每届上海电视节上，签署的电视节目合同数逐年增加，交易额不断扩大，上海电视节一直是中国电视节目出口的主要渠道。

图 6—6 第 18 届上海电视节

图片来源：www. baidu. com

表 6—17 1992 至 2007 年电视节电视节目交易合同数

年份	签署电视节目合同数(部)	备注
1992	100	—
1994	250	—
2002	393	成交额超过 5 亿
2005	948	成交额超过 9 亿，外汇交易占 44%
2006	1149	—
2007	1038	—

2. 北京国际广播电视周

北京国际广播电视周始于 1989 年，是一年一度的大型国际电视交流活动。电视节目展示于交易活动是电视周的重头戏，吸引了国内外众多企业、机构竞相参加，创造出良好的经济效益。今年来更是受国际传媒重视，国际知名度大大提高。表 6—17 为近几届国际广播周的的贸易交易信息。

表 6—17 国际广播周节目交易情况

年份	交易总额(亿元)	参展节目数目(万部)	节目交易总长(小时)
2000	2.1	2	6000
2002	1.65	1.3	11300
2004	8	—	—

三、四川电视节

四川电视节源于 1990 年，是由国家广播电影电视总局和四川省政府主办的。自 1991 年第一节四川电视机举办以来。逐渐形成了电视节的节目交易和设备交易两大市场，并且形成了规模。四川电视节的影视交易市场是中国内地唯一的集会型电视节目交易市场。

四、中国国际广播影视博览会

中国国际广播影视博览会于 2003 年首次举办，内容包括中国国际影视节目展，技术设备展，高层论坛，国家级广播电视颁奖活动等。表 6—18 显示了 2003—2006 年中国国际广播影视博览会参展节目的交易情况。

表 6—18 中国国际广播影视博览会参展节目交易情况

年份	参展商数(个)	参展节目数(部)	交易额(亿元)	国际参展商比例(%)
2003	600	705	5.3	—
2004	442	816	6.56	20
2005	600	1274	7.67	30
2006	721	2236	9.36	20

第六节 广播电视统计报表制度

一、广播电视基层报表统计

表 6—19 列示了广播电视基层报表目录及填报范围。

表 6—19 广播电视基层报表

广播电视基层报表目录及填报范围		
报表名称	表号	填报范围
广播播出情况统计年报	广基 1 表	广播电视播出机构
电视播出情况统计年报	广基 2 表	广播电视播出机构
对外广播电视宣传情况统计年报	广基 3 表	广播、电视播出机构
广播电视节目制作交易情况统计年报	广基 4 表	系统内、外从事广播电视播出、制作、交易机构
广播电视传输情况统计年报	广基 5 表	广播电视发射、转播、传输机构(不含广播实验机构)
广播电视覆盖情况统计年报	广基 6 表	各级广播电视主管部门
广播电视从业人员情况统计年报	广基 7 表	系统内所有机构、系统外从事广播电视活动的机构
广播电视行政事业单位财务情况统计年报	广基 8 表	系统内所有行政事业单位、系统外从事广播电视活动的事业单位
广播电视企业单位财务情况统计年报	广基 9 表	系统内所有企业单位、系统外从事广播电视活动的企业单位
广播电视固定资产投资情况统计年报	广基 10 表	系统内所有机构、系统外从事广播电视活动的机构
广播电视统计月报	广基 11 表	系统内所有机构、系统外从事广播电视活动的机构
广播电视统计快报	广基 12 表	系统内所有机构、系统外从事广播电视活动的机构
广播电视统计半年报	广基 13 表	系统内所有机构、系统外从事广播电视活动的机构

3. 部门统计报表制度

广播电台和电视台统计表分别如表6—20和表6—21所示。

表6—20 广播电台统计表

广播电台情况				
			表号：F2 —16表	
			制表机关：北京市统计局	
			文　号：京统发[2005]88号	
填报单位名称(盖章)：	2005年		有效期至：2006年6月底止	
项　　目	计量单位	代码	本年实际	
			中　央	地　方
甲	乙	丙	1	2
电　台	座	01		
公共节目套数	套	02		
全年公共节目播出时间	**时:分**	**03**		
新闻资讯类节目	时:分	04		
专题服务类节目	时:分	05		
综艺类节目	时:分	06		
广播剧类节目	时:分	07		
广告类节目	时:分	08		
其他类节目	时:分	09		
单位负责人：统计负责人： 填表人：电话：报出日期:年 月 日				
注:广播电台数不包括区县电台。				

表 6—21 电视台统计表

电视台情况				
				表号：F 2 —15 表
				制表机关:北 京 市 统 计 局
				文号:京统发[2005]88 号
填报单位名称(盖章):	2005 年			有效期至:2006 年 6 月 底止
项　目	计量单位	代码	本年实际	
			中央	地　方
甲	乙	丙	1	2
电视台	座	01		
公共节目套数	套	02		
全年公共节目播出时间	**时:分**	**03**		
新闻资讯类节目	时:分	04		
专题服务类节目	时:分	05		
综艺益智类节目	时:分	06		
影视剧类节目	时:分	07		
广告类节目	时:分	08		
其他类节目	时:分	09		
补充资料:有线电视入户率____%				
单位负责人：　统计负责人：　填表人：　电话：　报出日期:年　月　日				

案例　　　　华语国际广播电影电视节目交易会

2012 年 12 月 7 日，在广州琶洲中洲中心正式揭开了华语国际广播电影电视节目交易会的序幕。该交易会是由国家广电总局批准，由广东省人民政府新闻办公室和广东省广播电影电视局共同主办，广东南方广播影视传媒集团、广东珠江电影集团有限公司、广东省对外文化交流协会、广东省广播电影电视协会等公司协办，广州益武国际展览有限公司和广州益武文化传播有限公司承办的。国家广电总局首次批准的华南地区华语广播影视产品交易会，有重要意义，得到了多方的支持与响应，如中央电视台电视剧管理中心、中央电视台电视剧频道、南方广播影视传媒集团、广东电视台海外中心、珠江电影集团、辽宁电视台、广东佛山电视台、广东中山电视台、香港亚洲电视、香港卫视、香港健康卫视等等多家机构参展。

中央电视台对本次大会非常重视，将知名栏目《影视同期声》节目直播间设在展会现场，并专门组建几十人的报道队伍对交易会进行全方位、多视角、立体式的宣传报道。中央电视台的此次重磅出击，将围绕行业内的热点话题展开深入报道，邀请各方重要领导、主办方、专家、影视节目制作公司代表、参展公司代表、剧组、明星艺人以及主流媒体共聚演播室，深度探讨“让华语影视走出去”。

作为中国电视剧最大的采购商——中央电视台电视剧管理中心此次莅临大会，为各参展影视制作机构提供了绝好商机。香港亚洲电视此次参展阵容强大，高级管理层亲自带队过百人，包括当届亚洲小姐、亚洲先生、星光家族以及亚洲会重要成员等现身大会，举办启动礼与剪彩仪式，打响香港亚洲电视参加此次盛会的头炮。不仅如此，开展期间，亚洲电视台还将每日轮番推出旗下艺人的精彩表演，造势强劲。本地最负盛名的珠江电影集团也将携《七十二家房客》剧组成员作客大会，畅谈创作详情。广东南方领航影视公司借本次盛会，推出最新鲜出炉的国内首部“抗日悬疑剧”《出关》，引各界关注。广东电视台海外中心国际频道在展会期间，将分别每日重点推出其精心制作、极具文化内涵与历史价值的《六祖惠能》、《畅行天下》、《龙腾四海》、《元帅诗人叶剑英》、《一拍即合》、《珠江纪事》等纪录片、文献片。

分析：本届交易会由广东省委宣传部统一部署举办，旨在充分发挥广州毗邻港澳、南接东盟、市场化程度高和改革开放先行先试的优势，充分调动广州国际会展业上下游产业的对接优势，在已有实体产品“广交会”的基础上，以本届交易会为标志，打造一个以影视节目交易“走出去”为主要内容的“影视节目广交会”。交易会的参展作品不仅以国内市场为目标，已纷纷瞄准地域更大的全球华语市场，为此，大会组织了一批颇具实力的海外采购团体参观采购，打响“中国制造”的品牌。华语国际广播电影电视节目交易会以其国际性范围和华南地区唯一国家级影视展会的定位，对繁荣华语影视及网络视频传播等相关产业的发展将形成巨大的影响力，更进一步推动市场交易，打造影视节目广交会名片，为国内外影视节目交流创造贸易平台。

第七章 艺术品贸易统计

第一节 艺术品贸易简介

一、艺术品定义

艺术品(artwork),一般指造型艺术的作品。一般的艺术品可视为含有两个成分:一是作品上的线、形、色、光、音、调的配合,寻常称为‘形式的成分’或‘直接的成分’;一是题材…寻常称为‘表现的成分’或‘联想的成分’。”

(一)艺术性

美国经济学家哥德哈伯指出:“如果你用美元数量测量一个艺术家的生产力,你会发现,最引人注意的艺术家最赚钱。”他认为,艺术的目的就是吸引注意力。成功地吸引注意力是艺术存在的全部意义。这就是说,从某种意义上讲,影响艺术品价格的决定性因素,实际上并不仅仅是艺术品本身所具有的艺术价值以及艺术品的存世数量,而是艺术品所能吸引的注意力。

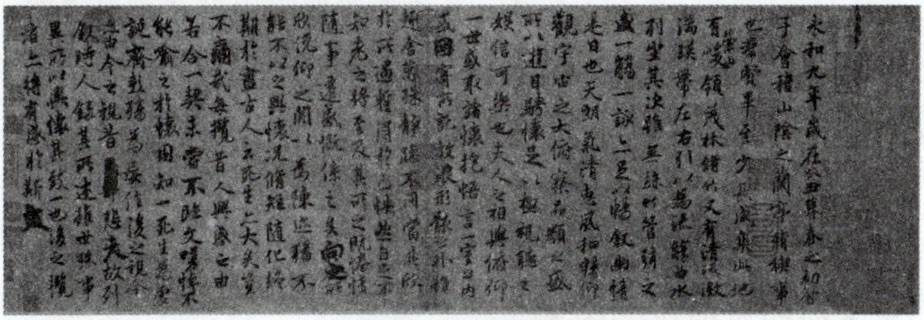

图 7—1 兰亭集序

图片来源:http://image. baidu. com

艺术品的艺术价值对艺术品价格的影响,并没有人们通常想象中的那样大。正如万达集团郭庆祥所说,“有些画家很有名,画价卖得很高,但不一定有艺术价值。”一个典型的例子是某些省级书法家协会和美术家协会的负责人,尽管其艺术水平被公认为“非常一般”,但他们的书画作品的市场价格仍然高得“有理有据”。

图 7—2 齐白石作品《墨虾》

图片来源：http://image.baidu.com

哥德哈伯对艺术品的理解确实是入木三分。他指出，“艺术主要是诉诸情感的，一旦注意力被吸引，理智就会不知不觉退隐到背后。”齐白石作品价格就是随注意力的改变而改变的一个典型案例。上世纪 20 年代，齐白石初到北京的时候，由于他的艺术风格与当时的主流审美情趣和艺术理想相去甚远，因此，“生涯落寞，画事艰难”。不过，当陈师曾携带齐白石的书画作品参加 1922 年在日本举办的中国画展，并且将这些书画作品全部售出之后，齐白石在日本一举成名，他的书画作品在国内的价格也随之上涨了几十倍之多。对此，齐白石感慨道，“曾点胭脂作杏花，百金尺纸众争夸。平生羞杀传名姓，海外都知老画家。”

尽管人们一般并不使用“注意力”这个词来分析影响艺术品价格的因素。但是，他们实际上无不深知艺术家的知名度，艺术品所涉及的题材之类的因素对艺术品价格的决定性影响。艺术品所能吸引的注意力在很大程度上是影响艺术品价格的决定性因素。一个典型的例子是，在 1997 年的中国嘉德拍卖会上，齐白石惟一的一幅以“苍蝇”为题材的书画作品，虽然尺寸仅为 9.7×7cm，但由于其题材特殊而成为全场的焦点，最终拍出 19.8 万元的高价，被媒体称为“最昂贵的一只苍蝇”。

二、艺术品的价值影响因素

艺术品作为一种特殊商品，它具备商品的基本属性——使用价值和价值。作为商品的艺术品不同于一般的商品，它的使用价值不是表现为某种物质的工具性，而是体现在精神和文化上——藉以满足人们的某种审美需要和精神需要。因此，人的主观因素对艺术品的使用价值形成将起到决定性作用。艺术品的价值仍是凝聚在其中的无差别的人类劳动，艺术品价格作为其价值的市场货币表现，反映了相互间的交换比率和市场对艺术品价值的商业认同，并主要由艺术家自身劳动所创造的价值和艺术品市场供求矛盾关系所决定。但由于艺术品创作具有自主性、个体性、创造性和不可重复性等属性，使它与一般商品的批量生产等特点不尽相同，表现在创作过程和创作时间上，艺术品的价值形成也具有事先不可确定性，因此艺术品又可称谓自由的精神生产，不可能完全等同于一般商品。

由于艺术品的创造不同于一般的商品生产，它的价格就与社会必要劳动条件、劳动强度和劳动效率在逻辑上并无必然的因果关系。例如，凝聚在原始人创造的艺术品上的时间单位绝对比不上如今人们修建一座高楼大厦所用的时间，但这并不意味着一件原始艺术品的价格就一定低于一座高楼大厦的价格。在看到艺术品的价值与价格存在着极大的不一致以后，著名的匈牙利美术家阿诺德·豪泽尔曾说过这么一句话："由于艺术价值难以与市场价格相比较，一幅画的价格很难说明它的价值。艺术品价格的确定更多地取决于各种市场因素，而不是作品本身的质量。"作为艺术品价值的货币表现，艺术品的价格能在一定程度上表现出艺术品作为商品的相对价值。但艺术品的价值与价格之间的关系在很多情况下是非常复杂和不稳定的。仅仅根据艺术品的价格来判断艺术品价值的高低是荒谬的。决定艺术品价格的因素除了价值外，还有许多其它非价值的因素值得考虑。

图 7—3　翠玉白菜

图片来源：http://image. baidu. com

（一）从艺术品本身因素来讲

作者的知名度。艺术品的市场价格，与该作品作者的知名度密切相关。作者的名声越响亮，其作品的市场价格相对就高。有时候一幅相当优秀的画作，因为画家的名气所限，价格总是上不去。而一张普普通通的画，只因是出自名家之手，价格却惊人的高。

作品质量。一幅艺术作品的价值与市场价格有一定的联系，如果说作者的知名度是其作品的市场价格的重要因素，那么作品的质量则是市场价格的决定条件。买家所想要的都是精品，而不是普通的应酬之作。作品的精与劣影响着作品的价格。

图 7—4　徐悲鸿作品《奔马》

图片来源：http://image. baidu. com

作品时间的久远和存世量。艺术品能流传并保存下来并非易事，因此一般情况下，距今历史越久远的东西，就越具有收藏保存价值，同样也越具有经济价值，故年代愈久，价格愈高。同时，“物以稀为贵”，作品的存世量愈少，相对而言其价格便愈高。按照供求规律，供不应求的作品，价格扶摇直上。这就是为什么画家去世后，价格往往会上升的原因。

题材与风格和尺寸大小。如中国画分山水、花鸟、人物三科，中国书法有真、草、隶、篆、行五体。艺术品的尺寸对价格也有影响，通常幅式越大价格也越高，因为大幅式的书画都是给特定对象的，一般创作数量不会太多。当然有时一些比较小型的珍品，如手卷类，也会出现极高的价格。尺幅的形式、大小对于作品的卖点有一定的决定作用。

(二)从艺术品外部因素来讲

艺术品价格还受到一定时代的历史背景、文化传承、艺术交流、审美心理、价值取向、经济状况、国家有关政策以及市场需求、媒介“炒作”程度等因素的制约。

审美情趣的差异。审美情趣既有客观的社会标准,又具丰富的个性差异。艺术家的作品是一种个人的自由精神的产物,艺术家自身认为好的并非就能得到公众的认可或在一段时间内未能得到公众的认可。比如,凡高的画在生前得不到社会的理解,在其有生之年仅象征性地卖出一幅作品,而他死后,画价暴涨。

艺术商业中介的作用。画廊、博物馆、经纪人、拍卖会、新闻工作媒体等作为艺术商业活动的中介,他们通过新闻炒作以提高作者的知名度或以其他方式渲染艺术品买卖气氛,对艺术品的价格起着非常重要的作用。合理的商业操作有助于促进艺术家的商业成功。

人为的拉抬。健在画家的作品价格最不稳定的,其中最重要的原因就是人为的炒作。现代社会的宽松环境和开放心态,使许多人在利益的驱使力下,不择手段地包装、炒作作品,这在拍卖行中并不鲜见。

买家与卖家的主观因素。艺术品的价格还与购买者的鉴赏水平、经济实力,以及当时的社会艺术环境等有一定的关系。一方面,拍卖行对拍卖活动的准备、展览、宣传、服务以及拍卖会现场组织能力、水平及工作质量,会对买家的欲望产生一定的影响。另一方面,个人的经济能力、偏爱和随机应变能力,对拍卖价格会起到重要作用。投资者、收藏者在拍卖中恶意较劲、斗气、争虚荣、不冷静等,也会影响到拍卖的价格走向。

(三)从空间和时间意义角度上讲

一种门类的艺术品影响力常常总是首先由某个境域开始,然后才逐渐地向外辐射传播的,它的市场交易价格也将与其所产生的艺术影响力、价值认同感大小成正比例。如中国传统瓷器与字画是同生孪生兄弟,但就因瓷器的影响力以及世人的认同感相对较强,它在国际艺术品市场的遭遇要远好于传统字画了!另外,艺术品交易价格在短时间内具有相对垄断性,主要是由其原始创作具有不可重复性而表现出的稀缺性所致。但应该看到,有的艺术品问世之初交易价格较高,经过某段时间后却一落千丈。而有些情况却截然相反。

总之,艺术品本身的价值只是影响其价格的因素之一,艺术品价格还受各种非价值因素影响。因此艺术品交易价格从长期来讲依然仍呈动态起伏状态,其交易通俗地可归结为买家“想不想买、想出多少钱买”以及卖家愿以什么价钱出手,“随行就币"便成了艺术品交易的最显著特征之一，其价格就是买卖双方在市场机制下协调统一的结果。

图 7—5 梵高作品《星夜》

图片来源：http://image. baidu. com

三、创作产生环节的法律规制

艺术品市场的管理是综合的管理体系，涉及法律、道德、管理、服务、信息等多方面的统筹规划，是一个复杂的系统工程。艺术品市场的净化需要从艺术品产生到交易以及再交易等多环节、多主体的规范和自律。当社会的道德水准不断下降而影响到社会的正常发展时，法律就必须规定出道德的底线，否则道德滑坡和市场混乱就不可避免。法律规制是必要的。综观强烈呼吁书画艺术品打假的文章，作者焦急的心情可以理解，但如同必须杜绝艺术品市场的浮躁一样，我们对艺术品市场的规范也不能失之冷静。渴望国家和政府短时间制定出严刑峻法，执法部门立即变为刚正不阿的执法者的想法是不切实际的。一些艺术界学者及部分艺术主管部门的官员认为，我国目前在艺术品打假方面的法律还是空白。但综观《民法通则》、《合同法》、《著作权法》、《拍卖法》以及《美术品经营管理办法》等规定，笔者认为，中国对艺术品特别是美术作品的法律保护并非空白。但目前艺术品市场的确缺少有效的监督和管理，政府和主管部门缺乏可操作性的行为规范。《著作权法》规定作者享有 17 项具体的权利。这些权利是对作者创作性劳动的肯定，是打击造假售假的法理基础，也是规范艺术品市场的法律依据。艺术原创的过程就是一个真实的艺术品诞生的过程，它所涉及的是艺术创作者著作权法律关系，是《著作权法》要保护的法律关系。但现实生活中作品的产生还涉及非常态的临摹作品的权利认定以及对造假售假的态度问题。

图 7—6 张大千作品《爱痕湖》

图片来源：http://image.baidu.com

1.原创作品的权利登记制度。原创作品的作者权包括发表权、修改权和获得报酬权等 17 项具体的权利，它是一种绝对权，它不受任何其他权利的制约，是独立存在的。但著作权的产生不依赖于任何程序，作品只要创作完成，作者就享有了著作权。如何保障作者的原创权利呢？有学者认为需要引入登记制和交易强制登记制。登记制对原创作品的保护能起到较好的作用。各国也对作品登记制有不同程度的重视。从法律的角度讲，办理了登记的作品，并不必然妨碍同类题材的其他具有独创性的作品的创作与传播。作品登记主要是为了方便作品的著作权人与作品的使用、传播者，在作品发生权利转移或权利受到侵害时，充当一种类似于产权归属证明的证据。因此，鼓励登记一定要坚持自愿原则，强制登记制或任何扩大作品强制登记范围的做法都是不可取的。

2.建立临摹作品的许可披露制度。临摹是法律许可的对作品合理使用的范畴。根据临摹作品的来源可分为古代作品临摹和现代作品临摹。根据临摹作品使用方式又分私人使用和交易使用两种。临摹既是一种学习方法，同时也是新作品产生的一种方式，特别是对年代久远的作品。临摹作品因具有一定艺术欣赏价值，所以法律应保护其合法的流通渠道。但认可临摹作品的合法性并不等于放任临摹作品的管理。执法部门一定要坚决杜绝以临摹品假冒真品，或者假冒他人的名义标注临摹品的行为。建立以交易为目的的临摹品许可披露制度，在标明其为临摹品后才可以进入市场交易，对违反者要处以重罚。参照国外做法制定临摹品上市交易规则。比如国外的博物馆允许复制名画，他们严格把握其尺寸必须小于原作，以免与原作混淆，同时也要标明是临摹和仿制。

3. 严厉打击造假窝点，从源头上遏制假冒艺术品的产生。目前，造假正朝着集团化和产销一体化发展，极少数地区的乡镇已经发展到家家户户造假的地步。造假集团从造假的原料（如纸张、笔墨）到设备、人才一应俱全，形成了规模化的一条龙服务。造假产品自由流通交易，很多地方造假产品竟然成为当地的龙头产业。这种现象与当地政府的地方保护主义思想和短期的政绩观直接相关，与立法的缺失和执法的松懈相关。严格行政执法，对地方政府的行政不作为行为予以追究，是遏制假冒伪劣艺术品规模化生产的可行之路。

四、流通规律

艺术商品流通是连接艺术生产与艺术消费的纽带和桥梁，是艺术产业发展的先导。深入研究和科学阐释艺术商品流通的特点和规律，对按照艺术商品流通规律的客观要求，规范、发展和完善艺术市场，扩大艺术商品流通和艺术交流，对推动艺术产业结构调整，增强艺术产业的整体实力和竞争力，具有重要的理论意义和实际应用价值。一. 艺术商品流通与社会精神文化环境相协调规律

艺术商品流通，是以艺术商品（服务）为流通客体、以货币为中介的艺术商品交换为核心内容、以艺术市场为载体的艺术经济运动过程。

流通的艺术使用价值要与社会精神文化环境的要求相适应。艺术使用价值的意识形态属性要求与社会精神文化环境相协调。要求艺术流通牢牢把握先进文化的前进方向。既要突出时代的主旋律，又要十分注意不同艺术门类、品种、风格、流派的表现内容、表现形式、表现方法的多样化。同时，要求引导艺术消费者培养和树立文明、健康、积极向上的审美观念和高尚优雅的审美情趣，提高艺术修养和欣赏格调，始终把社会效益放在首位。

2. 艺术商品流通的布局、结构、规模、发展速度要与社会精神文化环境的发展要求相同步。在艺术市场发挥配置艺术资源的基础作用的过程中，市场需求会引导艺术商品流通的格局、结构、规模和发展速度与社会精神文化建设的发展要求相适应。市场机制的功能会引导艺术商品向供求平衡的方向运动。但是由于市场机制的盲目性、局限性，政府还必须运用价格、税收、利率等经济杠杆和经济政策，综合运用必要的行政管理、法律法规和舆论监督手段对艺术流通加以宏观引导、监督、调控和管理。同时，对产品型、社会公益型艺术流通给以大力扶持和倾斜，以弥补市场配置的不足。

3. 艺术商品流通在与精神文化环境相协调的互动中不断发展。艺术流通以艺

图 7—7 《富春山居图》局部

图片来源：http://image.baidu.com

术使用价值为媒介，形象地富有情感地艺术化地传播各种自然和人文科学知识，培养人们自由观照和把握事物形式秩序的能力，以艺术的方式掌握世界的能力，使人们在“求真”的探索和实践中，感悟和追求“美”的品格和境界；通过艺术使用价值传达的政治理念、理想信仰、道德规范，引导、培养人们把握和弘扬积极进取、蓬勃向上的时代精神，提高推动社会文明进步的能力，使人们在“求善”的历程中，化解人际关系的矛盾，实现观念、文化和制度的沟通与超越，积极引导人们对社会进步事业的向往和追求；在艺术使用价值传达的审美信息的熏陶和浸染下，培养人们感受美、鉴赏美和创造美的能力，在“求美”、自我确证、自我完善的追求中，实现情感与心理误区的超越，淡化功利的诱惑，拯救扭曲的心灵，熔铸“美”的情感和高尚的情操。在与社会精神文化环境的相互影响、相互作用中，艺术流通才能不断获得新的发展动力、流通理念和流通空间。

五、艺术商品流通的价值规律

艺术品作为流通客体的艺术商品是艺术本体与艺术载体的统一体。艺术商品的价值是由艺术本体的价值和艺术载体的价值两部分构成的。

1. 艺术本体价值形成的个别性

营构艺术本体的创作构思设计劳动是自主的、复杂的、个体化的精神生产劳动，具有极强的自由性、主体性和独创性，是不能集中、批量、标准化生产的。因而，也是不同艺术门类的劳动者独立的创造。它不是标准化、社会化的生产物，因而，它的价值量没有、也不能用“社会必要劳动时间”来衡量，是难以与同类劳动进行确切比较的。

当然，艺术本体的价值量并不简单地等于生产它的单纯的“台上 1 分钟”的“个别劳动时间"决定的价值量。而是由以创作主体长期训练的探索性劳动量、反复练习、排练的实验性劳动量等"台下 10 年功"的累积劳动量为依据,以承认艺术创作经验、艺术传达和表现的技能技巧、个人禀赋才情的差异、社会影响和时尚因素、以及稀缺程度为基础的市场认同的个别必要劳动时间决定的价值量。

2. 艺术载体价值形成的个别性和一般性

艺术载体是创作主体外化、物化其构思的审美意象的物质媒介系统。艺术传达制作劳动创造艺术载体的价值,大致分为三种情况:一是原创艺术载体。这种创造的劳动具有独特的个性和风格,是个体化的,其创造的价值量无法用社会必要劳动时间确定。二是人工复制的艺术载体。这类载体的复制劳动虽然没有独创性,但却需要有丰富的经验、高超的技艺和娴熟的技巧,具有传达制作的模仿性、复杂性。这种劳动同样是个别的,也是不可比的,其价值量也难以用社会必要劳动时间计量。三是机械复制的艺术载体。如平面作品的排版、印刷,歌曲磁带、歌舞、戏剧、影视录像带的录制、复制和光盘的刻录,电影胶片的拷贝等等都是可以批量、标准化、社会化生产的,其创造的价值是能够、而且必须由社会必要劳动时间来确定和计量的。

3. 原创和人工复制艺术商品的价值形成具有个别性。

机械复制艺术商品的价值形成是艺术本体价值形成的个别性与艺术载体价值形成一般性的对立统一。从质的方面看,原创和人工复制的艺术商品的价值主要表现为由市场认同的个别必要劳动时间决定。机械复制的一般艺术商品的价值,本体部分由市场认同的个别必要劳动时间决定,载体部分由社会必要劳动时间决定。从量的方面看,原创艺术商品一样一件,件件不同。人工复制的同种艺术商品数量有限。因而,在这两类艺术商品的价值构成中,艺术本体的价值分值很大,在单位商品中占有较大的比重。而机械复制的一般艺术商品数量巨大,在它们的价值构成中,艺术本体的价值分值极小,单位商品中包含的比重微乎其微。因此,载体制作劳动创造的价值反而成为主要的了。正是这种价值构成的二元性决定了艺术商品的价格与其他商品价格的根本区别。

六、艺术商品流通的供求规律

艺术品从价格与需求的关系来说,艺术商品的需求量随价格上升而递减,随价格下降而递增,呈反方向变动的负相关关系,这就是艺术商品的供求规律。但由于艺术使用价值的意识形态属性,价格仅是影响艺术供求的重要因素之一,并不是惟一因素。艺术使用价值的质量对艺术供求具有不容忽视的重要影响。社会潮流、时尚因素、广告宣传、审美习惯都会影响艺术供求。

一般地说，收入越高的消费群体，用于艺术消费的开支越大；艺术商品的价格越适合消费者的购买力水平，需求越大；价格超出人们的购买力水平，价格越贵，需求越小。文化程度越高的消费群体，需求越大；艺术修养越高的消费群体，需求越迫切；艺术偏好越强的消费群体，需求越痴迷；艺术品位越高的人士，需求越理智。闲暇时间越充裕的消费群体，越有时间满足艺术需求。艺术信息、艺术交流条件越好的消费群体，艺术需求的视野越开阔、选择面越宽、针对性越强；艺术设施设备越完善、艺术氛围越浓重，需求的满足程度越高。艺术教育越发达，有潜在艺术需求和具有潜在艺术供给能力的艺术人才越容易脱颖而出；社会越尊重艺术劳动、尊重艺术人才、珍视艺术创造成果，满足全体国民艺术需求的潜在供给能力就越大。对外艺术交流越发展，越能拓展和满足国外对中国艺术商品和服务的需求。当然，由于交流是双向的，国外艺术商品进口越多，越会抑制中国国内对本国艺术商品的需求，这是一个问题的两个方面。

七、艺术品国际贸易

所谓艺术品国际贸易，是指艺术品在国际间的跨境交易或交换。按照艺术品国际贸易中的流向，我们可以将艺术品国际贸易为艺术品出口贸易与艺术品进口贸易。艺术品出口贸易指的是一国将本国出产或收藏的艺术品与其他国家（地区）进行交易或交换的活动，而艺术品进口贸易指的是一国与其他国家（地区）交易或交换由该国家（地区）出产或收藏的艺术品的活动。虽然在绝大多数领域内，国际贸易自由化的思想，即主张放松甚至取消国家对国际贸易管制的倾向已经占据了主流地位，但是对于艺术品国际贸易而言，绝大多数国家依然实行的是根据艺术品各自的具体特点，分别采取贸易自由化政策和贸易管制政策的管理制度。

第二节 艺术品贸易分类

一、艺术品分类概述

艺术品分类一直没有统一的标准，因为艺术品种类繁画、材料多样，有多种混合的艺术表现，艺术品本身的工艺也很复杂。很难找出高特异性的识别点或者说属性来区分，特别是将时间因素纳入分类来考虑时，显得更加复杂。我想试着把艺术品的众多属性抽取出来进行罗列分析，尝试多种属性组合来加大特异性。不过，话又说回来，艺术品本身都是人类智慧和精神追求的体现，从本质上是没有分类的，但为了研究的方便和交流，人为的进行了分类，总之分类的出发点是好的，只能不断的完善。

简单的说来，艺术品包含了如下属性：

1. 时间：现代的艺术品和古代艺术品。如果回到古代，某些物品可能只是一般的日常用品或者明器，但放在现代来认识，它可能成为当时艺术或工艺水平的反映，反映了当时的区域性的审定情趣，亦可称之为艺术品，这种差异是由概念定义造成的。古代艺术品和现代的艺术品种类有重复的地方，也有互相不一致的地方，如汉代流行的随葬陶人佣，现代就很少发现，有也是工艺美术，批量生产。现代有的油画，在汉代是没有的。所以，以时间因素来分，太笼统，太模糊。但是对古玩爱好者来说却有意义。因为大部分的古代艺术品，没有机器大工业的影子，凝聚的劳动含量高，技艺难于模仿，是不可再生的艺术品，所以显得珍贵。如果只将古代艺术品分类就显得容易和方便得多了。古代的所用材料有限，传统技艺基本都有相关性或传承。如果用时间的因素来进行艺术品分类，会增加分类的层次。

2. 艺术技艺：书法、绘画、雕刻、陶瓷、青铜、铁艺、镶嵌、刺绣、剪纸、声乐、舞蹈等，其中以光色、动态形式表现的声乐、舞蹈等是现代科技或现代意识下的产物，没有非常特异的载体表现。在艺术技艺的分类中，也存在混杂和互相干扰的因素，比如陶瓷包含了材料和本身的陶瓷工艺。本身的工艺就含有特有的制陶拉胚成形等工艺，却也含有书法、绘画、雕刻等手法。所以艺术技艺对陶瓷的分类就没有特异性。对于玉器也有同样的问题，玉器特别是明清后的玉器受书法、绘画的艺术很大，但总体来说，它是以雕刻的方式来实现的，有雕刻来表达其特异性比陶瓷来说有优势。但雕刻中又有木雕、冰雕、石雕、铜雕等。像书法这种靠其艺术技艺因素就一次能识别清楚的艺术品太少，大部分需要多次分类，这样众多艺术品的分类存在了严重的不一致性。

3. 材料：纸、绢、木、石、玉、贵金属、铜、铁、炭、牙、水晶、琥珀、贝、骨、竹、陶瓷、琉璃、树脂、玻璃、感光材料、磁性介质、其它现代特种材料。材料分类方法比较清晰，因为物质本身的结构都是不同的，这是绝对的特异性。但是物种繁多，虽然分类层次大大减少，但是横向类别太多，不好记忆和推广，而从材料本身而言，也无法体现其内在的艺术价值。材料分类太客观，忽略的内涵太多，失去了分类的目的。但是也不失之为一种科学分类的方法。

4. 用途：实用、赏玩、祭祀、装饰、习俗、纪念。用途划分一样面临和时间因素划分一样，太笼统，而且用途因人而异，因时间而异。比如，宋代宫廷用的汝窑花盘在清代就被乾隆作为赏玩之物。同样的一件物品,有可能兼具实用和装饰,兼具习俗和祭祀、赏玩等几种属性。和时间和用途另一大特点,都是不断变化的因素。

民间与官方:此种分类形式只存在特定的时间和种类上,同样变化的因素太大。在某些有明文限制的艺术品(如瓷器)上有意义,但对整体艺术品分类上无太多意义。另类分法:按照中国美术来分:中国石窟艺术、中国建筑艺术、中国雕塑、中国绘画、中国书法、中国工艺美术、中国现代美术。从美术上来研究,对大部分人来说意义不大,但在谈及美术上,可以采用,对艺术品本身的阐述意义不大。

综上所述,建议从艺术的起源,艺术品的演变和相关性来考察,采用混沌的分类法,越是想分清楚却越是分不清楚,用细分、整合的方法,把属性组合达到分类的目的。采用这种方法时,更多的要从文化、艺术演变的角度去 考虑,同时结合系统分类的方法。建议分为:书画类、雕刻类、陶瓷类、铸造类、贵金属类、织绣类、珠宝首饰类、民间少数工艺类。本分类,采用艺术工艺、用途、材料、和笼统的分类方法。

二、中国海关艺术品统计分类

根据现行海关总署统计方式,艺术品被列为进口商品的第21类,其范围非常宽泛,既包括绘画、雕塑等在内的一般艺术品,也包括文物这类特殊艺术品,不同种类的艺术品。

表 7—1 中国海关艺术品统计分类现行标准

	某种艺术品:完全用手工绘制的油画、绘画及粉画;拼贴画及类似的装饰板(税号 97.01);版画、印制画及石印画的原本(税号 97.02);雕塑品的原件(税号 97.03)。
	邮票、印花税票及类似票证、邮戳印记、首日封、邮政信笺(印有邮票的纸品)及类似品,使用过的或虽未使用过但不是指运国流通或新发行的(税号 97.04)。
	具有动物学、植物学、矿物学、解剖学、历史学、考古学、古生物学、人种学或钱币学意义的收集品及珍藏品(税号 97.05)。
	超过一百年的古物(税号 97.06)。

第三节 艺术品贸易统计指标

一、艺术品贸易的宏观指标

1. 居民与非居民间艺术品贸易统计

按照中国居民与非居民间艺术品贸易进出口规模,按国际收支口径统计,不含政府服务。

表 7—2 居民与非居民间文化贸易统计指标

序号	指标名称	指标功能
1	艺术品贸易进出口总额	表明一国艺术品产业对外贸易方面的总规模
2	艺术品贸易进口总额	一定时期内一国从国外进口的艺术品产品的全部价值
3	艺术品贸易出口总额	一定时期内一国向国外出口的艺术品的全部价值
4	艺术品贸易差额	一国在一定时期内出口总额与进口总额之间的差额。差额的正负反应进出口艺术品贸易是否平衡
5	主要艺术品产品的进口额	从国外进口的主要艺术品的价值
6	主要艺术品产品的出口额	向国外出口的主要艺术品的价值
7	主要艺术品产品进出口总额	一国主要艺术品产品对外贸易方面的总规模

2. 商业存在统计

表 7—3 商业存在统计指标

分类	指标名称	指标功能
中国境内商业存在情况	外商投资的艺术品企业总数	在中国境内设立的,由中国投资者和外国投资者共同投资或者仅由外国投资者投资的艺术品类型企业。
	艺术品产业实际使用外资金额	指报告期收到艺术品产业的用于固定资产建造和购置的国外资金(包括设备、材料、技术在内),包括对外借款(外国政府贷款、国际金融组织贷款、出口信贷、外国银行商业贷款、对外发行债券和股票)、外商直接投资及外商其他投资。
境外中国商业存在	艺术品产业对外直接投资	艺术品企业以跨国经营的方式所形成的国际间资本转移. 一般认为对外直接投资是一国投资者为取得国外企业经营管理上的有效控制权而输出资本,设备,技术和管理机能等无形资产的经济行为.

二、艺术品贸易的微观指标

1. 艺术品产业分行业的核算指标

艺术品产业涉及诸多行业,为测算艺术品产业的增加值,考核其在国民经济中的地位和贡献，必须建立以艺术品产业分行业增加值的总量和构成为主的核算指标，目的是满足艺术品产业增加值的汇总需要，分析艺术品产业增加值的行业构成，比较各行业的发展总体状况。具体的核算指标见表 7—4：

表 7—4 艺术品产业分行业的核算指标

序号	指标名称	指标功能
1	总产出	总体发展规模和水平的价值量指标
2	中间消耗	核算产业活动过程中消耗的物质产品和劳务的价值之和
3	增加值	艺术品产业活动的最终成果
4	劳动者报酬	劳动者个人参与增加值创造而获得的原始收入
5	固定资产当年折旧额	全部固定资产在本期生产中的资产转移价值
6	生产税净额	按规定上交给国家的各种税金之和
7	营业利润	行业参与增加值创造而应得到的原始收入份额
8	年平均从业人员数	艺术品产业各行业年初与你按摩从业人员的平均数
9	固定资产年平均占用额	艺术品产业各个行固定资产年初与年末占用余额的平均数
10	事业单位经费自给率	衡量艺术品事业单位经费自给的程度，反映其市场的程度

2. 艺术品产业单位(行业)统计分析指标

艺术品产业单位(行业)统计分析指标的建立是为各产业单位(行业)提供一个分析比较的统计标准，力图从产业活动的生存、发展和赢利(社会和经济)的角度去分析我国艺术品产业单位(行业)的发展情形。设置时按经营条件、效益状况、资产运营、偿债能力、发展前景等五个方面进行。具体设置指标见表 7—5：

表 7—5 艺术品产业单位(行业)统计分析指标

序号	方面	统计指标	指标作用
1	经营条件	年末从业人员数	反映艺术品产业单位进行活动所具有的现有条件、环境。
2		年末资产总额	
3		年末固定资产原价	
4		经费收支结余数	
5		所有者权益	

续表

序号	方面	统计指标	指标作用
6	效益状况	净资产收益率	反映艺术品产业经营活动成果的状况。
7		总资产收益率	
8		资产保值增值率	
9		销售利润率	
10		成本费用利用率	
11	资产运营	总资产周转率	反映艺术品产业单位的经营活动资产运行的状况和效率
12		流动资产周转率	
13		存货周转率	
14		应收帐款周转率	
15		不良资产周转率	
16		资产损失率	
17	偿债能力	资产负债率	反映艺术品产业单位近期或长期偿还到期债务的能力
18		已获利息倍数	
19		流动比率	
20		速动比率	
21		现金流动负债比率	
22	发展前景	销售增长率	反映艺术品产业单位可持续经营的潜力
23		资本积累率	
24		总资产增长率	
25		固定资产成新率	
26		三年利润平均增长率	
27		三年平均资产增长率	

3. 艺术品产业单位的基础指标

艺术品产业单位的基础指标是为满足艺术品产业行业的核算和统计分析的需要而提供基础数据的指标。考虑现行各艺术品产业单位执行的会计制度不同，设置时分为三类指标：Ⅰ类（执行工业企业会计制度）、Ⅱ类（执行商业企业会计制度）、Ⅲ类（执行行政事业会计制度）。具体指标见表 7—6：

表 7—6 艺术品产业单位的基础指标

序号	行业/类别	统计指标
1	执行工业企业会计制度的Ⅰ类行业	资产(固定资产、流动资产和无形资产及递延资产)
2		负债(流动负债和长期负债)
3		所有者权益(实收资本)
4		产品销售收入(成本、费用、税金及附加、利润)
5		管理费用
6		利息支出
7		营业利润
8		利润总额
9		本年应交增值税
10		本年应付工资总额(应付福利费总额)
11		本年提取的折旧额
12		全部从业人员年末人数
1	执行商业企业会计制度的Ⅱ类行业	资产(固定资产、流动资产和无形资产及递延资产)
2		负债(流动负债和长期负债)
3		所有者权益(实收资本)
4		营业收入(成本、费用、税金及附加、利润)
5		管理费用
6		财务费用
7		营业利润
8		利润总额
9		本年应交增值税
10		本年应付工资总额(应付福利费总额)
11		本年提取的折旧额
12		全部从业人员年末人数
1	执行行政事业会计制度的Ⅲ类行业	资产(固定资产、流动资产和无形资产)
2		负债
3		净资产(事业基金、固定基金、专用基金、经营结余)
4		收入合计(财政补助收入、上级补助收入、事业收入、经营收入)
5		支出合计(事业支出、经营支出、基本建设支出)
6		成本费用
7		销售税金
8		基本、补助、其他工资
9		职工福利和社会保障费用
10		设备购置费
11		公务、业务、修缮费
12		全部从业人员年末人数

第四节　艺术品贸易统计的现状与未来发展路径

一、艺术品贸易统计的现状：

统计机构的统计数据水分过大，可信度较低，主要原因其实在于目前中国缺乏自己的权威数据。

除了统计标准不一，统计口径不一致，如何确保数据的真实性、准确性也是艺术品市场的一大问题。

文物艺术品贸易统计水分很大，而且并不全面。因为，除了拍卖和画廊这些看得见的交易，不少民间交易完全是无形的。可是，即便是拍卖公司的成交额，能否反映市场真实情况也有待考量。在每年的春拍和秋拍中，买家拍下艺术品后不付款的情况时有发生，实际的成交额并没有公布的那么多，这也导致公司已交营业税额与理论上的佣金收入和纳税收入相差极大。而目前来看，短时间内还无法做到统计数据的完全准确。

目前国内文物艺术品拍卖市场处于极为尴尬的监管环境：拍卖企业需在工商部门登记注册，并由商务部门负责核查企业拍卖资质；文物部门负责颁发文物拍卖资质；税务部门负责税收；文化部门负责打击各类违法违规行为。这就造成政出多门、监管出现真空。2012 年初，由不同的商业机构和政府部门统计汇总的艺术品贸易统计报告，在数据上出现了非常大的出入，直接影响了各方对中国艺术品贸易发展水平和发展潜力的判断。

（一）商业机构的统计数据

2012 年 3 月份，由中国收藏家俱乐部译制，世界顶级艺术品与古董博览会承办方欧洲艺术基金会委托编写的最新年度报告—《2011 年国际艺术市场：艺术品交易 25 年之观察》披露，2011 年，中国以占全球艺术品拍卖和销售总额 30%的成绩首次超越美国，成为世界最大的艺术品与古董市场。

根据《2011 年国际艺术市场：艺术品交易 25 年之观察》，2011 年中国在全球艺术品市场所占的份额由 2010 年的 23%上升到 30%，首次超越此前多年居于冠军的美国，成为世界最大的艺术品与古董市场。美国以 29%的份额屈居第二，较前一年下降 5 个百分点，欧盟 27 个国家所占总份额为 34%，下降三个百分点。在欧盟国家中，最大的市场仍是英国，占全球 22%，保持季军地位，而第四名的法国所占份额远远落后，仅为6%。

同时，报告指出，全球艺术品市场在2011年得到持续恢复，总成交额上升7个百分点，达到461亿欧元，相对2009年市场危机时上升63%；成交件数也上升5%，达到3680万件。而促使全球艺术品市场恢复的推动力来自于中国拍卖市场的活跃成交和艺术品销售的上升(超过装饰艺术品)，特别是现、当代艺术品领域销售的上升。2010年，中国的艺术品和古董拍卖市场激增177%，2011年又继续上升64%，其中现、当代艺术品总成交额占艺术品市场的近70%。

不过，中国"称雄"全球艺术品市场的消息，并未让中国艺术品领域人士欣喜。因为早在2011年3月，世界著名艺术市场信息公司Artprice就发布数据并宣布，中国已超越英、美，成为全球第一大文物艺术品交易市场，但当时就有不少人对于其统计的数据产生质疑。更让人难以理解的是，仅仅是2012年2—3月一个月时间，包括欧洲艺术基金会在内，就有相继5家国内外统计机构发布2011年度中国文物艺术品市场数据报告。

3月初，Artprice发布年度艺术品市场报告称，2011年全球艺术品交易额中，中国艺术品交易额达到48亿美元(合人民币约303.36亿元)，排名全球第一，占全球市场的四成，相当于美国和英国交易额的总和。

3月7日，国内知名艺术品市场研究机构雅昌网发布《中国艺术品拍卖市场调查报告(2011年)》，提到2011年国内文物艺术品成交总额从2010年的596.53亿元飙升至968.46亿元，同比增长62.35%。

3月14日，国内首个专门以研究国内外艺术市场动态为主要目标的学术机构—AMRC艺术市场分析研究中心发布最新统计数据披露：2011年国内艺术品拍卖市场的成交总额达到974.5亿元。

(二)行业协会的统计数据

2012年2月底，中国拍卖行业协会(以下简称"中拍协")发布《2011年中国拍卖行业经营状况分析及2012年展望》的行业蓝皮书，其所提供的数据显示，2011年，全国文物艺术品拍卖市场全年成交额576.2亿元，增幅为45.2%。

对比303.36亿元、576.2亿元、968.46亿元和974.5亿元这些数据，最高和最低相差两倍多，确实难以知晓到底哪个数字更真实地反映中国艺术品贸易的状况。

二、艺术品贸易统计的发展路径:

(一)建立和健全艺术品统计的权威性

中国政府相关主管部门显然意识到问题的严重性和重要性，于是商务部和文物局携手，会同行业协会，力争创立和规范艺术品贸易统计指标和统计口径，形成权威性的官方数据，以适应和指导艺术品行业的健康发展。

2012 年 12 月份，中国商务部流通业发展司、国家文物局博物馆与社会文物司和中国拍卖行业协会联合发布《2011 中国文物艺术品拍卖市场统计年报》(以下简称《统计年报》)，这是继 2010 年度《统计年报》发布以来的第二份中国文物艺术品拍卖市场年度报告。这是首次由政府相关主管部门和行业协会联合发布

《中国文物艺术品拍卖市场统计年报》自首次发布以来，得到了政府有关部门和国内外有关方面的极大关注和肯定，现已成为我国文物艺术品拍卖市场诚信体系建设的重要内容之一。为充分发挥《统计年报》的行业自律、行业主流形象展示和市场研究之核心价值，2011 年度《统计年报》由拍卖行业主管部门、文物拍卖业务主管部门以及行业协会三方共同发布，客观反映我国文物艺术品拍卖业的实际营业状况。

为保证《统计年报》的真实和客观，中拍协文化艺术品拍卖专业委员会负责对企业数据的报送进行监督、催报、核对、修正和分析。

通过政府相关职能部门的不断摸索和磨合，并经过了市场考验，由此初步形成了艺术品统计的发展方向，即由政府主管部门和行业协会共同完成统计数据的搜集、加工、汇总和分析，最后形成权威的行业统计年报。就以下几个方面进行了统计数据的发布和分析：

1. 文物艺术品拍卖行业不断壮大

截至 2011 年 12 月 31 日，全国具备文物拍卖经营资质的企业有 309 家，比 2010 年增加 56 家。新增企业主要集中在京、沪两地，这些新增企业中不乏具备金融、房地产或文化等集团背景，不仅反映出文物艺术品拍卖市场强大的吸引力，同时也丰富了我国文物艺术品拍卖业的资本结构。

统计显示，这 309 家文物拍卖企业注册资本金总额 37.66 亿元，从业人员共计 5714 人。

2. 文物艺术品拍卖市场稳步增长，但增速明显缓和

2011 年度，全国共举办 779 场文物艺术品拍卖会，共分 1726 个专场，上拍 667720 件(套)拍品，成交 368305 件(套)，成交率 55.16%，成交额 553.53 亿元。截至填报日(2012.4.15)，所有成交拍品共完成结算 285.90 亿元。

总体上讲，2011 年度我国文物艺术品拍卖市场规模较 2010 年稳步增长，成交拍品增加 42231 件(套)，成交额增长 56.17%；但与 2010 年 74.03%的增速相比，

本年度明显缓和。

3. 高价作品结算困难，买受人拖欠货款成为制约行业发展的第一大障碍

2011 年度，全国文物艺术品拍卖 1000 万元以上成交拍品共 581 件，较 2010 年增加 173 件；而成交额总计 136.25 亿元，较 2010 年增加 54.71 亿元。

截至填报日(2012.4.15)，581 件(套)作品中，已完成结算的作品仅有 261 件(套)，结算货款 51.50 亿元；而未完全结算的作品有 86 件(套)，涉及货款 25.94 亿元；未结算的作品达 234 件(套)，涉及货款 58.81 亿元。

在文物艺术品拍卖业不断增长的背后，拍卖企业越来越受到买受人拖欠货款或根本性违约的困扰，现已成为拍卖行业发展的第一障碍。

4. 市场集中度保持稳定

按截至填报日(2012.4.15)的实收拍品款计算，排名前 30 名(10%的企业数)的企业 2011 年度的实收拍品款合计 242.40 亿元，占整个市场 84.78%的份额。基本维持了上一年度的市场集中度；其它 279 家企业实收拍品款为 43.49 亿元，所占市场份额为 15.22%。

5. 回流文物急剧下降

自 1992 年文物艺术品拍卖恢复发展以来，通过拍卖途径回流的中国文物不计其数，其中不乏国宝级作品被国内各大博物馆购藏。2011 年，全国回流文物标的共计 18755 件(套)，成交 15315 件(套)，成交额为 58.79 亿元。

海外回流文物成交率和成交均价普遍较高。2011 年，回流文物成交率高达 81.66%，远远高于 55.16%的市场平均成交率，并且成交均价达到 38.39 万元/件(套)。另外，在 581 件 1000 万元以上成交拍品中，来自海外的就有 142 件(套)，共成交 28.14 亿元。

而受制于现阶段我国文物艺术品进口交易税政，2011 年与 2010 年相比，拍卖领域回流文物件数减少 5585 件(套)，成交额减少 14.02 亿元，所占的市场份额也相应从 20.00%下降到 10.62%。

6. 行业人均创税 25.91 万元

2011 年度，全国文物拍卖企业共纳税 14.62 亿元(含代扣代缴)，对于仅有 5714 名从业者的微型行业，人均创税额却高达 25.58 万元。

在各类税种中，企业所得税额为 6.50 亿元，文物艺术品拍卖业务所缴营业税额为 2.32 亿元。

(二)搭建艺术品相关行业的诚信体系。

2011 年度，中国拍卖行业协会已初步搭建起行业诚信体系，并且形成了以拍

卖行业自律办公室为主导，以艺委会和宣传部门为两翼的工作格局。这一格局的形成有力地促使我国文物艺术品拍卖业诚信建设和标准化建设在2011年度内均取得实质进展。

2011年度中，(1)由56家企业共同倡议的《中国文物艺术品拍卖企业自律公约》于6月份正式发布。《公约》针对现阶段市场发展中存在的不规范行为提出明确要求和行为准则，有效地推动了拍卖市场健康发展。截至2012年10月31日，全国已有160家企业签署并承诺严格遵守《公约》。(2)第一届中国文物艺术品拍卖标准化达标企业评定工作于9月份在全国范围内启动。达标评定以《文物艺术品拍卖规程》为基准对74家参评企业拍卖企业的内部落实操作流程规范进行梳理，指出问题，督促整改，并协助提升，对规范企业业务操作程序，防范拍卖程序风险，提高经营服务水平起到了重要推动作用。同时，行业标准化运作水平也在短期内明显提升。(3)创办《中国文物艺术品拍卖市场统计年报》并于9月份发布第一期年报。作为拍卖行业自律措施、企业经营信息披露机制的《中国文物艺术品拍卖市场统计年报》，其创办得到主流企业的积极支持、相关政府部门的认可和社会的广泛关注。本年度，在填报数据的255家企业中，有161家同意并支持中拍协向社会披露企业内部数据信息，表达了文物艺术品拍卖业主流企业"公开透明"的经营原则和"客观诚信"的价值取向，向社会展现科学、客观、真实的行业形象。

第五节　艺术品贸易历史与现状

一、中国艺术品国际贸易的历史

历史上最早的艺术品国际贸易到底起源于什么时候，确实难以考证。但可以肯定的是，艺术品国际贸易的历史非常悠久。根据考古学的研究资料，早在古埃及时代，古埃及就与毕布罗斯、克里特岛等国家和地区保持着密切的艺术品国际贸易关系。例如在毕布罗斯的废墟里，考古人员就曾经发现过镶着铭文的豪华黄金器皿等古埃及艺术品。据史料记载，早在先秦时代，中国就开始了诸侯国之间的艺术品对外贸易活动。到了汉代，中国艺术品对外贸易开始具有了一定的规模。而到了隋唐时期，中国艺术品对外贸易更是空前繁荣。由于世界各国的上层统治阶级几乎都对"雕文刻镂、黼黻文章、絺绤绮绣、宝玩珠玉"等"珍怪奇物"很感兴趣。因此，包括瓷器和丝织品在内的各种艺术品一直是中国古代对外贸易的重要组成部分。从某种意义上讲，中国艺术品对外贸易不仅包括经济方面的重要意义，而且包括文化方面的重要意义。一个众所周知的典型例子是，英文单词“china”的中文含义除了“中国”之意，还有“瓷器”之意。事实上，正是由于中国瓷器大量出口海外，才使得“瓷器”(china)成为了“中国”(China)的代名词。在中国古代的艺术品市场上，瓷器、青铜器和书画一直呈“三足鼎立”之势，不仅如此，瓷器实际上还是最重要的一“足”。

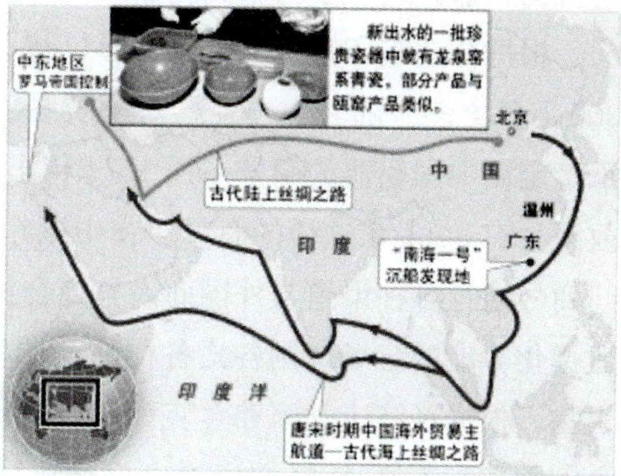

图 7—8

图片来源：http://baidu. com

因此，我们不妨就以瓷器为主要线索，研究一下中国艺术品国际贸易的历史。早在唐代，中国就形成了两条重要的瓷器对外贸易之路。一条是陆路，另一条是水路。陆路以骆驼作为主要的运输工具，经新疆等地将中国瓷器运往西亚和西欧各国进行交易或交换；海路则以船只为主要的运输工具，经东南沿海出太平洋，将中国瓷器运往日本、朝鲜、巴基斯坦、印度尼西亚、马来西亚、阿拉伯、伊拉克和埃及等国进行交易或交换。到了宋代，中央政府还专门在地处东南沿海的广州、泉州、杭州、宁波等地设立了市舶司，直接管理对外贸易事宜。与宋代的中央政府相比，元代的中央政府更为重视对外贸易。元代至元 21 年(公元 1284 年)，中央政府将以前的民间海上贸易变为官办。由政府出资购置船只，招人经营。所获利润七三分成：政府得七，经营者得三。与此同时，政府还“严禁民间私自贸易”。但是由于瓷器对外贸易的利润丰厚，政府根本无法禁绝民间的瓷器对外贸易活动，以至于形成了合法官营与非法民营并存的瓷器对外贸易格局。在很多国家的上流社会，精美绝伦的中国瓷器实际上是人们夸耀个人财富的一种重要手段。例如 17 世纪末，被欧洲人称为“强力王”的萨克森王兼波兰国王奥古斯特二世(August II der Starke)就对中国瓷器充满了浓厚的兴趣和强烈的占有欲。在他的一生中，除了战争费用，最大的开支就是购买中国瓷器。据文献记载，为了使自己的婚礼增色，奥古斯特二世曾经于 1717 年以 600 名全副武装的萨克森骑兵，换取了普鲁士帝国腓特烈·威廉一世(Friedrich Wilhelm)I 收藏的 127 件中国瓷器，其价值相当于德国旧银币 27000 塔里尔，这在当时可是个天文数字。因为海外各国对中国瓷器的需求量十分巨大，18 世纪前期，中国政府特别允许法国、英国、荷兰和丹麦等国家在广州设立专门的贸易机构。这就进一步为中国瓷器的对外贸易提供了有利条件。

根据荷兰东印度公司的统计，仅该公司每年运往欧洲的中国瓷器就达到了300万件之多。随着中国瓷器对外贸易的发展，在欧洲各国还出现了专门经销和承接定制中国瓷器的商号。据1774年出版的英国《伦敦指南》记载，当时的英国伦敦至少有50多家这样的商号。在中国东南沿海的广东、福建和浙江，也有不少民间商号通过各种渠道与外国商人签订合约。根据他们的需要，委托江西景德镇、福建德化等地的窑场烧制各式各样的瓷器，瓷器的图案甚至还包括圣经故事和西洋人物。根据经济史学家弗兰克(Frank)的研究，"明代中国实际上垄断着世界市场上的陶瓷。不过，80%的瓷器出口是输往亚洲，其中20%输往日本。输往欧洲的瓷器在数量上仅占16%，但都是优质产品，其价值高达中国瓷器出口的50%。"由此可见，以瓷器为代表的艺术品国际贸易在国际贸易史上发挥了重要的作用，产生了深远的影响。以景德镇的瓷器对外贸易为例，景德镇的瓷器对外贸易历史非常悠久，在江西省乃至全国的对外贸易中都占有相当重要的地位。因为元代的蒙古人远征欧亚大陆，所以陆路交通畅通无阻，中外贸易盛极一时。意大利人马可·波罗(Marco Polo)和摩洛哥人伊本·白图塔(Ibn Batuta)都在这个时期先后游历了中国，并各自写下了脍炙人口的游记。马可·波罗曾经这样描述道："中国瓷器，运销全世界"。伊本·白图塔也曾在泉州港感慨道："中国人将瓷器转运出口至印度诸国，以达我家乡摩洛哥"。到了明代，由于航海船舶的进步，瓷器出口更是迅猛发展。据史料记载："1604年，葡萄牙商船卡特里号满载各种瓷器，1614年10月荷兰商船从中国购买瓷器69059件返航欧洲；1641年7月10日，从福州装运瓷器2700件去日本；同年10月17日，大小船舶97艘运瓷器20000余件到达长崎。"明代以后，江西景德镇等地的瓷器烧制技术开始不断发展，日趋完善。除了继承以前的传统品种外，又创造出了金彩、珐琅彩、粉彩等瓷器新品种。到了清代，中央政府对景德镇的瓷器生产采取了更为宽松的政策，因此，外销瓷的产量和质量均有明显提高，外销数量也大为增加。景德镇瓷器的外销运输线路是"溯赣江而上，跨梅岭以入广州，自五口通商后，始改其输出之方向"。

据民国《江西通志》记载：同治二年至十三年(1863～1874年)，景德镇瓷器共出口218215担，平均每年为18184.58担，折合545.54万件；光绪元年至三十四年(1875～1908年)，景德镇瓷共出口1035675担，平均每年出口30461.03担，折合91383万件；宣统元年至三年(1909～1911年)，景德镇瓷器共出口178730担，平均每年出口59576.67担，折合1787.3万件。民国以后，景德镇出口的瓷器数量逐渐减少。据1938年《江西统计月刊》记载:"景德镇之瓷,名闻世界,欧战以后(民国七年)出口最高额至二千七八百万元,民国十八年以内战影响,惨受打击,跌至二百余万元,经省府近年来极力提倡,渐见起色,至二十五年出口竞增达七百余万元,不意抗战以后,窑厂十九停工,而旧存之货亦无法输出"。在1937年8月出版的《江西经济旬刊》第九卷第六期上,曾刊登了"最近十年(1927～1936年)九江关输出瓷器数量价值比较图"。根据这份资料所显示的数据,1927年,从江西九江海关出口的瓷器数量为57258公担,价值为336万元;1932年,从江西九江海关出口的瓷器数量为39974公担,价值为214万元;1936年,从江西九江海关出口的瓷器数量为20706公担,价值为92万元。景德镇出口的瓷器数量逐年减少的趋势非常明显。

二、中国艺术品国际贸易的现状

中国当代艺术品特指那些属于"前卫艺术"范畴的中国艺术品。从某种意义上讲,中国当代艺术品已经成为,并将继续成为艺术品国际贸易的重中之重。因为中国当代艺术品的国际化程度非常高,中国当代艺术品市场的发展几乎完全得益于外国收藏者的介入。举例来说,2003年以前,北京各大当代艺术画廊90%左右的客户都是外国人,一些外国收藏者甚至拥有上千件中国当代艺术品。而在中国进口的艺术品中,珠宝和手表等奢侈品所占的比重正在日益增加。正如苏富比拍卖公司纽约总部的资深副总裁唐冠科(Tancock)指出的那样:"艺术品无疑是最顶级的奢侈品,它不仅代表着荣耀、成功、实力与地位,更等同于文化性的标志、格调或品质。"事实上,在很多时候,艺术品与奢侈品的界限正在逐渐模糊。以众所周知的劳斯莱斯(Rolls Royce)汽车为例,劳斯莱斯汽车公司自从1904年正式成立以来,就致力于将每一辆劳斯莱斯汽车打造为具有"英国风韵"的艺术品。为此,劳斯莱斯汽车公司始终坚持手工制造车身的传统。每一辆汽车的车身都由专家级的手工艺人亲手制造,例如仅仅生产一辆"银色天使"款汽车的车身,就需要花费400多个工时。每一辆劳斯莱斯都将先进的技术和精巧的工艺有机地结合在一起。任何一个细节必须满足两个要求:第一,从任何角度看,在美学上和视觉上都应是完美的。第二,任何部件的性能必须是无可挑剔

图7—9

图片来源:http://baidu.com

的。正是由于这样,他们才敢于声称:“劳斯莱斯永远不会报废,反而会随着年龄的增长而不断增值,劳斯莱斯老爷车是收藏家们的梦中极品。”当然,由于与西方发达国家相比,中国消费者的总体购买力与这些国家消费者的总体购买力还存在较大的差距,因此,就中国艺术品国际贸易的现状而言,中国一直处于贸易顺差,即出超的状态。

三、世界艺术品市场走向何方?

从当下来看,由于世界性的金融危机所带来的在全球艺术品市场所蔓延的资本信任问题,以及由于这种信任危机的发酵,已经影响着艺术品市场的发展与后劲。

1、金融危机下艺术品资产流动性降低,回报率下降,使资本在投资层面上思考艺术品的价值判断问题。对这个问题的新认识,是对资本进入艺术品市场的一种基础性的考量。而近期出炉的梅·摩艺术品指数 2009 年第一季度艺术品市场跟踪报告显示,报告期全球各类艺术品价格普遍遭遇下跌,其中下跌最严重的是“战后和当代艺术品”,为 33%。我们可以把这种变化看作是一种信号,一种关于资本迟疑的信号。

2、艺术品资产化问题会在危机面前重新进入人们的视野,艺术品在多大程度上能够成为一种资产?又在多大程度上成为价值持久的资产,对中国艺术品市场来说,除了有以上的问题之外,更为迫切的问题可能还是艺术品首先如何成为一种资产?要成为资产,其价值如何评价?评价的标准是什么?金融机构怎样准入等。我们认为,目前应尽力解决以下几个问题:一是更新观念与转变思想,要用正确的眼光看待艺术品资产化趋势,把握战略机遇,大力发展艺术品资本市场。二是建立艺术金融服务体系。把建立艺术品市场体系与区域经济发展战略及文化产业政策相结合,提高投资者及机构资金营运的能力和需求,为艺术品投资提供更正规的金融服务。三是艺术品流通体系的建立。制定相关政策,成立有关艺术品资产评估机构,打破瓶颈,促使艺术品资本化过程中出现的担保、抵押得以实现。四是风险监管体系的建立。建立区域艺术品权威鉴评及艺术监管机构,维护艺术品市场的秩序,为艺术品金融化做准备。五是政策体系的配套完善。建立艺术品投资的法律法规体系,以宏观调控和行政许可为前提建立市场准入机制,规避风险,完善市场的退出机制;用便利高效的管理体系,规范管理,形成按市场规律引导、规范艺术品市场交易行为。

3. 艺术品资本市场的发展发育问题还是一个世界性的课题。在这个问题上,不仅仅是中国没有解决好,没有找到一个很好的模式。而且,在世界范围内,即便是艺术品市场很成熟发达的国家，这个问题也没能很好地解决。这可能更多地关系到艺术品的民族性及文化的差异性等所带来的地缘性障碍。但有一点是肯定的，没有艺术品资本市场就很难有真正的艺术品市场。同样的道理，如果没有全球化的艺术品资本市场，就不会产生全球一体化的艺术品市场。

4. 资本的逐利性是天生的，但资本的这种秉性又是有差异的。在价值认知有共同基础的前提下，资本可能会放弃眼前小利而追逐长期的利益。同样的道理，如果大家没有共同的价值认识基础，资本就会注重更多的眼前利益，甚至在突发事件前，出现不理性的恐慌，因为资本无法判定风险的大小。没有价值认识的共同基础，何求风险评估的标准与理性。

5. 在当今资本市场发展相当成熟的条件下，艺术品市场应更多地反思自身，不断创新观念体制及相应的技术与形式，使资本能方便地进入。没有愿意放弃机会的资本，有的只是看不到进入的机会的资本，这才是问题的关键。艺术品金融化的过程，其核心是艺术与资本的结合，当然这种结合有其内在规律及外在前提与条件，具体地说，不同的阶段有不同的方式方法，不可一概而论。具体就当前中国艺术品市场的发展阶段，要推动艺术品与资本的结合，两件事情可先启动，一是艺术品资产化的问题，二是信托基金的发展问题。更为纵深的结合形式，如艺术品市场证券化问题等，目前可能仅限于研究，还无法达到可以具体实施的阶段。当前艺术品金融化的问题虽然关注的人不少，也有一些零星的实践，但问题的关键是，我们还是缺乏对艺术品资本市场的深入研究与认识。这就需要我们静下心来，深入而又理性地来做功课。

发达国家艺术品市场资产化的经验表明，一个成熟的相对稳定的艺术品市场，尤其需要培育以中产阶级为主体的艺术品收藏家和消费群体，积极引导投资者或投资家的投资行为。如何更好地抓住机遇，明确艺术品市场资产化的定位，大力培育艺术品资本市场，结合文化建设和城市建设发展，倡导有特色的艺术品市场资产化规模经营，逐步改变艺术品市场资产化运作散乱小差、经营结构原始、销售摊贩式的状况，走艺术品市场资产化集约化发展的路子，激活创新创意能力，为保稳定、保大局、保经济社会安全作出贡献，这是一个国家层面的大课题。

第八章　软件产业贸易统计

第一节　软件产业贸易简介

一、软件产业

(一)软件产业定义

软件产业是生产或制造软件的企业统称,软件业始于 1949 年。"软件"作为术语首次被使用是在 1959 年。

(二)软件产品发展周期

第一代:早期专业的服务公司,1949—1959

第一批独立于卖主的软件公司是为了客户开发定制解决方案的专业软件服务公司。比较典型的例子是,在美国,开发于 1949 年到 1962 年间的 SAGE 系统,是第一个极大的计算机项目。而在欧洲,几家软件承包商也在 50 年代和 60 年代开始发展起来。

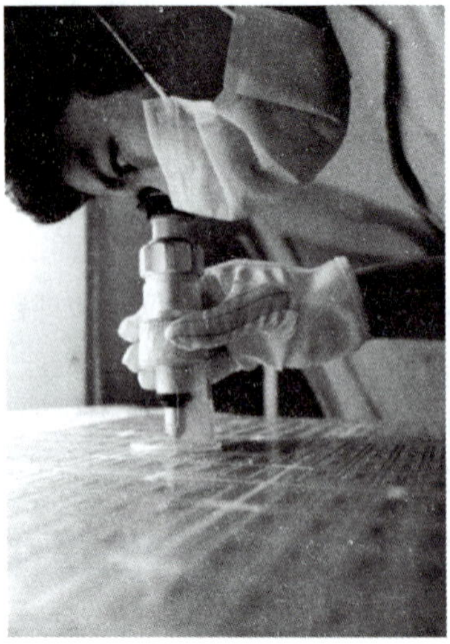

图 8—1

图片来源:http://baidu.com

第二代:早期软件产品公司,1959—1969

第一个真正的软件产品诞生于 1964 年,是由 ADR 公司接受 RCA 委托开发的一个可以在一个程序里形象的代表设备的逻辑流程图的程序。ADR 公司是一种新型的软件公司。软件开发者设立了包括了软件产品的基本概念、定价、维护法律保护手段等。

第三代:强大的企业解决方案提供商的出现,1969—1981

在这一时期,客户开始从硬件公司以外的卖主那儿寻找他们的软件来源并为其付钱。70 年代早期独立的提供商侵入了这个市场,使其成为这一时期最活跃的市场之一 。

第四代:客户大众市场软件,1981—1994

个人计算机的出现建立了一种全新的软件：基于个人计算机的大众市场套装软件。1981 年 IBM 推出了 IBM PC，一个新的软件时代才开始了。这个时期的软件是真正独立的软件业的诞生的标志，同样也是收缩一覆盖的套装软件引入的开端。

第五代：互联网增值服务 1994—2008

人类进入信息技术革命时期，为软件业开创了一个全新的时代。互联网不仅仅是软件业的奇迹，通信、媒体和最终消费电子业将同样深深的卷入其中，这给这个行业带来了一个新的方面，并可能引致软件业和其他行业的集中。

下图形象地展示了软件产品的发展周期：

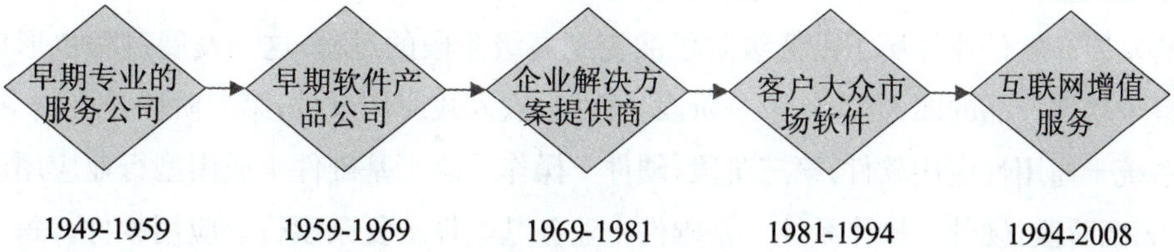

图 8—2

（三）软件产业发展

软件业现在已经是一个相对成熟的产业。在整个 90 年代，软件始终是风险投资的第一大户，直到互联网崛起，才扰乱了软件业的头把交椅。软件业早已经造就出一大批地位稳固、甚至垄断性的巨头，比如 SAP、Oracle、CA 等公司规模已经超过 100 亿以上，微软甚至已经达到 300 亿美元的规模，IBM 的软件业务更是庞大。

二、国家鼓励软件产业和集成电路产业发展若干政策

《国务院关于印发鼓励软件产业和集成电路产业发展若干政策的通知》印发以来，中国软件产业和集成电路产业快速发展，产业规模迅速扩大，技术水平显著提升，有力推动了国家信息化建设。但与国际先进水平相比，中国软件产业和集成电路产业还存在发展基础较为薄弱，企业科技创新和自我发展能力不强，应用开发水平急待提高，产业链有待完善等问题。为进一步优化软件产业和集成电路产业的发展，国家在财税、投融资、研究开发、进出口、人才培养、知识产权等方面制定了相关政策，为中国软件产业和集成电路产业发展提供了良好的政策支持。

第二节　软件产业贸易分类

一、软件产品按照不同发展阶段分类

作为一个新兴的不断发展的行业，软件业因为“对话”的需要，不断地经历着分层演变。为了适应越来越多样化的硬件，操作系统需要不断发展变化，操作系统的变化必然要带动基础件的发展，为了处理与基础件相关的业务，那么业务基础件也要不断改进，于是相对应的软件方面，则就会出现嵌入式应用软件、通用型应用软件、通用型行业应用软件以及复杂型行业应用软件分别对应硬件、操作系统、基础件、业务基础件的发展。软件业经历了由低级阶段演变到高级阶段的过程，这一发展过程也形成了整个软件产品的四大门类：第一阶段，硬件＋嵌入式应用软件；第二阶段，硬件＋操作系统＋通用性应用软件；第三阶段，硬件＋操作系统＋基础件＋通用型行业应用软件；第四阶段：硬件＋操作系统＋基础件＋业务基础件＋复杂型行业应用软件。每一个更高级的软件的出现，并不是将原来较为低级的软件的简单替代，它们在各个阶段同时并存，快速发展，从而形成到目前为止的软件的四大门类。

从中，我们可以看到软件行业的变化规律：第一，软件集成度增加，应用复杂度增加；第二，软件的增值空间增大；第三，软件越来越为单个人的特点服务，个性化增强；第四，开发软件的沉没成本增大，行业门槛越来越高；第五，信息化程度增高，应用价值增高；第六，通用性降低，用户数减少；第七，竞争对手数量减少。

当然，随着信息技术革命的不断发展，我们相信软件产品将会在目前第四大门类的基础上继续发展。就操作系统而言，涉及的硬件包括大型机、小型机、服务器、PC、笔记本电脑、掌上电脑甚至包括众多嵌入式芯片，每一类硬件都可能有不同时期、不同品牌、不同供应商的产品，要让这些硬件运作必然需要不同的操作系统。从基础件的角度，它解决了应用软件与操作系统的“对话”问题，降低了软件应用开发的成本、时间，提高了效率。而从业务基础件来看，它们更多的是应用在复杂庞大的系统中，实现客户与多样化的基础件“对话”。再说复杂型行业应用软件，则体现了现代经济高效的发展趋势。

要辨析和判断软件业的发展规律和趋势，理解产业“融合”是关键。其实，“数字融合”的概念已经盛行 10 多年。但是，只有以互联网为基础，一场真正的大规模融合才成为可能。在无法清晰判断未来图景时，业界的领袖们假设未来的互联网

将是社会信息基础设施的核心，将是计算、通信、娱乐、新媒体和电子商务等应用的共同平台。

目前，软件市场由软件服务、软件产品和自给软件三部分组成。软件服务是指为一个客户编写软件，自己并不拥有知识产权；软件产品是指将编好的软件卖给不同的客户，自己拥有知识产权；自给软件是指企业为自己应用或者为自己配套产品开放的软件。其中，软件服务和软件产品构成所谓的软件产业，而自给软件由于不是用于买卖或直接买卖，并不属于软件产业的组成部分。对于一个新兴的信息技术行业，我们不妨简单了解一下计算机软件几种收入计算方式：1、软件产品×兑水系数；2、(软件产品＋软件服务)×兑水系数；3、(软件产品＋软件服务＋自给软件)×(兑水系数)；4、(软件产品＋软件服务＋自给软件＋硬件收入)×(兑水系数)；5、(软件产品＋软件服务＋自给软件＋硬件收入＋房地产收入等其他收入)×(兑水系数)。

二、中国软件产业分类

目前，中国软件产业分为五类，包括软件产品、系统集成、软件技术服务、嵌入式系统软件和 LC 设计。如表 8—1 所示。

表 8—1　我国软件产业分类

分类名称	说明
软件产品	
系统集成	
软件技术服务	
(1)软件售后服务	软件咨询、维护、培训、调试和系统扩充等服务
(2)软件咨询和供应	包括分析、设计、编制定制软件
(3)数据处理	为数据库提供数据的活动、为顾客和他人的程序处理数据、顾客提供的数据全面处理、数据录入、文件扫描、管理或运行他人的数据处理设施、网站主持等
(4)数据库活动	网上数据库的出版、地址簿和邮件列表的网上发布、其他的网上出版、网上搜索引擎等
(5)后端办公处理	薪资处理、人力资源服务、法律数据库、数字内容开发
(6)客户交互服务	如：呼叫中心
嵌入式系统软件	
IC 设计	

软件产品是指向用户提供的计算机软件、信息系统或设备中嵌入的软件或在提供计算机信息系统集成、应用服务等技术服务时提供的计算机软件。软件产品又分为系统软件和应用软件。系统软件是指控制和协调计算机及外部设备，支持应用软件开发和运行的系统以及负责管理计算机系统中各种独立的硬件。例如我们熟悉的 windows7、瑞星杀毒软件、甲骨文、Linux、Visual Basic 等都属于系统软件。应用软件是用户可以使用的各种程序设计语言，以及用各种程序设计语言编制的应用程序的集合。应用软件是我们具体进行操作时必备的软件，如听音乐看视频使用的 Windows Media、暴风影音、网上聊天用的腾讯 qq 软件、上网使用的 IE 浏览器、办公必备的 OFFICE 软件、解压缩软件等都属于应用软件，可以说应用软件的种类较之系统软件更为具体更为多样。

系统集成就是将不同的软件系统，根据应用需要，有机地组合成一体化的、功能更加强大的新型系统的过程和方法。系统集成，从字面上讲就是将各功能部分综合、整合为统一的系统。系统集成包含五大要素：一、客户行业知识，要求对客户所在行业的业务、组织结构、现状、发展，有较好的理解和掌握。二、应用系统模式和技术解决方案，以系统的高度为客户需求提供应用的系统模式，以及实现该系统模式的具体技术解决方案和运作方案，即为用户提供一个全面的系统解决方案。三、产品技术，一方面是对原始厂商提供的产品的技术掌握，另一方面是指系统集成商自有研发产品，包括应用系统软件的开发。四、项目管理，就是对项目销售、售前、工程、售后服务过程的统一的进程和质量的管理。五、服务，随着行业的健康发展和规范化，系统服务的质量已逐渐成为重要参考点。在市场方面，随着系统集成市场的规范化、专用化的发展，系统集成商将趋于向产品技术服务型、系统咨询型以及应用开发型三个方向发展：产品技术服务型表现在以原始厂商的产品为中心，对项目具体技术实现方案的某一功能部分提供技术实现方案和服务，即产品系统集成；系统咨询型表现为对客户系统项目提供项目可行性评估、项目投资评估、应用系统模式、具体技术解决方案等方面的咨询；应用产品开发型表现为与用户合作共同规划设计应用系统模型，与用户共同完成应用软件系统的设计开发，对行业知识和关键技术具有大量的积累，具有一批懂行业知识又懂计算机系统的两栖专业人员。为用户提供全面系统解决方案，完成最终的系统集成。当前，对于系统集成存在系统与分销、系统化与规范化、系统集成的行业特点与市场定位、系统集成的长期持续投入等方面存在着值得讨论的地方。

软件技术服务是指为客户提供与软件技术相关的售后、咨询、处理等方面的服务。软件技术服务由软件售后服务、软件咨询与供应服务、数据处理服务、数据库活动服务、后端办公处理服务和客户交互服务组成。软件售后服务包括软件咨询、维护、培训、调试和系统扩充等服务;软件咨询与供应服务包括分析、设计、编制定制软件等服务;数据处理服务包括为数据库提供数据的活动、为顾客和他人的程序处理数据、顾客提供的数据全面处理、数据录入、文件扫描、管理或运行他人的数据处理设施、网站主持等服务;数据库活动服务包括网上数据库的出版、地址簿和邮件列表的网上发布、其他的网上出版、网上搜索引擎等服务;后端办公处理服务包括薪资处理、人力资源服务、法律数据库、数字内容开发等服务;客户交互服务包括呼叫中心等服务。

嵌入式系统软件,就嵌入式系统,有三种不同的定义方式:

第一种是根据电器和电子工程协会(IEEE)的定义,嵌入式系统是"控制、监视或者辅助装置、机器和设备运行的装置"。

第二种是比较通俗的定义,嵌入式系统是现代科学多学科互相融合的以应用技术产品为核心,以计算机技术为基础,以通信技术为载体,以消费类产品为对象,引入各类传感器,进入 Internet 网络技术的连接,从而适应应用环境的产品。

第三种就是目前国内比较普遍的定义,是指以应用为中心、以计算机技术为基础、软件硬件可裁剪、适应应用系统对功能、可靠性、成本、体积、功耗严格要求的专用计算机系统。

嵌入式系统经历四个发展阶段:第一阶段是以单芯片为核心的可编程控制器系统,其特点是系统结构和功能相对单一,处理效率较低,存储容量较小;第二阶段是以嵌入式 CPU 为基础、以简单操作系统为核心的嵌入式系统,其特点是种类繁多、效率高、有兼容性和扩展性;第三阶段是以嵌入式操作系统为标志的嵌入式系统,主要特点是嵌入式操作系统能运行于各种不同类型的微处理器上,兼容性好,操作系统内核精小、效率高,并且具有高度的模块化和扩展性;第四阶段是以嵌入式 Internet 为标志的嵌入式系统,这是一个正在迅速发展的阶段。嵌入式系统由嵌入式硬件与嵌入式软件组成。嵌入式硬件以芯片、模板、组件、控制器形式埋藏于设备内部。

嵌入式软件是实时多任务操作系统和各种专用软件,一般固化在 ROM 或闪存中。嵌入式系统软硬兼施,融为一体,成为产品,但在开发过程中需要一些开发工具进行辅助开发。嵌入式系统软件核心包括系统软件、支撑软件、应用软件,系统软件是嵌入式操作系统,支撑软件是嵌入式软件开发平台及工具,应用软件是嵌入式应用软件。通用计算机具有完善的操作系统,应用程序的开发以及完成后的软件都在 OS 平台上面运行,但一般不是实时的。

嵌入式系统则不同,应用程序用汇编语言和 C 语言来开发,可以没有操作系统直接在芯片上运行;但是为了合理地调度多任务、利用系统资源,用户必须自行选配 RTOS (Real Time Operating System)开发平台,这样才能保证程序执行的实时性、可靠性,并减少开发时间,保障软件质量嵌入式系统运用于国防工业、军事工业、兵器工业、信息家电、民用设备、工业、商业、办公自动化、医疗保健设备以及其他领域。嵌入式系统具有专用性强、技术融合、软硬一体但软件为主、存储快、存储量大、可靠性高、需专门开发工具和环境、体积小、价格低、工艺先进、性能价格比高、系统配置要求低、实时性强等特点。

嵌入式的应用热点包括嵌入式支撑软件、嵌入式语音芯片、嵌入式人机界面技术、与 Internet 相结合等。其中,嵌入式支撑软件包括嵌入式浏览器、嵌入式多媒体套件、嵌入式 GUI、嵌入式中文系统、嵌入式应用套、嵌入式 Java、嵌入式无线通讯软等。

IC 设计,或称为集成电路设计,其主要内容是运用专业的逻辑和电路设计技术设计集成电路(IC)。IC 设计涉及硬件软件两方面专业知识。硬件包括数字逻辑电路的原理和应用、模拟电路、高频电路等。

软件包括基础的数字逻辑描述语言,如 VHDL 等,微机汇编语言及 C 语言。IC 设计工具很多,其中按市场所占份额排行为 Cadence、Mentor Graphics 和 Synopsys。按用途对 IC 设计软件可以分为设计输入工具、设计仿真工作、综合工具、布局和布线、物理验证工具、模拟电路仿真器等。设计输入工具是任何一种 EDA 软件必须具备的基本功能。像 Cadence 的 composer,viewlogic 的 viewdraw,硬件描述语言 VHDL、Verilog HDL 是主要设计语言,许多设计输入工具都支持 HDL。另外像 Active—HDL 和其它的设计输入方法,包括原理和状态机输入方法,设计 FPGA/CPLD 的工具大都可作为 IC 设计的输入手段,如 Xilinx、Altera 等公司提供的开发工具,Modelsim FPGA 等。

对于设计仿真工作,几乎每个公司的 EDA 产品都有仿真工具,现在的趋势是各大 EDA 公司都逐渐用 HDL 仿真器作为电路验证的工具。综合工具可以把 HDL 变成门级网表,随着 FPGA 设计的规模越来越大,各 EDA 公司又开发了用于 FPGA 设计的综合软件,比较有名的有:Synopsys 的 FPGA Express, Cadence 的 Synplity ,Mentor 的 Leonardo,这三家的 FPGA 综合软件占了市场的绝大部分。在IC设计的布局布线工具中，Cadence软件是比较强的，它有很多产品，用于标准单元、门阵列已可实现交互布线，其它各EDA软件开发公司也提供各自的布局布线工具。物理验证工具包括版图设计工具、版图验证工具、版图提取工具等等，这方面Cadence也是很强的，其Dracula、Virtuso、Vampire等物理工具有很多的使用者。对于模拟电路的仿真工具，普遍使用SPICE，这是唯一的选择。

在众多的SPICE中，最好最准的当数HSPICE，作为IC设计，它的模型最多，仿真的精度也最高。专业的IC设计工具名称稀奇古怪，五花八门。相同设计环节的工具不同的公司有不同的名称。模拟工具跟数字工具也是基本不相关。目前主流的有三大EDA工具提供商：Cadence，Synopsys和Mentor公司。你可以到他们网站上浏览。他们的网站本身就是一个巨大无比的IC设计知识库。

三、世界其他国家对软件产业的分类

世界各国对"软件服务业"定义不同，美国称为"计算机服务业"，欧洲称为"IT服务业"，大体内容相同。由于欧美等发达国家软件产业发展较早，也较为成熟，因此他们对软件产业的分类对中国有借鉴意义，另外，作为软件产业比较发达的印度，他们的分类方法也有参考价值。所以，这一部分我们简要介绍一下欧盟和印度对于软件产业的分类。

(1)欧盟的软件产业分类

欧盟将软件产业分为六类，包括硬件咨询服务、软件出版、咨询和供应服务、数据处理服务、数据库服务、维护和修复办公、会计的应用软件以及其他计算机相关服务。如表8—2所示。

表8—2　欧盟软件产业分类

分类名称	说明
硬件咨询	
软件出版、咨询和供应	
(1)软件出版	非定制软件的开发、生产、供应和文件管理
(2)其他软件咨询和供应	包括分析、设计、编制定制软件；分析用户需求和提出解决方案、生产实现解决方案的软件、编写用户制定的任何软件、网页设计等。不包括软件的复制和与硬件有关的软件咨询

续表

分类名称	说明
数据处理	包括为数据库提供数据的活动、为顾客和他人的程序处理数据、顾客提供的数据全面处理、数据录入、文件扫描、管理或运行他人的数据处理设施、网站主持等
数据库服务	包括网上数据库的出版、地址簿和邮件列表的网上发布、其他的网上出版、网上搜索引擎等
维护和修复办公、会计的应用软件	
其他计算机相关服务	

其中，软件出版、咨询和供应可以分为软件出版和其他软件咨询与供应。软件出版包括非定制软件的开发、生产、供应和文件管理；其他软件咨询和供应包括分析、设计、编制定制软件，分析用户需求和提出解决方案、生产实现解决方案的软件、编写用户制定的任何软件、网页设计等。数据处理包括为数据库提供数据的活动、为顾客和他人的程序处理数据、顾客提供的数据全面处理、数据录入、文件扫描、管理或运行他人的数据处理设施、网站主持等。数据库服务包括网上数据库的出版、地址簿和邮件列表的网上发布、其他的网上出版、网上搜索引擎等。

由上述介绍可以看出，大体上，我国软件产业分类与欧盟差不多，只是欧盟将硬件咨询列入其中。

(2)印度的软件产业分类

由于软件产业在印度国民经济中的特殊地位，印度对软件服务业有特殊的界定。印度的“IT 服务”是广义的“信息服务”，除了真正意义上的软件服务，还包括硬件产品的维护和支持等内容。印度软件服务业的范围要比其他国家宽，他将产品和软件包、专业化服务(离岸/在岸)、项目开发(离岸/在岸)、教育培训、支持/维护、IT 关联服务业都记入软件服务业统计。印度大致将软件服务业务分为 IT 服务和 IT 关联服务。IT 服务是指为实现增值而在 IT 产品系统上使用任何 IT 软件而产生的任何一种服务；IT 关联服务是借助 IT 基础实施提供 BPO 服务。印度政府又提出来 ITES，即信息技术企业外包服务，并渐渐被世界其他各国接受。印度的 ITES 包括的领域有电话受理中心、医疗资料处理、办公业务、财务及其他辅助业务、工资管理、保险索赔业务、法律数据库、数字内容开放或动画制作、后勤管理等。目前,随着全球化、网络化发展而不断延伸,ITES将会发挥更大的作用,值得研究。

四、软件服务业的分类

(一)软件服务业相关产业概念

从狭义来讲,现代服务业是知识和技术相对密集的服务业,一方面是直接因信息产业和信息化的发展而产生的新兴服务业形态,如计算机和软件服务、移动通信服务、信息咨询服务等;另一方面是通过应用信息技术,从传统服务业改造和衍生而来的服务业形态,如金融、房地产、电子商务等。从广义来看,现代服务业是一种现代化、信息化意义上的服务业,它是指在一国的产业结构中,基于新兴服务业成长壮大和传统服务业改造升级而形成的新型服务业体系,体现为整个服务业在国民经济和就业人口中的重要地位,以及服务业的高度信息化水平等方面。知识密集型服务业是主要的现代服务业的代表,知识密集型服务业一般认为包括通信和信息服务业、金融业、以物流为基础的电子商务行业、教育、医疗保健等五个行业。知识密集型服务业重要的组成部分信息服务业是指利用专业的商业和技术知识,以便企业或机构创造、管理、最佳化,以及撷取商业流程和信息。从美国的分类来看,信息服务业包括信息处理服务、网络服务、系统软件产品、应用软件产品、交钥匙系统和系统集成、作业外包、专业服务等。

(二)软件服务业的定义及分类

软件服务业与软件产品/技术开发业同属于软件产业。狭义的软件服务业是提供的软件方面的专业服务,只包括与软件相关的服务。就狭义的软件服务业来说,可以分为软件产品的支持与维护和软件专业化服务。广义的软件服务业是在狭义概念的基础上还包括了ITES,既有IT外包服务,还有商业流程外包服务,具体涉及的业务包括人力资源服务、客户沟通服务、财务服务、数据收集整理和处理分析、远程教育、数字内容开发等等,即为实现增值使用软件产品而产生的专业化服务。从广义的角度来划分,可以分为软件产品的支持和维护、ITS信息服务以及ITES。如图8—3

软件服务业与IT服务业(ITS)的范围很难区分开,而且也没有任何一个国家或者机构尝试这么做,软件服务业呈现出以下发展趋势:软件服务业包括的范围不断扩大,覆盖更多的IT服务业的范畴;从技术服务领域向运营服务领域扩展;从ITO的业务领域逐步向BPO的业务领域扩展。

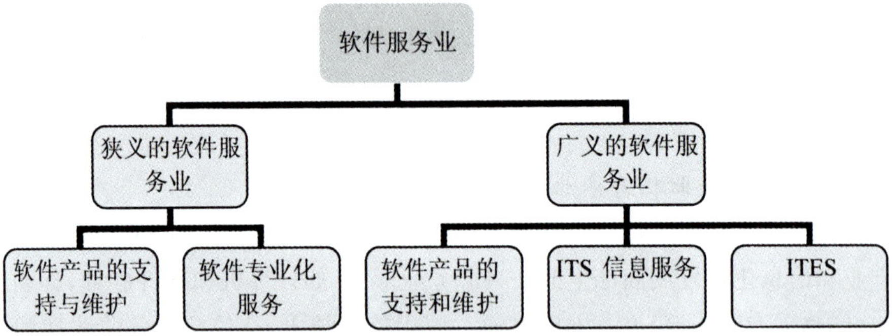

图 8—3　软件服务业的分类

（三）软件服务外包

服务外包是指企业将其非核心的业务外包出去，利用外部最优秀的专业化团队来承接其业务，从而使其专注核心业务，达到降低成本、提高效率、增强企业核心竞争力和对环境应变能力的一种管理模式。它包括商业流程外包（BPO）、信息技术外包（ITO）和知识流程外包（KPO）。如图 8—2。根据一项国外的调查显示，全球的企业外包领域中扩张最快速的是 IT 服务、人力资源管理、媒体公关管理、客户服务、市场营销。作为 IT 服务的重要组成部分，软件服务也成为外包服务应用较多的领域。

外包是一种战略性经营转变和创新，从而达到降低风险，增加企业的灵活性和改善企业效益的目的。信息技术外包服务是把企业和个人的信息化建设工作交给作为第三方的专业化信息技术服务公司来做。信息技术外包服务又可细分为数据中心服务、桌面服务、网络应用、企业应用外包服务等。如图 8—4。

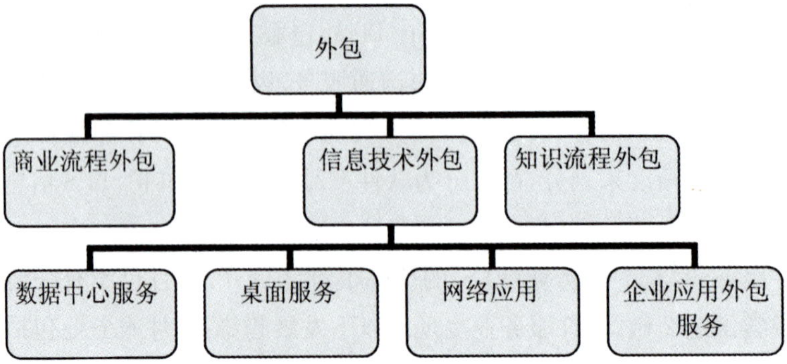

图 8—4　软件服务外包分类

数据中心服务外包是一种全年期的合同或关系，它涉及到运营服务器/主机平台方面的日常管理服务，其中包括分布式服务器与存储器在内。

桌面外包是一种多年期的合同或关系，它涉及到运营桌面/客户平台方面的日常管理服务。这些服务包括产品支持与专业咨询服务的任意组合。网络外包涉及到管理、强化、维护及支持终端或核心网络基础设施，或企业电信资产等方面对持续性网络或电信管理服务的购买事宜。

企业应用外包是一种多年期的合同或关系，它涉及到在服务器主机或桌面平台中管理、强化及维护定制应用或打包应用软件方面对持续应用服务的购买事宜。商业流程外包是企业将其业务流程委托给一个第三方机构，让它按照一整套定义好的规范来拥有、管理和运作整个业务流程，以降低成本，提高服务质量。

商业流程外包服务又可以细分为需求管理、供应管理、企业服务、运营服务等四个方面。需求管理又可分为客户对数据的选择、获取、保留、扩展的过程。供应管理涉及到购买、存储、移动三个流程。企业服务则包括了人力资源、财务与会计、支付服务、行政管理四个方面的服务。运营服务包括金融服务业务、政务教育业务、制造业务、零售批发运输业务、卫生保健业务等方面。知识流程外包是服务外包的高端部分，专业策划服务、知识产权服务、专业培训服务、政策法规调研、企业文化建设、人力资源规划等。

软件外包就是将软件产品开发过程中的某些部分交给其它的专门开发软件项目的公司来完成。例如，非专业开发软件的公司将其软件开发业务交给专业的软件公司来完成；一些发达国家的软件公司将他们的一些非核心的软件项目通过外包的形式交给人力资源成本相对较低的国家的公司开发。软件外包的主要目的就是为了降低软件产品的开发成本，加快软件产品的开发速度和提高软件产品的开发质量。把软件开发及测试项目通过外包形式发包给人力资源成本相对较低的国家的专业软件开发公司开发，已经成为欧美日等发达国家的软件公司降低软件开发成本的一重要的手段。软件外包是社会分工不断细化和 IT 技术发展相结合的产物。

全球软件外包的发包商主要集中在北美、西欧和日本等国家，外包接包市场主要是印度、爱尔兰和以色列等国家。美国市场被印度垄断，印度已经成为软件外包的第一大国，欧洲市场则被爱尔兰垄断。现在菲律宾、巴西、俄罗斯、澳大利亚、越南等也加入了世界软件外包的竞争行列。随着印度环境的恶化，中国的政治稳定和成本优势日益凸显，经济的高速发展、社会环境的改善、基础设施较印度的优势都让软件外包逐渐向中国迁移。随着软件设计技术、因特网技术和基础通讯设施的发展，软件外包将在全球范围内进一步发展，呈现几个趋势：BPO 成为未来外包发展的趋势、合作关系及无缝集成模式将成为外包的主要方式、外包市场集中度较高、外包市场成熟并形成规范的外包市场、IT 外包在各行业的应用更加深入。

中国软件外包业务存在的问题包括三个方面：一、市场开发、引入项目订单的能力不足；二、企业规模过小，接单能力不足；三、教育与培训水平不够、企业招人困难。由于以上这些原因，中国软件外包产业面临质量落后、规模小、管理水平不足、无人才、人口红利逐渐消失的挑战。面对这些挑战，中国需要采取下列措施来解决问题：一、开拓海外市场，叩开欧美发包商大门；二、学习印度 NASSCOM 成功经验，成立软件外包企业联盟，共同组织海外专家团队；三、政府、企业及联盟共同聘请海外领域专家以保证项目的顺利承接；四、制造发包商认可的联盟企业标准，加强对企业的培育和培训，提高整体水平，打造龙头企业；五、企业、大学和国家认可和指定的培训机构共同为软件外包企业，培养各个层次的软件外包人才。

第三节　软件产业贸易统计指标

一、软件产业贸易宏观指标

1. 居民与非居民间软件贸易统计

按照中国居民与非居民间软件贸易进出口规模，按国际收支口径统计，不含政府服务，如表 8—3 所示。

表 8—3　居民与非居民间软件贸易统计指标

序号	指标名称	指标功能
1	软件贸易进出口总额	表明一国软件产业对外贸易方面的总规模
2	软件贸易进口总额	一定时期内一国从国外进口的软件产品的全部价值
3	软件贸易出口总额	一定时期内一国向国外出口的软件产品的全部价值
4	软件贸易差额	一国在一定时期内出口总额与进口总额之间的差额。差额的正负反应进出口软件贸易是否平衡
5	主要软件产品的进口额	从国外进口的主要软件产品的价值
6	主要软件产品的出口额	向国外出口的主要软件产品的价值
7	主要软件产品进出口总额	一国主要软件产品对外贸易方面的总规模

续表

序号	指标名称	指标功能
8	主要软件产品进出口在软件贸易中的比重	表明主要软件产品对整个软件贸易的影响程度
9	软件贸易开放度(或软件贸易依存度)	指一国在某一年的软件贸易总额与该国国内生产总值之比,它可以反映出软件贸易对 GDP 的贡献率
10	软件贸易竞争优势指数	指一国软件产业或软件产品的净出口额与进出口总额之比

2. 商业存在统计

商业存在统计指标如表 8—4 所示。

表 8—4　商业存在统计指标

分类	指标名称	指标功能
中国境内商业存在情况	外商投资的软件企业总数	在中国境内设立的,由中国投资者和外国投资者共同投资或者仅由外国投资者投资的软件类型企业。
	软件产业实际使用外资金额	指报告期收到软件产业的用于固定资产建造和购置的国外资金(包括设备、材料、技术在内),包括对外借款(外国政府贷款、国际金融组织贷款、出口信贷、外国银行商业贷款、对外发行债券和股票)、外商直接投资及外商其他投资。
境外中国商业存在	软件产业对外直接投资	软件企业以跨国经营的方式所形成的国际间资本转移. 一般认为对外直接投资是一国投资者为取得国外企业经营管理上的有效控制权而输出资本,设备,技术和管理机能等无形资产的经济行为.

3. 自然人移动统计

软件产业贸易的自然人移动统计指标如表 8—5 所示。

表 8—5　自然人移动统计

序号	指标名称	指标功能
1	全年派出从事软件服务的劳务人员（包括对外工程承包、对外劳务合作和对外咨询设计三项中的劳务提供者）	指劳务出口国向劳务进口国提供从事软件工作劳动力 或者服务的总人数，以谋取经济利益，获得外汇收入为目标。
2	对外软件服务合作和对外设计咨询营业额	指对外软件服务合作和对外咨询所获得的外汇收入水平
3	个人跨境软件服务收入总额	指居民个人在本国以外从事软件服务工作获得的外汇收入水平

二、软件产业微观指标

1. 软件产业分行业的核算指标

软件产业涉及诸多行业，为测算软件产业的增加值，考核其在国民经济中的地位和贡献，必须建立以软件产业分行业增加值的总量和构成为主的核算指标，目的是满足软件产业增加值的汇总需要，分析软件产业增加值的行业构成，比较各行业的发展总体状况。具体的核算指标见表 8—6：

表 8—6　软件产业分行业的核算指标

序号	指标名称	指标功能
1	总产出	总体发展规模和水平的价值量指标
2	中间消耗	核算产业活动过程中消耗的物质产品和劳务的价值之和
3	增加值	软件产业活动的最终成果
4	劳动者报酬	劳动者个人参与增加值创造而获得的原始收入
5	固定资产当年折旧额	全部固定资产在本期生产中的资产转移价值
6	生产税净额	按规定上交给国家的各种税金之和
7	营业利润	行业参与增加值创造而应得到的原始收入份额
8	年平均从业人员数	软件产业各行业年初与你按摩从业人员的平均数
9	固定资产年平均占用额	软件产业各个行固定资产年初与年末占用余额的平均数
10	事业单位经费自给率	衡量软件事业单位经费自给的程度，反映其市场的程度

2. 软件产业单位（行业）统计分析指标

软件产业单位（行业）统计分析指标的建立是为各产业单位（行业）提供一个分

析比较的统计标准，力图从产业活动的生存、发展和赢利（社会和经济）的角度去分析我国软件产业单位（行业）的发展情形。设置时按经营条件、效益状况、资产运营、偿债能力、发展前景等五个方面进行。具体设置指标见表 8—7：

表 8—7　软件产业单位（行业）统计分析指标

序号	方面	统计指标	指标作用
1	经营条件	年末从业人员数	反映软件产业单位进行活动所具有的现有条件、环境。
2		年末资产总额	
3		年末固定资产原值	
4		经费收支结余数	
5		所有者权益	
6	效益状况	净资产收益率	反映软件产业经营活动成果的状况。
7		总资产收益率	
8		资产保值增值率	
9		销售利润率	
10		成本费用利用率	
11	资产运营	总资产周转率	反映软件产业单位的经营活动资产运行的状况和效率
12		流动资产周转率	
13		存货周转率	
14		应收帐款周转率	
15		不良资产周转率	
16		资产损失率	
17	偿债能力	资产负债率	反映软件产业单位近期或长期偿还到期债务的能力
18		已获利息倍数	
19		流动比率	
20		速动比率	
21		现金流动负债比率	
22	发展前景	销售增长率	反映软件产业单位可持续经营的潜力
23		资本积累率	
24		总资产增长率	
25		固定资产成新率	
26		三年利润平均增长率	
27		三年平均资产增长率	

3. 软件产业单位的基础指标

软件产业单位的基础指标是为满足软件产业行业的核算和统计分析的需要而提供基础数据的指标。考虑现行各软件产业单位执行的会计制度不同，设置时分为三类指标：Ⅰ类（执行工业企业会计制度）、Ⅱ类（执行商业企业会计制度）、Ⅲ类（执行行政事业会计制度）。具体指标见表 8—8：

表 8—8 软件产业单位的基础指标

序号	行业/类别	统计指标
1	执行工业企业会计制度的Ⅰ类行业	资产（固定资产、流动资产和无形资产及递延资产）
2		负债（流动负债和长期负债）
3		所有者权益（实收资本）
4		产品销售收入（成本、费用、税金及附加、利润）
5		管理费用
6		利息支出
7		营业利润
8		利润总额
9		本年应交增值税
10		本年应付工资总额（应付福利费总额）
11		本年提取的折旧额
12		全部从业人员年末人数
1	执行商业企业会计制度的Ⅱ类行业	资产（固定资产、流动资产和无形资产及递延资产）
2		负债（流动负债和长期负债）
3		所有者权益（实收资本）
4		营业收入（成本、费用、税金及附加、利润）
5		管理费用
6		财务费用
7		营业利润
8		利润总额
9		本年应交增值税
10		本年应付工资总额（应付福利费总额）
11		本年提取的折旧额
12		全部从业人员年末人数

续表

序号	行业/类别	统计指标
1	执行行政事业会计制度的Ⅲ类行业	资产（固定资产、流动资产和无形资产）
2		负债
3		净资产（事业基金、固定基金、专用基金、经营结余）
4		收入合计（财政补助收入、上级补助收入、事业收入、经营收入）
5		支出合计（事业支出、经营支出、基本建设支出）
6		成本费用
7		销售税金
8		基本、补助、其他工资
9		职工福利和社会保障费用
10		设备购置费
11		公务、业务、修缮费
12		全部从业人员年末人数

第四节　软件产业贸易历史与现状

一、中国软件贸易概况

软件贸易指的是软件的研究、开发、生产以及销售通过市场完成而形成的贸易。软件贸易对于整个软件产业的形成都具有重要的作用，大批商品化的软件以商品的形式在流通领域内流通标志着软件产业的形成。中国的计算机技术起源于1980年之后，中国的计算机软件产业发展迅速，目前就已经形成了六个国家级的软件出口基地，分别为：北京、上海、大连、深圳、天津以及西安。

（一）中国软件的出口情况。

从总体上讲，中国软件的出口一直保持着增长态势。在2005年共完成软件出口额35.9亿美元，同比增长28.2%。中国软件出口地主要集中在东部沿海地区，在2005年，全国软件收入超过100亿的省市有10个，分别是北京、广东、江苏、浙江、山东、江苏、福建、天津、陕西、辽宁，软件收入合计达到3422亿元，占全国的87.7%。从产品来看，在中国出口软件当中，杀毒软件、游戏软件以及办公软件较有优势。并且，中国有很大一部分人才在IBM、微软等软件产业巨头企业工作。中国所面向的出口市场主要集中在日本、美国、欧洲以及东南亚等国家和地区。

(二)中国软件的进口情况。

同样,中国也是软件的进口大国,主要进口市场为韩国、日本等计算机、电子通讯发达的国家。2004 年,中国从 韩国进口的计算机、信息技术等产品的总价值就达到了 17.6 亿美元,并且国外软件在中国的应用率占到了 80%。在 2006 年 4 月,由信息产业部、国家版权局和商务部联合签发《关于计算机预装正版操作系统软件有关问题的通知》中便要求在中国市场销售的国产电脑和进口电脑,必须预装正版软件,为此微软分别与同方、TCL、方正、联想等企业签订了总价值高达 29 亿美元的软件销售协议。2005 年,软件成为零关税产品之一,这促使了更加严酷的竞争,因为不论国内还是国外的软件企业都将面临同一个市场,整个软件产业也将进入残酷的优胜劣汰中。

表 8—9　2008 年中国按地区分类进出口数据

2008 年我国按地区分类进出口数据

进出口	产销国洲	数量	美元
出口	亚洲	9525697	17831550
出口	北美洲	4414997	9578403
出口	欧洲	2562839	7350876
出口	非洲	2518580	4440087
出口	拉丁美洲	857753	1603667
出口	大洋洲	522470	1724546
进口	亚洲	1469332	8363346
进口	北美洲	1275802	4658028
进口	欧洲	581568	2426098
进口	大洋洲	3856	34588

http://www1.chemworld.com.cn:31078//hscode.jsp? code=9803

2008 年按关口统计进出口量

海关	出口		进口	
	数量	美元	数量	美元
北京海关	6021	26709	7792	62078
成都海关			181	4020

续表

海关	出口		进口	
	数量	美元	数量	美元
大连海关	461772	817695	320792	513536
广州海关	405579	1384556	5610	115607
杭州海关	390984	413683	2541	41578
黄埔海关	969870	2024902	1258691	3890774
南京海关	301847	537362	15036	175432
南宁海关	7656	31312	148	1019
青岛海关	49284	75079	125454	604645
厦门海关	1335895	5060804	9505	37442
上海海关	7728563	13602251	915588	7914505
深圳海关	6263725	9621575	295094	953340
天津海关	171268	631378	50985	189555

http://www1.chemworld.com.cn:31078//hscode.jsp? code=9803

二、中国软件贸易发展现状

2010年,中国软件业实现新的突破,产业增速稳步回升,业务结构调整加快,企业发展和区域布局出现新的特点,在国民经济中的地位不断提升。

收入规模突破万亿,产业地位稳步提升。2010年,实现软件业务收入13364亿元,同比增长31%,产业规模比2001年扩大十几倍,年均增长38%,占电子信息产业的比重由2001年的6%上升到18%。在全球软件与信息服务业中,所占份额由不足5%,上升到超过15%。软件业增加值占GDP的比重由2001年不足0.3%上升到超过1%,软件业从业人数由不足30万人提高到超过200万人,对社会生活和生产各个领域的渗透和带动力不断增强。

增速高位趋缓,产业步入发展新阶段。"十五"期间,中国软件产业业务收入平均增速为47%,"十一五"平均增速为28%,收入增速有所趋缓,软件产业开始从高速增长转入相对平稳的新阶段。但2010年收入增长明显快于2009年,增速提高5.4个百分点,且一至四季度软件业务收入分别为2573、3475 、3634和3682亿元,增长25.7%、31.8%、32.3%和34%,收入数和增速呈逐季上升态势。

业务结构调整加快,服务化趋势更加突出。服务收入增长带动软件业务调整,

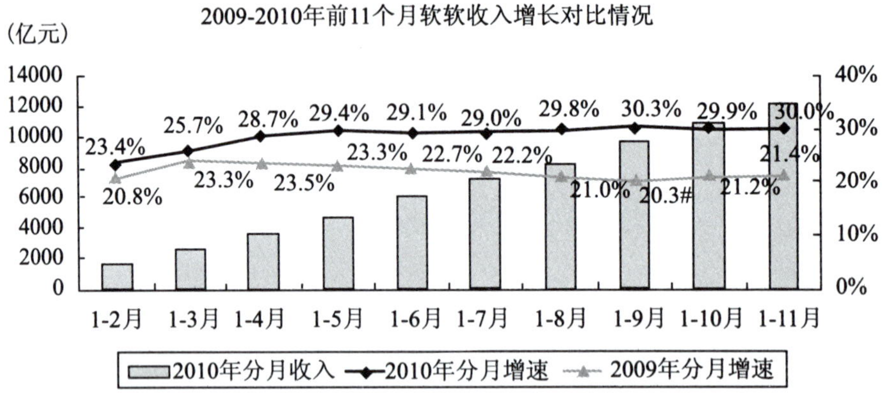

图 8—3　2009 年—2010 年前 11 个月软件收入增长对比

特别是与网络相关的信息服务发展迅速。2010 年,信息技术咨询服务和信息技术增值服务收入分别为 1233 和 2178 亿元,同比增长 37.2%和 44.6%,高于全行业 5.9 和个 13.3 百分点,两者收入占全行业比重达 25.5%,比 2001 年提高 18.9 个百分点。软件产品收入 4208 亿元,同比增长 28.6%;嵌入式系统软件受通信类产品增长放缓影响,完成收入 2242 亿元,同比增长 15.1%,低于全行业 16.2 个百分点。受集成电路行业复苏和软件外包市场增长带动,设计开发实现收入 593 亿元,同比增长 73.1%;系统集成和支持服务实现收入 2910 亿元,同比增长 31.8%。

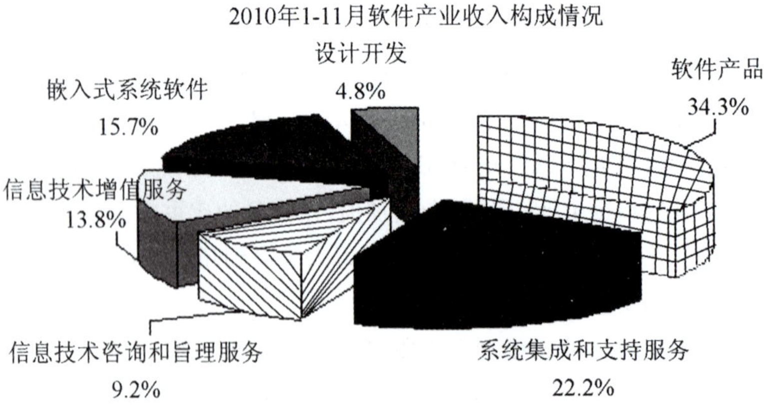

图 8—4　2010 年 1—11 月软件产业收入构成情况

区域分布呈现分散集中格局,中心城市成为行业发展聚集点。软件产业发展聚集趋势从过去主要集中在京粤地区转向沿海地区。2010 年,东部地区完成软件业务收入 11449 亿元，同比增长 31.8%，除京粤两地外沿海多个省市均呈现快速发展势头，江苏、辽宁、福建、山东四省软件收入增长超过 35%，占全国比重比 2001 年提高了 13.4、3.8、3.1 和 1.5 个百分点，合计占比达 35%，逐步打破过去京粤两地占全国一半以上的集中局面（两地占比下降为 35.5%）。中心城市成为软件产业发展的主要聚集地，2010 年全国 4 个直辖市和 15 个副省级城市软件收入 10643 亿元，同比增长 32%，占全国的比重为 80%，增长快于全国平均水平 1 个百分点。在中西部地区中心城市地位更为突出，成都、西安、重庆三个城市占西部地区的 90%，武汉、长春二个城市占中部地区 30%以上。

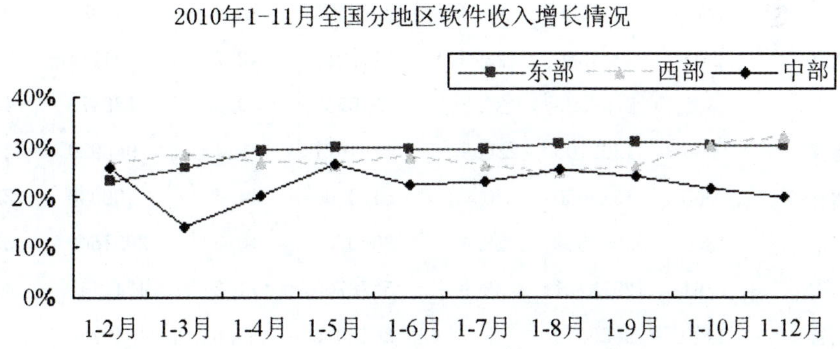

图 8—5　2010 年 1—11 月全国分地区软件收入增长情况

重点企业平稳发展，行业创新进展明显。2010 年，信息产业部重点监测的软件前百家企业累计完成软件业务收入 2900 亿元，同比增长 21%，占全国收入的 21.7%；实现利润 553 亿元，同比增长 13%。其中软件业务收入超百亿元的企业达到 4 家，比去年又增加 1 家。企业创新成效显著，据中国版权保护中心数据显示，2010 年全国计算机软件著作权登记量突破 8 万件，“十一五”期间登记量翻了二番，平均增速达 37%，华为、中兴等企业名列前位。同时，在 2010 年度国家科技进步奖评审中，中控科技、华为、中兴、恒生电子、信雅达等多家软件企业获得科技进步二等奖。

软件外包业务仍然层次偏低。中国目前的软件在国际竞争中是通过低价格赢得市场。吸引发包商的因素并不完全因为中国的软件水平领先，而是由于中国廉价的劳动力等生产要素。并且，从接包产品层次看，中国目前承接的业务主要还是以编码外包为主的较低端的服务项目，处于软件产业价值链的下游。所以从总体上来看，中国软件外包仍处于成本要素驱动阶段，软件企业较小，管理水平低，在国际上竞争力不强。中国软件外包业务存在的问题包括三个方面：一、市场开发、引人项目订单的能力不足；二、企业规模过小，接单能力不足；三、教育与培训水平不够、企业招人困难。由于上这些原因，中国软件外包产业面临质量落后、规模小、管理水平不足、无人才、人口红利逐渐消失的挑战。

表 8—10 2010 年 1—12 月软件产业主要经济指标完成情况

2010 年 1—12 月软件产业主要经济指标完成情况(一) 单位:万元

单位名称	企业个数	软件业务收入		软件产品收入		系统集成和支持服务收入	
		本期累计	同比增减%	本期累计	同比增减%	本期累计	同比增减%
合计	20719	133640156	31.3	42079303	28.6	29099983	31.8
北京市	3501	23204580	23.3	9117346	22.7	6304174	20.2
天津市	385	2797590	35.2	545552	40.5	189475	43.3
河北省	235	1262193	226.9	234671	9.4	946929	634.2
吉林省	760	1620000	20	470000	14.6	600000	22.4
上海市	1300	9003500	28.6	3090700	10.5	2051600	35.9
江苏省	2261	22913771	38.9	5678700	71.2	4241146	47.7
山东省	1420	9050870	49	2646805	36.8	1949286	46.9
湖南省	474	1728000	22.7	882144	26.8	288576	17.1
广西省	100	524100	22.4	302050	26.9	124545	14.8
重庆市	549	1552741	50.3	431347	52.4	645368	46.1
贵州省	169	360348	50.7	160286	65.4	176287	36.1
陕西省	800	2682000	40.7	662000	28.4	795000	15.9
甘肃省	65	172363	43.6	50064	40.9	96014	41.1

2010 年 1—12 月软件产业主要经济指标完成情况(二) 单位:万元

单位名称	信息技术咨询和管理服务收入		信息技术增值服务收入		嵌入式系统软件收入		设计开发收入	
	本期累计	同比增减%	本期累计	同比增减%	本期累计	同比增减%	本期累计	同比增减%
合计	12330827	37.2	21777495	44.6	22424403	15.1	5928145	73.1
北京市	2255913	17.1	4610389	36.7	682134	7.2	234624	10
天津市	440309	39.7	164186	45.9	1184983	27.2	273085	44.2

续表

单位名称	信息技术咨询和管理服务收入		信息技术增值服务收入		嵌入式系统软件收入		设计开发收入	
	本期累计	同比增减%	本期累计	同比增减%	本期累计	同比增减%	本期累计	同比增减%
河北省	14353	−5.7	7872	−1.9	50880	365.7	7488	−11.8
吉林省	390000	21.9	90000	12.5	70000	40		
上海市	914000	39.3	1618400	60.6			1328800	29.1
江苏省	1271474	189.5	3420071	63.9	6915572	−0.9	1386808	72.4
山东省	2117492	51.5	688948	106.6	1572168	52.8	76171	45
湖南省	67392	2.9	129600	11.7	359424	26.3	864	512.8
重庆市	90335	50.2	98762	62.1	253675	45.2	33255	160.9
贵州省	23775	88						
陕西省	536000	25	241000		224000	20.4	224000	151.1
甘肃省	15359	18.8	7762	176.6	63	−77.6	3101	649

发展中的问题

1. 软件产业欠缺标准化规范化

软件产业如其他制造业一样需要规范化和标准化，而这显然是大规模生产和市场统一的前提。印度软件产业非常重视规范的建立于实施。在印度的班加罗尔，许多大型企业都已通过了软件产业规范管理 CMM5 认证或 ISO9000 认证。在我国，许多企业只具有 CMM3 的认证，很多软件的开发工具、数据库系统等标准不一，自成一家，这就为软件的标准化带来了很大不便。

图 8—6

图片来源：www. baidu. com

2. 高端软件人才缺乏

任何国家软件产业的蓬勃发展并不是一朝一夕的事情，它得来于大量先进人才的共同努力。在中国，我们拥有大量的人才储备，人才培训机制也日臻完善，但我国目前软件蓝领技术人员，即熟练的程序员人员偏多，而仍然缺乏既懂管理又懂技术的高端软件人才。若要提高我国软件产业在国际范围的竞争力，软件产业人员不仅要有过硬的技术基础，还要具备良好的沟通能力，管理能力等较全面的素质。麦肯锡咨询机构曾经说过，这是一场人才的战争。因此，如何培育人才则成为了重中之重。

3. 中国企业对知识产权保护意识不足。

我国历来不十分重视软件及其他无形资产的保护，虽然这几年国家不断加大保护知识产权方面的宣传力度，但是，很多计算机软件企业还是存在对于此项方面认识的误区，例如有些企业把知识产权简单的看成是一种科技成果，严重地忽略了它的财产性；有企业怕麻烦、怕花钱，不愿意申请相关的法律保护。由此可见，我国软件企业对知识产权的保护、对相关法律不甚了解。据统计，国内拥有自主知识产权核心技术的企业，仅占大约万分之三，99%的企业没有申请专利，60%的企业没有自己的商标，一些中小企业的产品主要靠模仿，原创产品根本没有。

三、中国软件产业的发展对策和前景分析

(1)全球软件产业现状

随着经济全球化程度不断加深，信息革命愈发显示出其强劲的生命力。信息技术不断创新，用户需求也不断升级，在这二者的共同作用下，信息软件产业实现了稳步增长。2010 年，全球产业整体的市场规模达到了 23511 亿美元，比之 2009 年增长了 7.1%。而除了保持较快速度的增长之外，全球软件产业的重点发展领域也发生了重要的变化。软件服务取代软件产品成为了整体软件产业中规模最大的部分。根据国际知名信息服务公司 Datamonitor 的数据显示，2010 年全球软件产业不同业务类型收入中，IT 服务占 47.5%，网络软件与服务占 39.%，而软件产品只占据了 12.0 的份额。

世界各个国家在经历了金融危机的冲击之后，纷纷将发展软件产业作为产业核心，对其进行重点扶持与发展。目前，美国依然处于软件产业规模的龙头地位，其收入始终居于领先。其次是以印度、韩国、日本、中国为代表的东南亚国家，这些国家各自根据本国优势劣势，发展各具特色的软件业务以及参与软件外包活动。欧洲地区则在网络软件、开源软件和工业软件等方面形成规模。

从企业层面讲，领跑全球软件产业的企业例如 IBM、微软、谷歌等，依靠其先进的技术，不断开发创新产品，研发高级的软件技术，继续在世界市场上保持着领先

的地位，并且在全球软件产业链上居于上游的高端位置。

(2)软件产业发展趋势

1. 软件产业链纵深整合

软件产品作为商品而言，也具有一条完整的产业链。从产业链上游的研发至中游的生产再到下游的销售。传统的软件产业链只大致分为这三部分，但是随着科技不断创新与进步，软件作为不同于其他商品的一些特质逐渐显露出来。由于软件完成之后要应用于各种各样的终端，而软件的研发与终端的制造往往处于不同的机构，彼此之间并无交互的联系。传统的思维方式即是根据终端的特性进行研发软件；目前，许多大型企业将软件开发与终端设备制造、数字内容提供等进行整合组织，构建了一条更加纵深的产业链体系。在这方面，苹果公司可以称之为技术创新与商业模式创新互动的先驱。苹果公司不仅推出 i phone，i touch i pad 等终端产品，同样也具有 app store，i tunes 等产品与服务，率先实现了“应用软件＋数字内容服务＋智能终端＋内容分发渠道”的产业链整合。而苹果公司这一创新举动引得包括谷歌、微软在内的很多企业纷纷开始整合自己软件产业链，为整个软件产业带来一次新的革命。

2. 软件服务体系日趋成熟和完善

软件原有的产业边界已经变得日渐模糊，软件产品的竞争也日渐被软件服务的竞争所代替。软件服务的进程日益加快，引起了软件从授权、研发甚至到维护方式等方方面面都发生了巨大的变化。随之而来的是软件的应用模式与商业模式的改变。世界市场上的软件制造商试图通过整合内外部资源，发掘各自的竞争力，不断扩大软件服务所涉及的范围并不断完善软件服务的内容与质量。越来越多的企业开始注重技术、产品、服务三者的融合，重新构制和扩展自身的业务体系。

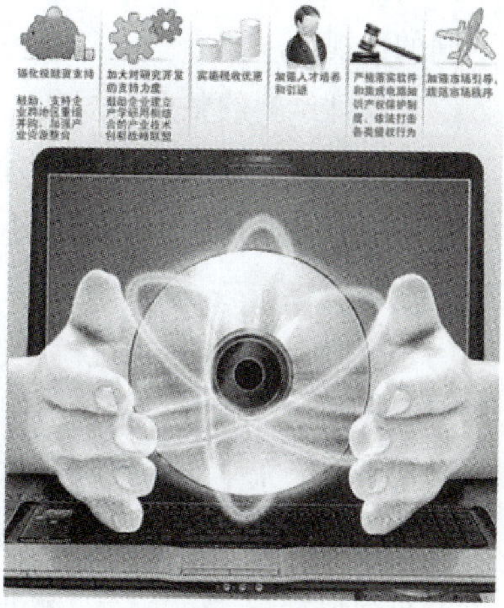

图 8—7

图片来源：www. baidu. com

(3)中国软件产业贸易发展对策

1. 政府的支持是保障

政府在发展软件产业的过程中起着至关重要的角色。中国在知识产权方面的法律主要有著作权法、商标法、专利权法，而在 1991 年时中国颁布了“计算机软件保护条例”。特别是近几年，不断地完善与知识产权有关的法律法规。2002年，对“计算机软件保护条例”进行了修改，加大了对于盗版的打击力度，规定盗版软件的最终用户也要承担法律责任。由此可见中国对于计算机软件存在的相关问题的重视程度和打击的力度。加强知识产权、商业秘密和个人隐私保护的力度，改变欧美企业对中国软件企业的态度看法对于树立中国软件产业在世界上的形象都是至关重要的。目前中国盗版猖獗，对于知识产权的保护和立法方面均不如发达国家完善，这使得国外企业和国内企业都蒙受了一定的损失。因此，培育良好的信用环境和市场经济秩序是我国政府首要解决的。

2.完善人才培育机制

软件产业的发展与人才息息相关，中国目前需要解决的不仅是培育高素质的技术+管理型人才，同时也需要企业关注员工的未来发展，通过相应的激励措施引进人才，留住人才，发展人才。高校对于人才的培养不能单纯的培养只懂技术的学生。在全球化不断深化的今天，任何一个产业的发展需要的都不仅仅是懂得局限在该产业知识的人。高端人才除了本身的技术过关之外，还需要具有良好的沟通交流能力，团队协作能力，以及优秀的道德品质。这需要政府和企业共同努力，为从事软件产业的人员在政策上、体制上、环境上进行有效的配合。政府可以利用设置专门的奖项，开设专门的科研机构等方法，加强培养既懂贸易又懂计算机软件知识的专业人才，以适用国际软件的发展趋势。新时代所需要的新型人才便成为人才培养的目标，人才的标准也同样是与时俱进，这需要引起学校、政府以及企业共同的重视。

3.软件产业的整合与规范

中国软件企业规模普遍较小，而像微软、IBM等大型企业都具有3000－5000人左右的研发队伍。企业规模小带来的一个缺陷就是不易形成鲜明的竞争力。由于企业规模普遍较小，对于国际上通用CMM、ISO等各类认证力度也就相应不够。。此外，企业数量多、规模小也使得整个软件产业标准不一，零散无序。这不仅不利于我国软件产业整体提升国际竞争力，也不利于企业本身的发展。为此，企业要根据自身的水平和能力进行不同等级的认证，这固然越高越好，但是从软件产业的整体角度而言，良好的发展需要规范。2005年6月30日，WTO公布了《2005年世界贸易报告》，核心就是“标准化与国际贸易”，中国应当认真研究相关技术法规、合格评定标准等，加快中国的标准化进程。此外，大企业和小企业应当共同发展，这一问题也是韩国日本等国家共同面临的问题。大企业和小企业形成以大带小的产业集群，形成集群式发展：大型企业为龙头，小型企业为支持。发挥各自的优势，利益共享，通过整体具备的优势快速形成规模化的研发能力，提高国际竞争力，扩大海外市场。

全球的 IT 业已经成为了世界的潮流，在全球的竞争中，我们会看到各个国家包括中国的种种优势以及劣势，同时我们也能看到在世界市场上充满了机遇与挑战。虽然我们与技术领先的美国、欧洲等国家，以及在软件外包方面的印度、爱尔兰等国还有一定的差距，但是在一份有关中国 IT 实力评估报告中指出，在过去的十年中，中国领先的软件企业平均年增长率在 40%—50%左右，并且中国在以后还会不遗余力的持续发展。我们应当看到，中国不仅有着庞大的国内市场和数量众多的人才，而且我国这一市场正在逐步走向国外，走的更远。中国的人才也更加具有综合性。我国的政府也抓紧调整产业布局，调整产业结构，许多城市也将软件产业作为重点攻坚对象，在相关的政策和投入方面都加大了投资力度。中国需要开放视野，需要不断向技术先进处于世界领先地位的国家学习，只有取长补短，找到真正符合我国自己的发展路径才最有利于软件产业，以至于国家科技事业的发展。我们有理由相信，在不久的将来，中国会跻身软件产业发达国家前列，并且终会成为软件产业贸易强国。

第九章　文化贸易统计分析与预测

第一节　文化贸易统计分析的主要方法

“统计”一词来源已久，其含义屡有变化。汉语中“统计”原为合计或汇总计算的意思。“统计”一词最早出自于拉丁语中的“Stutus”，指的是各种现象的状况和状态；后来统计在英语中演变为“Statistics”，即统计学和统计资料。事实上，统计除了上述两层含义外，还包括统计工作。

统计工作，即统计实践活动，是对客观现象的数量方面进行搜集、整理和分析的活动过程。统计资料是指反映客观现象数量方面的数字或情况，是统计工作的直接成果。统计工作的好坏直接影响统计资料的数量和质量。统计工作的发展需要统计理论的指导。统计学是一门认识社会和自然的方法论科学，它来源于统计工作，是统计工作经验的理论概括，翻过来又以其理论和方法指导统计工作，推动统计工作不断提高。由于以上三者之间具有如此密切的关系，所以习惯上我们把这三者通称为统计。

统计作为一种特殊的调查研究活动，与其他调查研究活动相比较，其研究对象主要有以下四个特点：

1. 数量性

统计最基本的特点就是以数字为语言，用数字去说话，用数字去描述客观对象的特征。这些特征包括：

(1)数量多或少，如一个国家或地区人口、粮食产量的规模、水平等。

(2)各种现象之间的数量关系，如人口数量中的男、女比例，各种年龄人口的比例，粮食产量与人口的比例等。

(3)质与量互变的数量界限。例如，某个地区生活收入的贫困线是多少，达到温饱、小康的水平又是多少。

统计既要研究上述数量的现状，研究他们的过去、研究他们的发展变化规律，又要在此基础上对未来进行预测。

2. 总体性

统计的认识对象是指客观现象总体的数量。对统计对象总体性的研究就是应用各种各样的研究方法综合地反映客观事物发展水平、速度、构成和比例关系，研究总体的综合数量特征。尽管总体性研究是以对个体事物数量的认识为起点，但其最终目的不是研究个别事物(现象)的数量。

3. 具体性

统计活动所调查研究的是客观现象的具体的数量，具有实际的经济内容。它是在质的规定条件下，研究量的特征，有别于纯粹数量的数学研究。

4. 广泛性

统计的调查研究对象既涉及社会经济生活的各个领域，也涉及自然科学的各个领域。凡是在通过数量反映事物特征的各个领域和方面，都有统计存在。

从整体上讲，统计是处理数据的一门科学。统计学是收集、处理、分析、解析数据并从数据中得出结论的科学。统计是关于数据的科学，它所提供的是一套有关数据收集、处理、分析、解释并从这种分析中得出所研究对象规律的科学。用一句简单的话概括之，就是用数据说话。但是统计学只是用数据说话，即寻找出规律，至于规律的原因，则不是统计学研究的内容。比如在天文学中，通过对天体运动的统计分析，开普勒得出了行星运动的三个定理，这是统计工作的范畴。但是，至于行星为什么这样运动，就不是统计所能解决的问题了。

一、平均指标

1. 平均指标概述

统计数据经过整理与显示后，我们对数据分布的类型和特点就有了一个大致的了解。但这种了解知识表面上的，还缺少代表性的数量特征，以准确地描述出统计数据的分布。要进一步掌握数据分布的特征和规律，还需要找到反映数据分布特征的各个代表值。对统计数据分布的特征，可以从以下三个方面进行测度和描述：一是分布的集中趋势，反映各统计数据向其某一中心值靠拢或聚集的程度或倾向，测度集中趋势也就是寻找数据一般水平的代表值或中心值；二是分布的离散程度，反映各数据远离其中心值的趋势；三是分布的峰度，反映数据分布的形状。下面讲授统计学中最重要的，反映集中趋势的综合指标——平均指标。

1.1 平均指标的概念

变量的数列的分布不一定是均匀的，例如人的身高有如下情况：特别高和特别矮的人总占少数，多数人的身高接近中间数值。人们通常把出于变量数列集中地位的数值作为其代表水平来描述数列的一般情况。这种出于变量集中地位的数值就称为平均指标，简称平均数。

平均指标反映了总体分布的集中趋势。主要有三个特点：①同质性。平均数是反映同一总体内部总体各单位某一数量指标的一般水平。②抽象化。平均指标把被研究总体各单位之间的某一数量指标值的差异抽象掉了，使人们看不到各总体单位某一数量标志值的具体差异。③代表性。平均指标反映总体某一数量指标的一般水平，是总体的代表值。

1.2 平均指标的作用

(1)平均指标可对比以消除因总体范围不同而带来的总体数量差异，从而使不同的总体具有可比性。

(2)平均指标可对比同类现象在不同时间一般水平的变化。

(3)利用平均指标可分析现象间的依存关系。

(4)利用平均指标可以进行数量上的估计推断。

1.3 平均指标的分类

平均指标按计算和确定的方法不同，可分为数值平均数和位置平均数。数值平均数又称计算平均数，是根据分布数列中所有单位标志值计算的平均数，包括算数平均数、调和平均数和几何平均数。位置平均数是根据总体单位标志值在分布数列中所处位置确定的平均数，包括众数、中位数、四分位数等。各种平均数都用于反映现象某一变量的一般水平，但各自的计算方法不同，含义不同，因此应用场合也不同。

(1)算术平均数

算术平均数，用 $\bar{x}$ 表示，是平均指标中最基本、最重要的一种平均指标，也是社会经济统计分析中最常用、最广泛的一种平均指标，它反映了次数分配数列中各单位标志值的一般水平和集中趋势。其基本计算公式为：

$$算数平均数\ (\bar{x}) = \frac{\sum x}{n}$$

式中：x 为变量值，n 为变量个数，$\sum$ 为求和符号。

根据掌握资料的不同，算数平均数的具体计算方法有简单算数平均数和加权算数平均数两种。

$$简单算数平均数：(\bar{x}) = \frac{\sum x}{n}$$

加权算数平均数：$(\bar{x})=\frac{x_1f_1+x_2f_2+\cdots x_nf_n}{f_1+f_2+\cdots f_n}=\frac{\sum x_if_i}{\sum f_i}$

式中，x 为各组变量的代表值。在单项数列中，x 为各组变量值，若是组距数列，x 为各组变量的组中值，f 为各组的次数（频数），这里称为权数。$\sum xf$ 为总体标志总量，$\sum f$ 为总体单位总数，也称为总次数或总权数。

例 9.1：如下表是 1997 年至 2007 年我国大陆图书版权引进的种类数。

表 9.1　1997—2007 我国大陆图书版权引进情况

年份	版权引进种类(种)
1997	3224
1998	5469
1999	6461
2000	7343
2001	8250
2002	10235
2003	12516
2004	10040
2005	9382
2006	10950
2007	10255

计算 1997 年至 2007 年平均每年的引进种类数 $(\bar{x})=\frac{\sum x}{n}=\frac{94095}{11}=8554$

(2)调和平均数

调和平均数又称倒数平均数。它是各个标志值倒数的算术平均数的倒数，是均值的另一种表现形式。在实际工作中，由于所获得的数据不同，缺乏总体的单位数资料，不能以直接计算形式来计算平均数，这就需要使用调和平均数的形式进行计算。调和平均数用 $\overline{x_h}$ 表示，是算数平均数的一种变形。两者在本质上是一致的，唯一的区别是计算时使用了不同的数据。调和平均数有简单平均数和加权调和平均数两种。

简单调和平均数，其适用于数据资料没有分组的情形。设 $x_1,x_2,\cdots x_n$ 为各单

位的数量标志值，计算公式为

$$\overline{x_h}=\frac{n}{\frac{1}{x_1}+\frac{1}{x_2}+\cdots\frac{1}{x_n}}=\frac{n}{\sum\frac{1}{x}}$$

加权调和平均数，其适用于数据资料已分组的情形，计算公式为

$$\overline{x_h}=\frac{n}{\frac{1}{x_1}f_1+\frac{1}{x_2}f_2+\cdots\frac{1}{x_n}f_n}=\frac{n}{\sum\frac{1}{x}f}$$

例 9.2：下表是 2005—2009 年我国图书出口情况，请计算这 5 年间我国图书平均出口的单价是多少？

表 9.2　2005—2009 我国图书出口情况

年份	图书出口单价（美元）	金额（万美元）
2005	5.64	2920.87
2006	4.34	3191.99
2007	4.74	2962.03
2008	4.79	3130.59
2009	4.62	3298.39
合计		15503.87

解：$\overline{x_h}=\frac{n}{\sum\frac{1}{x}f}=\frac{15503.87}{\frac{2920.87}{5.64}+\frac{3191.99}{4.34}+\frac{2962.03}{4.74}+\frac{3130.59}{4.79}+\frac{3298.59}{4.62}}=4.78$

这 5 年间我国图书平均出口单价是 4.78 美元。

（3）几何平均数

几何平均数也称几何均值，它是 n 个变量值连乘积的 n 次方根，是计算平均比率或平均发展速度最为适合的一种方法。凡是各变量值的连乘积等于总速度或总比率的现象都可以运用几何平均法计算平均数。几何平均数分为简单几何平均数和加权几何平均数。

简单几何平均数，简单几何平均数适合于未分组数列资料。

简单几何平均数的计算公式为：

$$\overline{x_G}=\sqrt[n]{x_1\cdot x_2\cdot\cdots\cdot x_n}=\sqrt[n]{\prod x}$$

加权几何平均数

加权几何平均数的计算公式如下：

$$\overline{x_G} = \sqrt[(f_1+f_2+\cdots+f_n)]{x_1^{f_1} \cdot x_2^{f_2} \cdot \cdots \cdot x_n^{f_n}} = \sqrt[\sum_{i=1}^{n} f_i]{\prod_{i=1}^{n} x_i^{f_i}}$$

例 9.3 下表是我国大陆图书版权引进情况，计算 1998—2001 这四年我国图书版权平均增长率。

表 9.3　1998—2001 我国大陆图书版权引进情况

年份	版权引进种类(种)	较上年增长率(%)
1997	3224	22.02
1998	5469	69.63
1999	6461	18.14
2000	7343	13.65
2001	8250	12.35

解：$\bar{x}_G = \sqrt[4]{1.6963 \times 1.1814 \times 1.1365 \times 1.1235} = 1.2648$

年均增长 26.48%

(4)中位数

中位数是将统计总体各单位的某一标志值按大小顺序排列后，处于中央位置的那个变量值，用 M_e 表示。中位数将数列分为相等的两部分，一部分标志值小于中位数，另一部分标志值大于中位数，两部分包含的变量值个数相等。中位数是一个位置代表值，主要用于测度定序数据的集中趋势。

根据未分组资料计算中位数：中位数位置 $= (n+1)/2$

根据分组资料计算中位数：

1 单项式分组资料确定中位数，与未分组资料基本相同

2 组距式分组资料确定中位数，计算公式

下限公式：$M_e = L + \dfrac{\dfrac{\sum f}{2} - S_{m-1}}{f_m} \times d$

上限公式：$M_e = U - \dfrac{\dfrac{\sum f}{2} - S_{m+1}}{f_m} \times d$

上述公式中，L 表示中位数所在组的下限；U 表示中位数所在组的上限；f_m 表

示中位数所在组的次数；S_{m-1} 表示中位数所在组以前各组的累计次数；S_{m+1} 表示中位数所在组以后各组的累计次数；$\sum f$ 表示总次数；d 表示中位数所在组的组距。

二、动态数列

动态数列是将不同时间的统计数据按照时间的先后顺序排列起来而形成的统计数列，也叫时间数列或时间序列。排列的时间可以是年份、季度、月份或其他任何时间形式。动态数列有两个最基本的构成要素：一是时间顺序；二是不同时间的统计数据，又称发展水平。表示为 $Y_1, Y_2, \cdots, Y_n$ 或 $Y_0, Y_1, Y_2 \cdots, Y_n$ 。

例 9.4：

表 9.4　我国大陆图书版权引进与输出情况等时间序列

年份	版权引进种类(种)	较上年增长率(%)	版权输出种类(种)	较上年增长率(%)
1997	3224	22.02	353	41.20
1998	5469	69.63	588	66.57
1999	6461	18.14	418	−28.91
2000	7343	13.65	638	52.63
2001	8250	12.35	677	6.11
2002	10235	24.06	1297	91.58
2003	12516	22.29	811	−37.47
2004	10040	−19.78	1314	62.02
2005	9382	−6.55	1434	9.13
2006	10950	16.71	2050	42.96
2007	10255	−6.35	2571	25.41

2.1 动态数列的种类

(1)绝对动态数列，是将一系列同类的统计绝对数按照时间先后顺序排列起来而形成的统计数列。由于统计绝对数有时期指标和时点指标之分，所以，绝对数动态数列又分为时期数列和时点数列。时期数列是现象在各个时期发展过程的累积总量；时点指标，是现象在各个时点所表现的发展水平。

(2)相对动态数列，是将一系列同类的统计相对数按照时间的先后顺序排列所形成的动态数列，用以反映事物之间对比关系的变化情况。

(3)平均数动态数列，是由一系列统计平均数按时间的先后顺序排列而形成的动态数列，用以反映事物一般水平的变化过程和发展趋势。

2.2 动态分析水平指标

(1)发展水平，其是动态数列中各具体时间条件下的数值，发展事物的发展变化在一定时期内或时点上所达到的水平。分类：发展水平可以表现为统计绝对数，称为绝对水平；也可以表现为统计相对数，称为相对水平；还可以表现为统计平均数，称为平均水平。

平均发展水平，将动态数列中各个发展水平加以平均而得到的平均数称为平均发展水平，用以反映现象在一段时间内发展变化所达到的一般水平。

(2)增长量，动态数列中不同时期的发展水平之差称为增长量。若报告期水平与基期水平之差为正数，则表明现象发展呈增长(正增长)状态，若报告期水平与基期水平之差为负数，则表明现象发展呈下降(负增长)状态。

由于基期的选择不同，增长量有逐期增长量和累计增长量两种。逐期增长量是报告期水平与前期水平之差，表明现象逐期增长的数量大小。累计增长量是报告期水平与历史某一固定基期的水平之差，表明现象经过较长一段时间发展的总增长量。

平均增长量，其用来说明现象在一段时期内平均每期增加或减少的绝对数量。公式为

$$\text{平均增长量}=\frac{\text{逐期增长量之和}}{\text{逐期增长量个数}}=\frac{\text{累计增长量}}{\text{动态数列项数}-1}$$

2.3 动态分析速度指标

根据动态数列可以计算的速度指标主要有发展速度、增长速度、平均发展速度和平均增长速度。

(1)发展速度，指在两个不同时期发展水平的比值，用以表明现象发展变化的相对程度。其基本公式为

$$\text{发展速度}=\frac{\text{报告期水平}}{\text{基期水平}}$$

①定基发展速度，是报告期水平与某一固定时期水平(通常是最初水平)之比，用以反映现象在较长一段时期内总的发展程度，公式为

$$R_i=\frac{Y_i}{Y_0}\qquad(i=1,2,\cdots n)$$

②环比发展速度，是报告期水平与前一期水平之比，用以反映现象逐期发展的程度。公式为

$$R_i = \frac{Y_i}{Y_{i-1}} \quad (i=1,2,\cdots n)$$

(2)增长速度，是增长量与基期水平的比值，用以反映现象报告期水平比基期水平的增长程度。公式为

$$增长速度 = \frac{增长量}{基期水平}$$

①定基增长速度，报告期水平与某一固定时期水平之比。公式为

$$G_i = \frac{Y_i - Y_0}{Y_0} = \frac{Y_i}{Y_0} - 1 \quad (i=1,2,\cdots n)$$

②环比增长速度，报告期与前一期水平之比。公式为

$$G_i = \frac{Y_i - Y_{i-1}}{Y_{i-1}} = \frac{Y_i}{Y_{i-1}} - 1 \quad (i=1,2,\cdots n)$$

例 9.5：

表 9.5　2003—2007 年图书版权输出总种次占图书出版总种次(含图片)的比重

年份	图书版权输出总种次(项)	图书出版总种次(项)	所占比重(%)
2003	811	190391	0.43
2004	1314	208294	0.63
2005	1434	222473	0.64
2006	2050	233971	0.88
2007	2571	248283	1

根据上表中，2003—2007 年图书版权输出总种次占图书出版总种次(含图片)的比重，计算各年的环比发展速度和增长速度，及以 2003 年为基期的定基发展速度和增长速度

根据前面的公式解得：

年　份		2003	2004	2005	2006	2007
图书版权输出总种次(项)		811	1314	1434	2050	2571
发展速度(%)	环比	—	162	109	143	125
	定基	100	162	177	253	317
增长速度(%)	环比	—	62	9	43	25
	定基	—	62	77	153	217

(3)平均发展速度,是观察期内各环比发展速度的平均数,说明现象在整个观察期内平均发展变化的程度,通常采用几何法计算。公式为

$$\bar{R}=\sqrt[n]{\frac{Y_1}{Y_0}\times\frac{Y_2}{Y_1}\times\cdots\frac{Y_n}{Y_{n-1}}}=\sqrt[n]{\prod\frac{Y_i}{Y_{i-1}}}=\sqrt[n]{\frac{Y_n}{Y_0}}\quad(i=1,2,\cdots n)$$

例 9.6:根据表 9.5 中有关数据,计算 2003—2004 年间图书版权输出总种次的年平均发展速度和年均增长率。

解:平均发展速度

$$\bar{R}=\sqrt[n]{\prod\frac{Y_i}{Y_{i-1}}}=\sqrt[4]{162\%\times109\%\times143\%\times125\%}=133.3\%$$

平均增长率

$$\bar{G}=\bar{R}-1=133.3\%-1=33.3\%$$

年度化增长率

增长率一年来表示时,称为年度化增长率。可将月度增长率或季度增长率转换为年度增长率。计算公式为

$$G_A=(\frac{Y_i}{Y_{i-1}})^{\frac{m}{n}}-1$$

m 为一年中的时期个数:n 为所跨时期总数

季度增长率被年度化时,m=4

月度增长率被年度化时,m=12

当 m=n 时,上述公式就是年增长率

例:已知民航 2011 年 1 月客运量是 0.23 亿,2010 年客运量是 0.19 亿,计算年度化增长增长率

解:由于是月份数据,所以 m=12;从 2010 年一月到 2011 年一月所跨的月份总数为 12,所以 n=12

$$G_A=(\frac{0.23}{0.19})^{\frac{12}{12}}-1=21\%$$

即年度化增长率为 21%,这实际上就是年增长率,因为所跨的时期总数为一年。也就是民航客运量年增长率为 21%。

三、抽样调查

1.统计调查概述

统计调查就是统计数据的收集，它是根据统计研究的目的和任务，运用科学的统计方法，有计划、有组织地搜集统计资料的过程。

我们进行统计调查时，应根据调查对象的特点以及调查目的和调查任务的不同，选择适当的组织形式，这是统计调查的重要工作内容。统计调查可从不同的角度分为以下几种常用组织形式：①按调查对象所包含的调查单位范围是否全面，可分为全面调查与非全面调查。全面调查指对调查对象中的所有调查单位进行逐一调查登记的方式；非全面调查，即对调查对象中的部分单位进行调查登记的方式。②按获取资料的时间是否连续，可分为经常性调查与一次性调查。

统计调查问卷是搜集原始资料的调查提纲或调查表。统计调查能否顺利地取得调查资料，与问卷设计是否科学有较大关系。

(1)调查问卷的设计

①主题明确，结构合理

②语言简明，问题通俗易答，问卷利于整理

③行家设计，长度适中

(2)调查问卷的设计程序

①确定调查对象和问卷主题

②分析被调查单位的特征

③拟定问题目录

④进行模拟问答

⑤修改定稿

2.抽样调查

(1)抽样调查是专门组织的非全面调查，是按照随机原则从总体中抽取一部分单位组成样本，对样本进行全面调查，并运用数理统计的原理，用调查所得资料对总体响应的指标数值作出具有一定可靠性的估计和推断的一种统计调查方法。

在抽样调查中，从总体中抽取的能代表总体的一部分单位，组成抽样总体，即样本。样本单位的选取遵循随机性原则，样本调查的数据揭示了总体的数量特征和规律，因此，可根据样本中所包含的信息对总体的数量方面进行估计和推算。抽样调查的理论依据是概率论中的大数定律和中心极限定律。大数定律从理论上阐述了当样本容量增大时，样本指标趋近于总体的相应指标，这为抽样推断提供了重要依据。

抽样调查具有如下特点：

1 按照随机性原则抽取样本单位。

2 由样本的数量特征推断和估算总体的数量特征和数量表现。

3 根据抽样调查结果推断总体，必然会产生抽样误差，但抽样误差是可以事先计算并加以控制的。

(2)抽样调查的应用范围

①有些社会经济现象无法进行全面调查时，必须采用抽样调查方法。

②有些社会经济现象，从理论上讲可以采用全面调查，但实际上不必要或不值得，也可采用抽样调查。

③抽样调查的结果可补充和修正全面调查的资料。

④抽样调查可以分析社会经济现象中出现的新情况、新事物。

⑤抽样调查可用于工业生产过程的质量控制。

(2)抽样调查的几个基本概念

总体和样本

总体是指有调查研究对象的全部单位所构成的整体，也称为全及总体。总体根据其总体单位是否能全面计数，分为有限总体和无限总体。

样本是指从总体中随机选取部分单位作为一个抽样总体进行调查，这个抽样总体通常称为样本。

总体指标和样本指标

总体指标是根据总体中各单位的指标值计算出来的用于反映总体的数量特征的指标。例如一批灯泡的平均使用寿命。当总体确定以后，总体指标是一个确定的量，其指标数值是确定的、唯一的。但由于总体指标的数据通常是不知道的，所以总体指标的数值是一个未知的常数，但我们可以通过抽样调查，根据样本的指标对总体的指标进行推断。常用的总体指标有平均数、成数、标准差、方差和总体总指标值。

设总体的标志值为 $X_1, X_2, \cdots X_N$，其中 N 为总体的容量，总体中具有某种特性单位的数目为 N_1。

总体平均数：$\bar{X} = \dfrac{\sum_{i=1}^{N} X_i}{N}$；总体标准差：$\sigma = \sqrt{\dfrac{\sum_{i=1}^{N} (X_i - \bar{X})^2}{N}}$

总体方差：$\sigma^2=\frac{\sum_{i=1}^{N}(X_i-\bar{X})^2}{N}$、总体成数：$P=\frac{N_1}{N}$

总体总值指标：$\bar{X}=N\bar{X}$

样本指标是指各单位的标志值计算出来的用于反映样本数量特征的指标，也称统计量。样本是在总体中随机抽取的，样本不同样本指标也不同，样本指标是不确定的，它的取值随样本的变化而变化，是一个随机变量。常用的样本指标有样本平均数、样本成数、样本标准差、方差和样本总值指标。

设样本的标志值为 $x_1,x_2,\cdots x_n$，其中 n 为样本的容量，样本中具有某种特性单位的数目为 n_1。

样本平均值：$\bar{x}=\frac{\sum_{i=1}^{n}x_i}{n}$；样本标准差：$s=\sqrt{\frac{\sum_{i=1}^{n}(x_i-\bar{x})^2}{n-1}}$

样本方差：$s^2=\frac{\sum_{i=1}^{n}(x_i-\bar{x})^2}{n-1}$；样本成数：$p=\frac{n_1}{n}$；样本总值指标：$\bar{x}=n\bar{x}$

第二节　文化贸易的统计预测

一、相关与回归分析

1 相关

(1)相关的概念

事物间的发展变化往往表现为事物间的数量关系的发展变化，研究事物间的量变规律是认识其性质的一种重要方法。在自然界和人类社会中，事物间的数量关系普遍存在着函数关系和相关关系两种关系。

函数关系，是指变量间存在确定性的数量关系。例如圆的面积 S 同其半径 r 的关系可表述为：$S=\pi r^2$。这里 S 与 r 之间是确定的函数关系。

相关关系，是指变量间存在不确定性的数量关系。这意味着，一个变量虽然受另外一个变量影响，却不由这一个变量完全确定。

例如：我们考察文化贸易(y)与大专以上人数(x)这两个变量，一般来说，大专以上人数越多，文化贸易额越大。但文化贸易额并不是由大专以上人数一个因素决定的，还有其他许多因素的影响，如各国文化差异程度、各国经济等。因此文化贸易额与大专以上人数不存在确定的函数关系。它们之间是相关关系。

从上面的例子，可以看出相关关系的特点：①相关关系时客观事物之间确实存在的数量上的依存关系。②相关关系的数量关系值是不确定的。③相关关系中，因变量(y)除了受自变量(x)影响外，还受多种因素影响。

(2)相关分析的主要内容

相关关系是社会经济现象中普遍存在的数量依存关系，相关分析的目的就是要揭示相关关系的表现形态，探求相关关系的数学形式，掌握相关关系的发展规律，了解相关关系的密切程度，预测相关关系的发展趋势，解决实际的社会经济问题。具体而言，相关分析的主要内容有：

①判断事物间是否存在相关关系，以及相关关系的表现形态

这是进行相关分析的第一步，为了达到这个目的，我们需要客观事物发展变化的基本数据，也就是样本。有了客观事物发展变化的样本数据，利用散点图和相关表可以直观判断客观事物之间是否存在相关关系，以及相关关系的表现形态。只有现象之间确实存在相关关系，才有进一步分析的必要

②确定相关关系的密切程度

这是相关分析的第二步。通过第一步，我们已经掌握了现象之间相关关系的表现形态，有必要对相关关系的密切程度进行定量分析，对比较密切的相关关系需要作进一步的分析研究，而密切程度一般的或较弱的相关关系，无需花费力气。我们可以用相关系数来定义相关关系的密切程度。

③探求相关关系的数学方程式

这是相关分析的第三步，对于已经确定相关表现形态和关系密切的客观现象，我们应该利用科学的方法测定出它们之间近似的数学方程式，把自变量和因变量之间的数量变化关系用近似的数学方程式表示出来，给定自变量的变化，可以预测出因变量的变化。利用这种相关关系的数学方程式作出的预测，可以作为制定计划，作出决策的依据。

④对测定出的数学模型进行显著性检验

一般来说，相关关系数学方程式的测定是利用最小平方法，只要有足够的样本数据，总是可以用最小平方法找出变量之间的数学模型，但是该模型是否符合实际情况、是否有效，需要从统计上进行显著性检验，只有通过显著性检验的数学模型才是符合实际情况、有利用价值的模型。相关分析数学模型的显著性检验包括两

部分内容：一是模型相关性的显著性检验，是利用统计方法对建立的数学模型方程式的合理性进行显著性检验；二是自变量对因变量影响的显著性检验，在已经建立的数学模型中，自变量对因变量的影响是否显著，可以作为判断某个自变量与因变量相关关系强弱的依据。只有同时通过两种显著性检验的数学模型才是我们所需要的、有效的数学模型。

(3)简单线性相关分析

简单线性相关分析，是研究两个变量之间的线性相关性，只考虑一个自变量对因变量的影响。

要研究现象之间的相关性，一般先作定性分析，然后再作定量计算。所谓定性分析，就是依据基本经济理论，专业知识和实际工作经验，对现象之间是否具有相关性以及相关的表现形态进行理论判断，只有定性分析表明具有相关性的现象，才有进行定量计算的必要。要对现象之间的相关性进行定量计算，必须对客观现象进行多次观察或试验，取得一定量的观察数据，作为样本，再利用科学的方法，对相关性做出判断。假设 x 为自变量，y 为因变量，对 x 和 y 分别作 n 次观察，取得的观察数据分别是 (x_1,y_1)，(x_2,y_2)，(x_3,y_3)，$\cdots(x_n,y_n)$ 。如何根据这些观察数据，对 x 与 y 之间的相关性作出判断，主要有三种方法：

①相关表

所谓相关表，是在定性分析的基础上，把观察取得的原始数据，按某一个变量值的大小顺序，成对排列在一张表上，以观察它们之间的相互关系。

②相关图

所谓相关图，也叫散点图，实在定性分析的基础上，将成对的观察数据描在平面直角坐标图中，通过图形中点的分布情况，判断相关关系的表现形态和密切程度。

散点图制作简单，形象直观，根据图中点的分布情况，很容易判断相关关系的表现形态和相关的密切程度，是相关关系判断最常用的方法。

③线性相关系数

相关图只能反映两个变量之间的相关关系及其表现形态，无法计量相互关联的密切程度。度量相关关系的密切程度也是相关分析的基本内容之一。著名统计学家卡尔·皮尔逊设计了一个用于测定两个变量之间线性相关程度和相关方向的指标：简单线性相关系数(r)。

简单线性相关系数(r)的基本计算公式为：

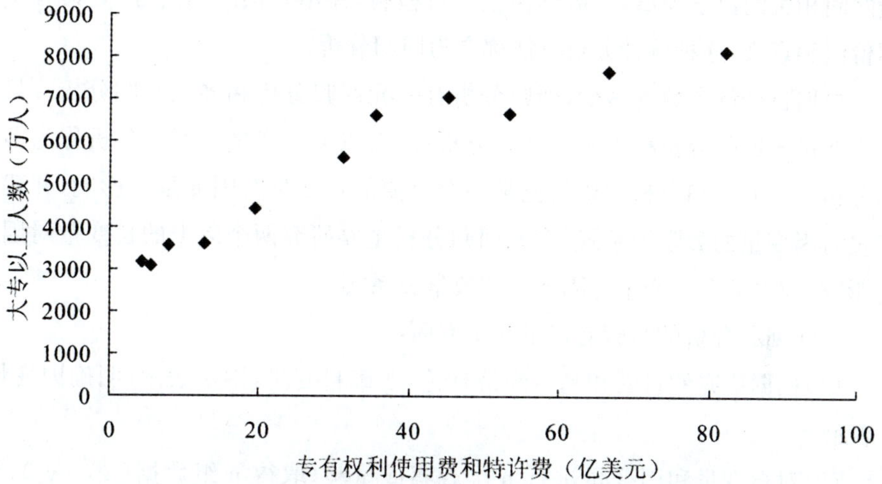

图 9.1　专有权利使用费、特许费和大专以上人数的散点图

$$r=\frac{\sum(x-\bar{x})(y-\bar{y})}{\sqrt{\sum(x-\bar{x})^2}\sqrt{\sum(y-\bar{y})^2}}$$

式中 $\bar{x}=\frac{1}{n}\sum x, \bar{y}=\frac{1}{n}\sum y$

现代计算机技术的发展，统计分析软件的发明，使得相关系数的计算异常方便。实践应用中，多采用专业的统计分析软件来计算相关系数。

线性相关系数对于度量变量之间的线性相关程度具有重要的意义，但是，在具体应用时，有如下的判别标准：

(1) $|r|\leq 0.3$ 时，一般认为，变量之间不存在相关性；

(2) $0.3<|r|\leq 0.5$ 时，变量之间有低度的相关性；

(3) $0.5<|r|\leq 0.8$ 时，变量之间有显著的相关性；

(4) $|r|>0.8$ 时，变量之间有高度的相关性。

2 简单线性回归分析

通过相关分析，我们可以知道变量之间相关变动的方向、相关关系的表现形态和相关关系的密切程度，对于具有显著相关性的变量，我们还希望能够进行因果分析，明确自变量和因变量，探求自变量和因变量相关形态的数学模型，以数学模型表示变量之间的关系，在变量的因果变化中，根据自变量的变化，预测或推断因变量的变化，为编制计划、进行预测和决策提供依据。在相关分析的基础上，探求变量之间相关的数学模型，对数学模型进行检验，并用于预测的内容，更具有实际应用价值和意义，这种统计分析方法称之为回归分析。

根据自变量个数的多少，回归分析有一元回归分析和多元回归分析。只有一个自变量的回归分析称为一元回归分析；两个以上自变量的回归分析称为多元回归分析。一元回归分析主要研究某一个重要的自变量对因变量的影响，并建立自变量对因变量的数学关系式；多元回归分析主要研究两个以上的自变量对因变量的影响，建立多个自变量对因变量的数学关系式。

一元回归分析的步骤有以下几个方面：

(1)根据研究的目的和基本经济理论，明确自变量，用 x 表示；明确因变量，用 y 表示。

(2)对自变量和因变量进行 n 次观察或试验，取得 n 组数据(x_1，y_1)，(x_2，y_2)，…(x_n，y_n)。

(3)建立 y 关于 x 的直线回归方程：$y_c = a + bx$，其中，a 称为回归方程的截距，b 为回归方程的斜率，且未知，a、b 统称为回归系数。a 表示当自变量为 0 时，因变量 y 的取值，b 表示自变量 x 对因变量 y 的贡献，说明当自变量 x 变动一个单位时，因变量 y 的平均变化量。

(4)利用最小平方法确定回归方程中的回归系数 a 和 b。

(5)对回归方程的有效性进行检验。

回归系数的计算

假设对自变量 x 的 n 个观察值，x_1，x_2，…，x_n，依据回归方程 $y_c = a + bx$，可得 n 个回归值 y_{c1}，y_{c2}，…y_{cn}，最小平方法的基本原理是：

$$\sum (y - y_c)^2 = \text{最小值}$$

$$\sum (y - a - bx)^2 = \text{最小值}$$

在上述方程中，x 和 y 是已知的，a 和 b 是未知的，要使函数取得最小值，必须分别对 a 和 b 求导数，并令导数为 0，得到关于回归系数 a 和 b 的标准方程，解此方程，即可求得回归系数 a 和 b。

$$\begin{cases} \sum y = na + b\sum x \\ \sum xy = a\sum x + b\sum x^2 \end{cases}$$

所以
$$\begin{cases} b = \dfrac{n\sum xy - \sum x \sum y}{n\sum x^2 - (\sum x)^2} \\ a = \bar{y} - b\bar{x} \end{cases}$$

例 9.7：

(1)计算专有权利使用费和特许费(进口)和人均国民生产总值的相关系数；

(2)建立专有权利使用费和特许费(进口)和人均国民生产总值的线性回归方程。

表 9.6　2002—2007 年专有权利使用费和特许费进口与人均国民生产总值

年份	专有权利使用费和特许费进口(亿美元)	人均国民生产总值(元)
2002	31.14	9398
2003	35.48	10542
2004	44.97	12336
2005	53.21	14040
2006	66.34	15931
2007	81.92	18268

解：根据表中的数据，分别计算相关系数和回归系数，计算过程列出下表

专有权利使用费和特许费进口(y)	人均国民生产总值(x)	xy	y^2	x^2
31.14	9398	292653	970	88322404
35.48	10542	374030	1259	111133764
44.97	12336	554750	2022	152176896
53.21	14040	747068	2831	197121600
66.34	15931	1056862	4401	253796761
81.92	18268	1496514	6711	333719824
313	80515	4521879	18194	1136271249

(1)专有权利使用费和特许费进口(y)和人均国民生产总值(x)的相关系数为：

$$r = \frac{n\sum xy - \sum x \sum y}{\sqrt{n\sum x^2 - (\sum x)^2}\sqrt{n\sum y^2 - (\sum y)^2}}$$

$$=\frac{6\times4521879-313\times80515}{\sqrt{6\times1136271249-80515^2}\sqrt{6\times18194-313^2}}=0.9967$$

(2)设专有权利使用费和特许费进口与人均国民生产总值的回归方程式为：$y_c=a+bx$

$$\begin{cases}b=\dfrac{n\sum xy-\sum x\sum y}{n\sum x^2-(\sum x)^2}=\dfrac{6\times4521879-313\times80515}{6\times1136271249-80515^2}=0.0058\\a=\bar{y}-b\bar{x}=\dfrac{313}{6}-0.0058\times\dfrac{80515}{6}=-25.66\end{cases}$$

所求回归方程为：$y_c=-25.66+0.0058x$

根据专有权利使用费和特许费进口(y)和人均国民生产总值(x)的相关系数为0.9967，可判断它们具有高度的正相关性。

估计标准误差

根据前面的介绍，只要有两个变量的一组样本观测值，不管他们的相关性如何，我们都可以利用最小平方法求得线性回归方程中的回归系数，得到他们之间的回归方程。但是，如何判定回归方程的优劣也是我们必须面对的客观问题。从科学研究和时间效果来看，建立了回归方程后，根据自变量的观察值，利用建立的回归方程，可以得到因变量的观察值，这种观察值称之为回归值，或因变量的理论值。一个理想的回归方程，应该使得因变量的实际观察值和回归值相等。但是，由于数据的误差和其他因素的影响，实际观察值和回归值总是存在误差的。这种误差越小，表明回归方程越精确，估计标准误差就是用来衡量回归方程优劣标准的一个统计指标。

估计标准误差是衡量因变量的实际值与回归值离差一般水平的统计分析指示，它可以反映回归直线代表性的好坏。回归方程越精确，因变量的回归值与实际值的误差就越小，估计标准误差就越小，反之则越大。对一元线性回归方程而言，估计标准误差的计算有以下两种方法：

1. 根据因变量的实际观察值和回归值计算估计标准误差 S_y。

$$S_y=\sqrt{\frac{\sum(y-y_c)^2}{n-2}}$$

式中：S_y 为估计标准误差；

n 为观察数据的个数；

y 为因变量的实际观察值；

y_c 是根据回归方程计算出的因变量的理论值，即回归值。

从估计标准误差 S_y 的计算公式可看出，估计标准误差与标准差有相同的理论意义。由于回归值是根据回归方程计算的，而回归系数 a 和 b 是根据实际观察值计算的，所以丧失了两个自由度。

S_y 越小，说明 y 的实际值与回归值越接近，回归直线的代表性越好；S_y 越大，说明 y 的实际值与回归值越偏离，回归直线的代表性不好；$S_y=0$，说明 y 的实际值与回归值没有误差，回归值完全正确。

这里介绍的 S_y 的计算是最基本的理论方法，但是比较繁琐，必须按回归直线先计算出 y 的回归值，为了便于计算，我们可以利用下面的公式。

2. 根据回归系数 a 和 b 计算估计标准误差 S_y

回归直线确定以后，我们可以利用回归系数 a 和 b 直接计算估计标准误差 S_y

$$S_y=\sqrt{\frac{\sum y^2-a(\sum y)-b(\sum xy)}{n-2}}$$

例 9.8，根据表中的数据资料，且有 $a=25.66$，$b=0.0058$，$n=6$

$$S_y=\sqrt{\frac{\sum y^2-a(\sum y)-b(\sum xy)}{n-2}}$$

$$=\sqrt{\frac{18194+25.66\times 313-0.0058\times 4521879}{6-2}}=0.15$$

S_y 很小，说明建立的回归方程较有代表性。

判定系数

估计标准误差可以用来衡量回归方程的好坏，反映回归方程的拟合程度，当数据个数较多、数据本身很复杂的时候，估计标准误差的计算很繁琐。如果没有计算工具或计算软件，估计标准误差的计算容易出差错。

我们还可以用另一个统计指标，即判定系数 R^2，也称为决定系数，来衡量回归方程的优劣。

假设 $SST=\sum(y_i-\bar{y})^2$，它表示因变量 y 与其观察值的平均值之间偏差的平方和，称为总偏差平方和。显然，SST 由两部分组成：一部分时由于自变量 x 与因变量 y 之间的线性关系造成的偏差，记为 $SSR=\sum(y_c-\bar{y})^2$，称 SSR 为回归平方和；另一部分是除了自变量与因变量的线性关系影响之外的所有其他因素的变化造成的偏差，记为 $SSE=\sum(y_i-y_c)^2$，称 SSE 为残差平方和。我们有：

$$SST = SSR + SSE$$

回归方程的拟合程度取决于回归平方和 SSR 占总偏差平方和 SST 的比例，这一比例越大，说明回归方程的拟合程度越好，回归方程的代表性越大，用这样的回归方程预测因变量的变化，预测结果较准确。我们称 R^2 为判定系数。计算公式为：

$$R^2 = \frac{SSR}{SST}$$

R^2 的理论含义是：它度量了在因变量取值的总偏差中能被因变量与自变量之间的线性关系所解释的比例。R^2 越大，说明在因变量的总偏差中能够被自变量与因变量的线性相关关系所解释的比例越大，回归方程的拟合程度越高。R^2 的取值在 0 和 1 之间，我们可以依据上述公式计算 R^2。一般的，R^2 也等于线性相关系数的平方。

从前述的介绍中可以看出，判定系数与估计标准误差在数量上是反向的变化关系。对于相同的回归变量，用估计标准误差和判定系数来判断回归方程的拟合程度，所得到的结论是一致的。

二、常用的统计分析软件

(一) E—Views

1. E—Views 简介

EViews 是 Econometrics Views 的缩写，直译为计量经济学观察，通常称为计量经济学软件包。它的本意是对社会经济关系与经济活动的数量规律，采用计量经济学方法与技术进行“观察”。计量经济学研究的核心是设计模型、收集资料、估计模型、检验模型、应用模型(结构分析、经济预测、政策评价)。EViews 是完成上述任务比较得力的必不可少的工具。正是由于 EViews 等计量经济学软件包的出现，使计量经济学取得了长足的进步，发展成为一门较为实用与严谨的经济学科。

EViews 是美国 QMS 公司研制的在 Windows 下专门从事数据分析、回归分析和预测的工具。使用 EViews 可以迅速地从数据中寻找出统计关系，并用得到的关系去预测数据的未来值。EViews 的应用范围包括：科学实验数据分析与评估、金融分析、宏观经济预测、仿真、销售预测和成本分析等。

EViews 是专门为大型机开发的、用以处理时间序列数据的时间序列软件包的新版本。Eviews 的前身是 1981 年第 1 版的 Micro TSP。虽然 Eviews 是经济学家开发的，而且主要用于经济学领域，但是从软件包的设计来看，Eviews 的运用领域并不局限于处理经济时间序列。即使是跨部门的大型项目，也可以采用 EViews 进行处理。

EViews 处理的基本数据对象是时间序列，每个序列有一个名称，只要提及序列的名称就可以对序列中所有的观察值进行操作，Eviews 允许用户以简便的可视化的方式从键盘或磁盘文件中输入数据，根据已有的序列生成新的序列，在屏幕上显示序列或打印机上打印输出序列，对序列之间存在的关系进行统计分析。EViews 具有操作简便且可视化的操作风格，体现在从键盘输入数据序列、依据已有序列生成新序列、显示和打印序列以及对序列之间存在的关系进行统计分析等方面。

EViews 具有现代 Windows 软件可视化操作的优良性。可以使用鼠标对标准的 Windows 菜单和对话框进行操作。操作结果出现在窗口中并能采用标准的 Windows 技术对操作结果进行处理。此外，EViews 还拥有强大的命令功能和批处理语言功能。在 EViews 的命令行中输入、编辑和执行命令。在程序文件中建立和存储命令，以便在后续的研究项目中使用这些程序。

EViews 系统介绍

EViews 是在 Windows 操作系统中计量经济学软件里世界性领导软件。强而有力和灵活性加上一个便于使用者操作的界面；最新的建模工具，快速直觉且容易使用的软件。由于它革新的图表使用者界面和精密的分析引擎工具，EViews 是强大，灵活性和便于使用的功能。EViews 预测分析计量软件在科学数据分析与评价、金融分析、经济预测、销售预测和成本分析等领域应用非常广泛。EViews 软件在 Windows 环境下运行，操作接口容易上手，使得本来复杂的数据分析过程变得易学易用。

应用领域：应用经济计量学、总体经济的研究和预测、销售预测、财务分析、成本分析和预测、蒙地卡罗模拟、经济模型的估计和仿真、利率与外汇预测。

EViews 主要功能

引入了流行的对象概念，操作灵活简便，可采用多种操作方式进行各种计量分析和统计分析，数据管理简单方便。其主要功能有：

(1)采用统一的方式管理数据，通过对象、视图和过程实现对数据的各种操作；

(2)输入、扩展和修改时间序列数据或截面数据，依据已有序列按任意复杂的公式生成新的序列；

(3)计算描述统计量：相关系数、协方差、自相关系数、互相关系数和直方图；

(4)进行 T 检验、方差分析、协整检验、Granger 因果检验；

(5)执行普通最小二乘法、带有自回归校正的最小二乘法、两阶段最小二乘法和三阶段最小二乘法、非线性最小二乘法、广义矩估计法、ARCH 模型估计法等；

(6)对二择一决策模型进行 Probit、logit 和 Gompit 估计；

(7)对联立方程进行线性和非线性的估计；

(8)估计和分析向量自回归系统；

(9)多项式分布滞后模型的估计；

(10)回归方程的预测；

(11)模型的求解和模拟；

(12)数据库管理；

(13)与外部软件进行数据交换。

2. Eviews 的使用

近年来，我国文化贸易产业蓬勃发展，影响文化贸易产业的因素广泛且不易统计，下面以专有权利使用费和特许费(进口)为例，应用 Eviews 分析、确立影响文化贸易产业的因素，并建立相关的数学模型。

下表是从 1997—2007 年我国专有权利使用费和特许费(进口)、我国大专以上受教育人数、人均国民生产总值的相关数据。

表 9.7

	专有权利使用费和特许费进口(亿美元)	大专以上人数(万人)	人均国民生产总值(元)
1997	5.43	3080.7087	6420
1998	4.2	3179.604	6796
1999	7.92	3560.2459	7159
2000	12.81	3611	7858
2001	19.38	4402.0145	8622
2002	31.14	5621.5587	9398
2003	35.48	6606.4155	10542
2004	44.97	7033.6439	12336
2005	53.21	6665.6	14040
2006	66.34	7671.5546	15931
2007	81.92	8131.5556	18268

画散点图：

作"专有权利使用费和特许费进口"(Y)与"大专以上人数"(X_1)、"人均国民生产总值"(X_2)的散点图,如图 9.2

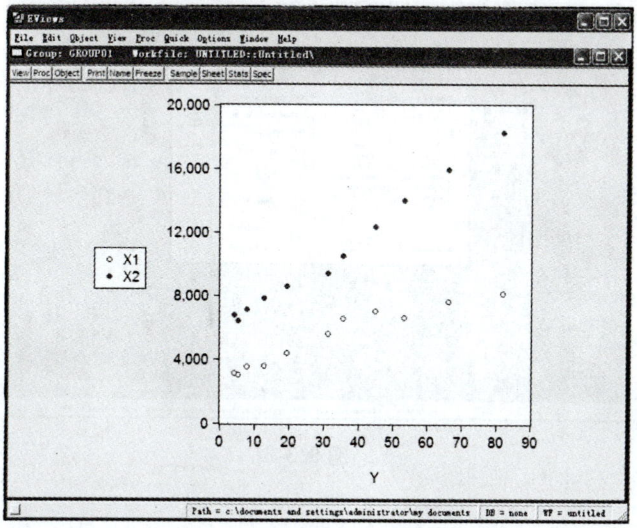

图 9.2

从散点图可以看出"专有权利使用费和特许费进口"(Y)与"大专以上人数"(X_1)、"人均国民生产总值"(X_2)大体呈现为线性关系。

模型设定

选择"专有权利使用费和特许费进口"作为被解释变量 Y,以反映文化贸易;选择全国大专以上人数作为解释变量 X_1,以反映教育水平对文化贸易的影响;选择人均国民生产总值作为解释变量 X_2,以反映经济水平对文化贸易的影响。

模型建立

设定的线性回归模型为:

$$Y_t = \beta_1 + \beta_2 X_{1t} + \beta_3 X_{3t} + \mu_t$$

估计参数:

利用 EViews 估计模型的参数,方法是:

1. 建立工作文件:启动 EViews,点击 File\\New\\Workfile,在对话框"Workfile Range"。在"Workfile frequency"中选择"Annual"(年度),并在"Start date"中输入开始时间"1997",在"end date"中输入最后时间"2007"。如图 9.3

点击"ok",出现"Workfile UNTITLED"工作框。其中已有变量:"c"—截距项"resid"—剩余项。在命令栏中输入"data y x1 x2",点击回车,出现"Group"编辑

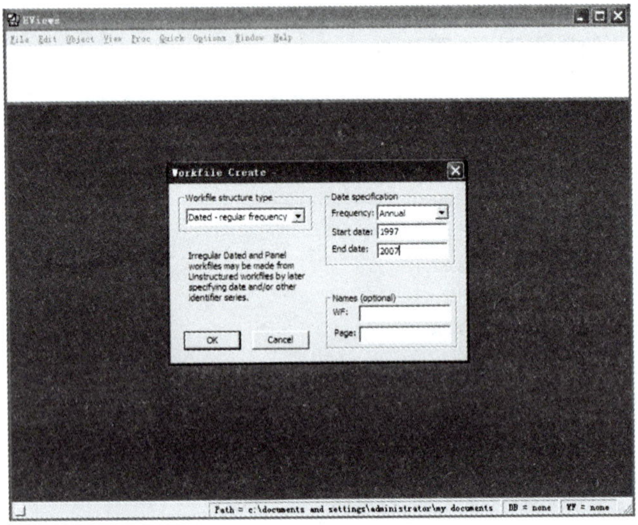

图 9.3

框。如图 9.4

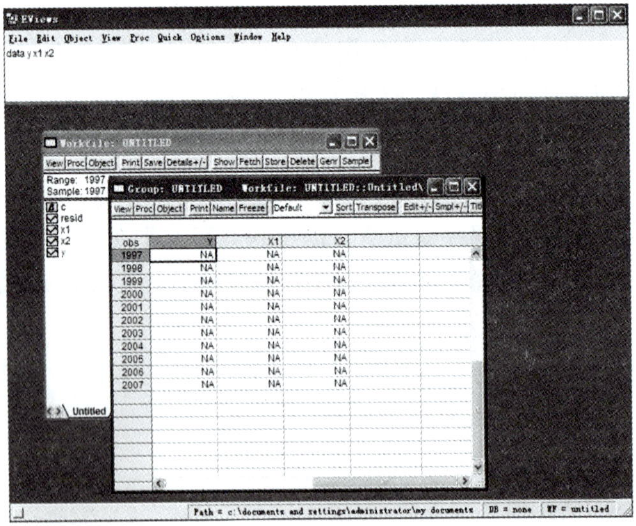

图 9.4

2. 输入数据：点击“Quik”下拉菜单中的“Empty Group”，出现“Group”窗口数据编辑框，点第一列与“obs”对应的格，在命令栏输入“Y”，点下行键“↓”，即将该序列命名为 Y，并依此输入 Y 的数据。用同样方法在对应的列命名 X1、X2，并输入相应的数据。或者在 EViews 命令框直接键入"data Y X1 X2 … ",回车出现"Group"窗口数据编辑框,在对应的 Y 、X1、X2 下输入响应的数据。可直接将上表的数据粘贴进去,如图 9. 5

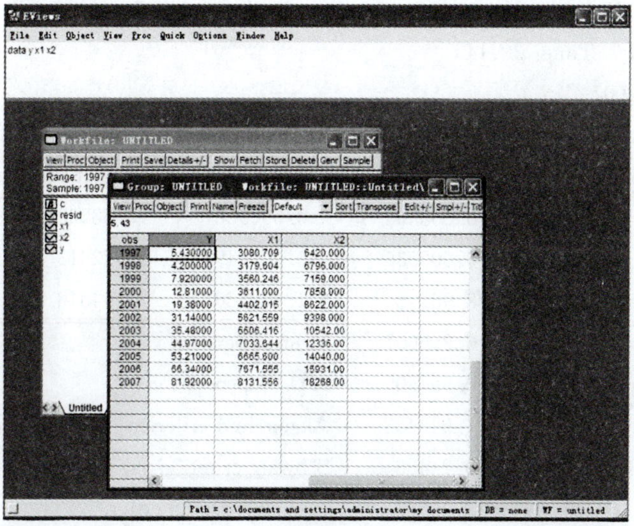

图 9. 5

3. 估计参数:点击"Procs"下拉菜单中的"Make Equation",在出现的对话框的"Equation Specification"栏中键入"Y　C　X_1　X_2　",在"Estimation Settings"栏中选择"Least Squares"(最小二乘法),点"ok",即出现回归结果:

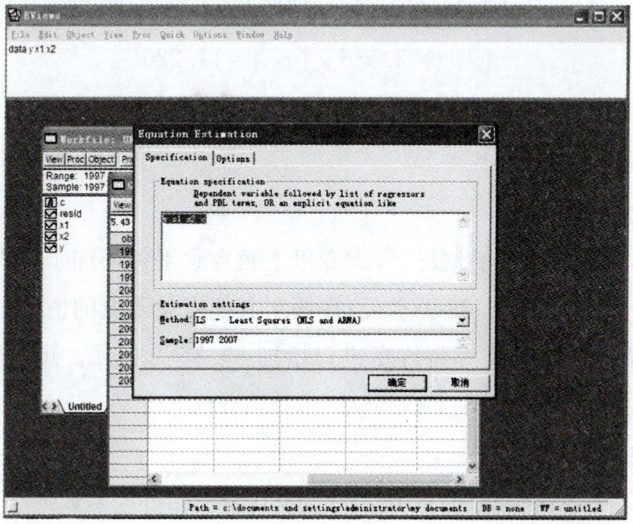

图 9. 6

得到下表：

表 9.8

Dependent Variable：Y

Method：Least Squares

Date：03/20/11　Time：20:14

Sample：1997 2007

Included observations：11

Variable	Coefficient	Std. Error	t—Statistic	Prob.
X1	0.003363	0.000938	3.585631	0.0071
X2	0.005036	0.000449	11.22613	0.0000
C	−38.96108	1.842726	−21.14318	0.0000

R—squared	0.995607	Mean dependent var	32.98182
Adjusted R—squared	0.994509	S.D. dependent var	26.22546
S.E. of regression	1.943403	Akaike info criterion	4.393759
Sum squared resid	30.21453	Schwarz criterion	4.502276
Log likelihood	−21.16568	Hannan—Quinn criter.	4.325355
F—statistic	906.5216	Durbin—Watson stat	1.892342
Prob(F—statistic)	0.000000		

模型的估计结果为：

$$\hat{Y}_t = -38.96108 + 0.003363X_1 + 0.005036X_2$$

$$|t_1| = 3.585，|t_2| = 11.226$$

$$R^2 = 0.9956，\overline{R^2} = 0.9945，F = 906.5216$$

模型检验：

1.经济意义检验：

在假定其他变量不变的情况下，大专以上教育水平每增加 1 万人，专有权利使用费和特许费进口增加 33.63 万美元；在假定其他变量不变的情况下，人均 gdp 每增加 1 元，专有权利使用费和特许费进口增加 50.36 万美元。理论分析与实际经验相一致。

2.统计检验

(1)拟合优度：由表的数据得 $R^2 = 0.9956$，修正的可决系数为 $\overline{R^2} = 0.9945$，这说明模型对样本的拟合很好。

(2)F 检验：针对 $H_0:\beta_2=\beta_3=0$，给定显著性水平 $\alpha=0.05$，在 F 分布表中查出自由度 k－1＝1，n－k－1＝8 的临界值 $F_\alpha(1,8)=1.86$。由表中得到 $F=906.5216$，$F=906.5216>F_\alpha(1,8)=1.86$，应拒绝原假设 $H_0:\beta_2=\beta_3=0$，说明回归方程显著，即“大专以上人数”与“人均国民生产总值”变量联合起来确实对“专有权利使用费和特许费进口”有显著影响。

(3)t 检验：分别针对 $H_0:\beta_j=0(j=1,2,3)$，给定显著性水平，查 t 分布表得自由度为 n－k＝9 临界值 $t_{\frac{\alpha}{2}}(n-k)=2.262$，由表中数据得，与 $\hat{\beta}_1$、$\hat{\beta}_2$、$\hat{\beta}_3$ 对应的 t 统计量是 3.5856、11.22613、－21.14318，其绝对值均大于 2.262。这说明都应该拒绝原假设 $H_0:\beta_j=0(j=1,2,3)$，也就是说，在其他变量不变的时候，解释变量“大专以上人数”(X_1)与“人均国民生产总值”(X_2)分别对被解释变量“专有权利使用费和特许费进口”Y 都有显著影响。

(4)用回归检验法检验序列的相关性：$u_t=\rho u_{t-1}+\varepsilon_t$

多元线性回归模型的基本假设之一是模型的随机干扰项相互独立或不相关。如果模型的随机干扰项违背了相互独立的基本假设，称为存在序列相关性。计量经济学模型一旦出现序列相关性，如果仍采用普通最小二乘法估计模型参数，会出现许多不良后果。包括：参数估计量非有效、变量的显著性检验失去意义、模型的预测失效。

检验序列相关性有很多方法，本书采用回归检验法检验。

新建一列数据，命名为“ut”，点击 workfile 里的 object 中的 New Object，在“Type of object”中选择“Series”，在“Name for Object”中输入“ut”。如图

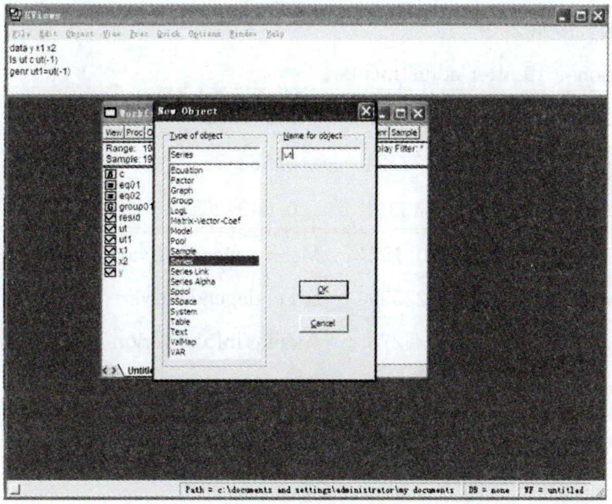

图 9.7

将 resid(即残差)中的数据输入 ut 中,如图

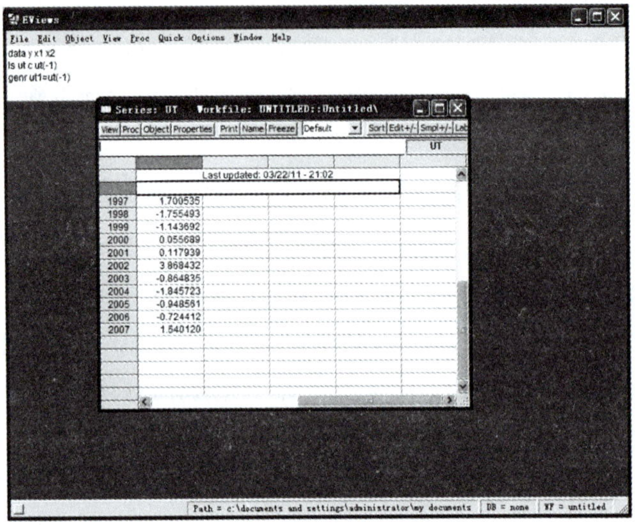

图 9.8

在命令栏中输入“ls ut c ut(—1)”,得到下表

表 9.9

Dependent Variable: UT

Method: Least Squares

Date: 03/22/11 Time: 21:08

Sample (adjusted): 1998 2007

Included observations: 10 after adjustments

Variable	Coefficient	Std. Error	t—Statistic	Prob.
C	—0.177124	0.583172	—0.303726	0.7691
UT(—1)	—0.045911	0.349496	—0.131362	0.8987

R—squared	0.002152	Mean dependent var	—0.170053
Adjusted R—squared	—0.122579	S.D. dependent var	1.733126
S.E. of regression	1.836278	Akaike info criterion	4.230215
Sum squared resid	26.97534	Schwarz criterion	4.290732
Log likelihood	—19.15108	Hannan—Quinn criter.	4.163828
F—statistic	0.017256	Durbin—Watson stat	1.632005
Prob(F—statistic)	0.898732		

得到残差的估计模型为

$\mu_t = -0.445911\mu_{t-1} - 0.177124$，经过检验，无论是回归系数还是回归方程均不具显著性，认为原方程没有序列相关性或者残差的相关性。

（二）SPSS

1. SPSS 简介

SPSS 是软件英文名称的首字母缩写，原意为 Statistical Package for the Social Sciences，即“社会科学统计软件包”。但是随着 SPSS 产品服务领域的扩大和服务深度的增加，SPSS 公司已于 2000 年正式将英文全称更改为 Statistical Product and Service Solutions，意为“统计产品与服务解决方案”，标志着 SPSS 的战略方向正在做出重大调整。

SPSS 是世界上最早的统计分析软件，由美国斯坦福大学的三位研究生于 20 世纪 60 年代末研制，同时成立了 SPSS 公司，并于 1975 年在芝加哥组建了 SPSS 总部。1984 年 SPSS 总部首先推出了世界上第一个统计分析软件微机版本 SPSS/PC+，开创了 SPSS 微机系列产品的开发方向，极大地扩充了它的应用范围，并使其能很快地应用于自然科学、技术科学、社会科学的各个领域，世界上许多有影响的报刊杂志纷纷就 SPSS 的自动统计绘图、数据的深入分析、使用方便、功能齐全等方面给予了高度的评价与称赞。迄今 SPSS 软件已有 30 余年的成长历史。全球约有 25 万家产品用户，它们分布于通讯、医疗、银行、证券、保险、制造、商业、市场研究、科研教育等多个领域和行业，是世界上应用最广泛的专业统计软件。

SPSS 是世界上最早采用图形菜单驱动界面的统计软件，它最突出的特点就是操作界面极为友好，输出结果美观漂亮。它将几乎所有的功能都以统一、规范的界面展现出来，使用 Windows 的窗口方式展示各种管理和分析数据方法的功能，对话框展示出各种功能选择项。用户只要掌握一定的 Windows 操作技能，粗通统计分析原理，就可以使用该软件为特定的科研工作服务。是非专业统计人员的首选统计软件。SPSS 采用类似 EXCEL 表格的方式输入与管理数据，数据接口较为通用，能方便的从其他数据库中读入数据。其统计过程包括了常用的、较为成熟的统计过程，完全可以满足非统计专业人士的工作需要。输出结果十分美观，存储时则是专用的 SPO 格式，可以转存为 HTML 格式和文本格式。对于熟悉老版本编程运行方式的用户，SPSS 还特别设计了语法生成窗口，用户只需在菜单中选好各个选项，然后按“粘贴”按钮就可以自动生成标准的 SPSS 程序。极大的方便了中、高级用户。

SPSS 输出结果虽然漂亮，但不能为 WORD 等常用文字处理软件直接打开，只能采用拷贝、粘贴的方式加以交互。这可以说是SPSS软件的缺陷。

SPSS有如下特点：

① 操作简单：除了数据录入及部分命令程序等少数输入工作需要键盘键入外，大多数操作可通过“菜单”、“按钮”和“对话框”来完成。

② 无须编程：具有第四代语言的特点，告诉系统要做什么，无需告诉怎样做。只要了解统计分析的原理，无需通晓统计方法的各种算法，即可得到需要的统计分析结果。对于常见的统计方法，SPSS的命令语句、子命令及选择项的选择绝大部分由“对话框”的操作完成。因此，用户无需花大量时间记忆大量的命令、过程、选择项。

③ 功能强大：具有完整的数据输入、编辑、统计分析、报表、图形制作等功能。自带11种类型136个函数。SPSS提供了从简单的统计描述到复杂的多因素统计分析方法，比如数据的探索性分析、统计描述、列联表分析、二维相关、秩相关、偏相关、方差分析、非参数检验、多元回归、生存分析、协方差分析、判别分析、因子分析、聚类分析、非线性回归、Logistic回归等。

④ 方便的数据接口：能够读取及输出多种格式的文件。比如由dBASE、FoxBASE、FoxPRO产生的*.dbf文件，文本编辑器软件生成的ASCⅡ数据文件，Excel的*.xls文件等均可转换成可供分析的SPSS数据文件。能够把SPSS的图形转换为7种图形文件。结果可保存为*.txt及html格式的文件。

⑤ 灵活的功能模块组合：SPSS for Windows软件分为若干功能模块。用户可以根据自己的分析需要和计算机的实际配置情况灵活选择。

学习和使用SPSS软件的过程并不是单纯地学习和应用一种计算机软件的过程。由于SPSS是一种专业性较强的统计软件，因此，学习和应用它时必须了解和掌握必要的统计学专业知识和数据分析的一般步骤和原则，这样才能够避免滥用和误用，不致因引用偏差甚至错误的数据分析结论而做出错误的决策。

数据分析的一般步骤

数据分析一般经过收集数据、加工和整理数据、分析数据等三个主要阶段、统计学对此有非常完整和严谨的论述。在数据分析的实践中，用统计学的理论指导应用是必不可少的，也是极为重要的。

① 明确数据分析的目标

明确数据分析目标是数据的出发点。明确数据分析目标就是要研究本次数据分析要研究的主要问题和预期的分析目标等。例如对我国文化贸易的影响因素进行研究。只有明确了数据分析的目标，才能够正确地制定数据采集方案，如应收集哪些数据,应采用怎样的方式进行收集等,进而为数据分析做好准备。

② 正确收集数据

正确收集数据是指应从分析目标出发,排除干扰因素,正确收集服务于既定分析目标的数据。准确的数据对于实现数据分析目的将起到关键作用。

例如,在研究中西医结合治疗非典型肺炎中,数据的收集方式并不只是让一些非典患者接受中西医结合疗法,隔一段时间看其病情是否得到显著缓解这样简单。因为这样获得的数据里掺杂了一些干扰因素,它不能提供治疗效果的准确信息,因而也就无法实现数据分析的最终目标。通常应采用随机分组方式进行对比实验,这样得到的数据能有效排除病人体质、病情恶化程度、性别、年龄等因素对数据的干扰和影响,使数据趋向目标"净化",进而服务于数据分析的目标。

因此,排除数据中那些与目标不关联的干扰因素是数据收集中的重要环节。数据分析并不仅仅是对数据进行数据建模,收集的数据是否真正迎合数据分析的目标,其中是否包含了其他因素的影响,影响程度怎样,应如何剔除这些影响等问题都是数据分析过程中必须注意的重要问题。

③ 加工和整理数据

在明确数据分析目标的基础上收集到的数据,往往要进行必要的加工整理后才能真正用于分析建模。通过数据的加工整理,人们能够大致掌握数据的总体分布特征,这是进一步分析和建模的基础。数据的加工整理通常包括数据的缺失值处理、数据的分组、基本描述统计量的计算、基本统计图形的绘制、数据取值的转换、数据的正态化处理等。

④ 选择恰当的统计分析方法进行探索分析

数据加工整理完成后一般就可以进行数据分析了。分析时切忌滥用和误用统计分析方法。滥用和误用统计分析方法主要是由于对方法能解决哪类问题、方法适用的前提、方法对数据的要求不清等原因造成的。另外,统计软件的不断普及和应用中的不求甚解也会加重这种现象。因此,在数据分析中应避免盲目的"拿来主义",否则,得到的分析结论可能会偏差较大甚至错误。

另外,选择几种统计分析方法对数据进行探索性的反复分析也是极为重要的。每一种统计分析方法都有自己的特点和局限性,一般需要选择几种方法反复进行分析,仅依据一种分析方法的结果就断然下结论是不科学的。

⑤ 读懂统计分析结果

数据分析的直接结果是统计指标和统计参数。正确理解这些指标和参数的统计含义是一切分析结论的基础。正确理解统计指标和统计参数的含义不仅能够帮助人们有效避免毫无根据地随意引用统计数字的错误,同时也是证实分析结论正确性和可信性的依据。而这一切都取决于人们能否真确地把握统计分析方法的核心思想。

另外,将统计指标和统计参数与实际问题相结合也是非常重要的。客观地说,统计方法仅仅是一种有用的数量分析工具,它绝不是万能的。统计方法是否能够正确地解决各科学的具体问题,不仅取决于应用统计方法或工具的人能否正确地选择统计方法,还取决于他们是否具有深厚的应用背景。只有将各学科的专业知识与统计指标和统计参数相结合,才能得出令人满意的分析结论。

利用 SPSS 进行数据分析的一般步骤

利用 SPSS 进行数据分析也应遵循数据分析的一般步骤,但涉及的方面会相对较少。主要的工作集中在以下几个阶段:

① SPSS 数据的准备阶段

在该阶段应按照 SPSS 的要求,利用 SPSS 提供的功能准备 SPSS 数据文件。其中包括在数据编辑窗口中定义 SPSS 数据的结构,录入和修改 SPSS 数据等。

② SPSS 数据的加工整理阶段

该阶段主要对数据编辑窗口中的数据进行必要的预处理。

③ SPSS 数据的分析阶段

该阶段选择正确的统计分析方法,对数据编辑窗口中的数据进行分析建模。由于 SPSS 能够自动完成数据建模中的数学计算并能自动给出计算结果,因而有效屏蔽了许多对一般应用者来说非常晦涩的数学公式,分析人员无需记忆数学公式,这无疑给统计分析方法和 SPSS 的广泛应用铺平了道路。

④ SPSS 分析结果的阅读和解释

该阶段的主要任务是读懂 SPSS 结果输出窗口中的分析结果,明确其统计含义,并结合应用背景知识做出切合实际的合理解释。

以上步骤可以概括为

建立数据文件 ⇨ 加工整理数据 ⇨ 数据分析 ⇨ 解释分析结果

2. SPSS 举例

下面以 SPSS 的因子分析来讲解 SPSS 的使用过程。

浓缩原有变量是提取因子的核心目标,因子分析主要涉及以下四大基本步骤:

因子分析的前提条件、因子提取、使因子更具有命名可解释性。

①因子分析的前提条件

因子分析的主要任务之一是对原有变量进行浓缩，即将原有变量中的信息重叠部分提取和综合成因子，进而最终实现减少变量个数的目的。对此，它要求原有变量之间应存在较强的相关关系。否则，如果原有变量相互独立，不存在信息叠加，那么也就无法将其综合和浓缩，也就无须进行因子分析。本步正是希望通过各种方法分析原有变量是否存在相关关系，是否适于进行因子分析。

②因子提取

将原有变量综合成少数几个因子是因子分析的核心内容。本步正是研究如何在样本数据的基础上提取和综合因子。

③使因子更具有命名可解释性

将原有变量综合为少数几个因子后，如果因子的实际含义不清，则极不利于进一步的分析。本步正是希望通过各种方法使提取的因子实际含义清晰，使因子具有命名可解释性。

因子分析的基本操作

SPSS 因子分析的基本操作步骤如下：

(1)选择菜单：

【Analyze】→【Data Reduction】→【Factor】

于是出现如图所示的窗口

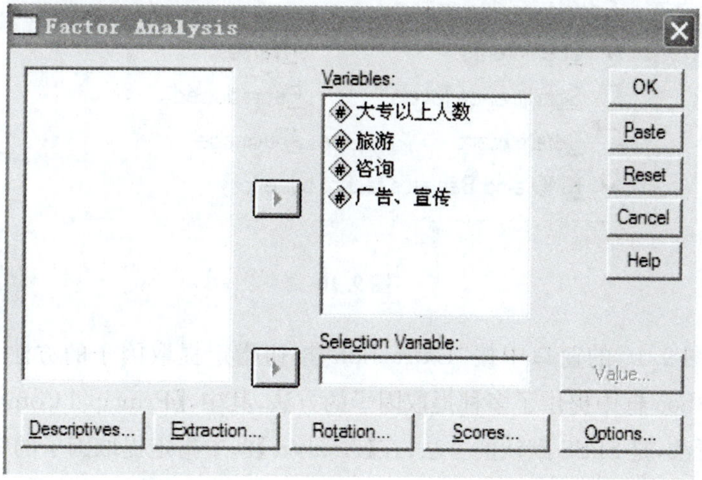

图 9.9

(2)选择参与因子分析的变量到【Variables】框中

(3)选择参与因子分析的样本。指定作为条件变量的变量到【Selection Variable】框中并按“Value”按钮输入变量值，只有满足相应条件的样本数据才参与因子分析。

(4)在上图所示的窗口中按“Descriptions”按钮指定输出结果，如下图所示。【Statistics】框中指定输出哪些基本统计量，其中，【Univariate descriptive】表示输出各个变量的基本描述统计量；【Initial solution】表示输出因子分析的初始解。【Correlation Matrix】框中指定考察因子分析条件的方法及输出结果，其中，【Coefficients】表示输出相关系数矩阵；【Significance levels】表示输出相关系数检验的 P 一值；【Determinant】表示输出变量相关系数矩阵的行列式值；【Inverse】表示输出相关系数矩阵的逆矩阵(与相关系数矩阵的积为单位阵)；【Anti－image】表示输出放映像相关矩阵；【KMO and Bartlett’s test of sphericity】表示进行巴特利特球度检验和 KMO 检验。

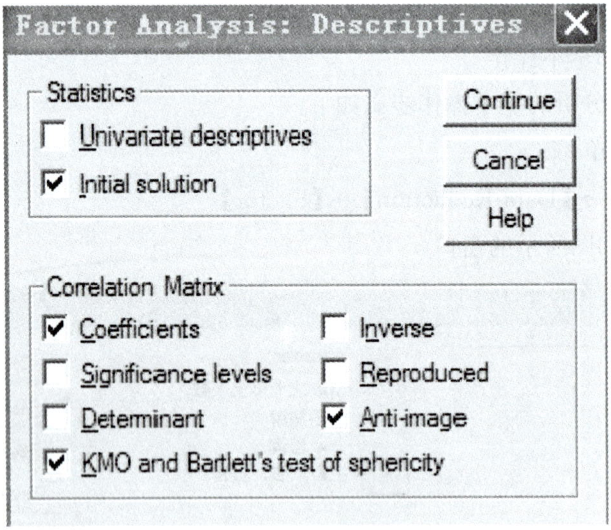

图 9.10

(5)在图 9.10 的窗口中按“Extraction”按钮指定提取因子的方法，如下图所示。在 Method 框中提供了多种提取因子的方法，其中，【Principal Components】是主成分分析法，是 SPSS 默认的方法；在【Analyze】框中指定提取因子的依据，其中，【Correlation Matrix】为相关系数矩阵，当原有变量存在数量级的差异时，通常选择该选项;【Covariance Matrix】为协方差阵。在【Extract】框中选择如何确定因子数目:在【Eigenvalues Over】后输入一个特征根值(默认值为 1),SPSS 将提取大于该值的特征根;也可在【Number of factors】后输入提取因子的个数。在【Display】框中选择输出哪些与因子提取有关的信息,其中,【Unrotated factor solution】表示输出未旋转的因子载荷矩阵;【Scree Plot】表示输出因子的碎石图。

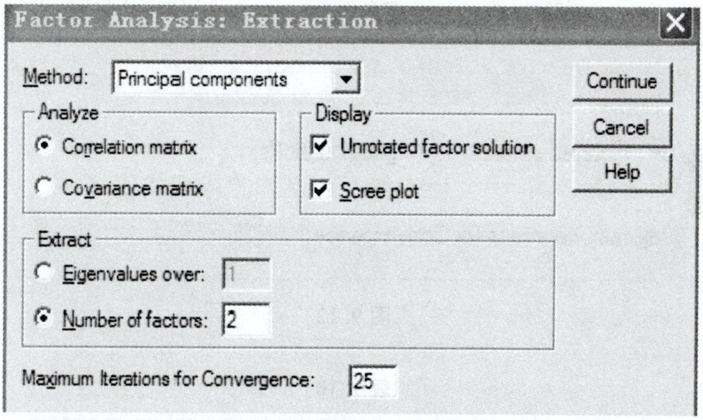

图 9.11

(6)在图 9.11 所示的窗口中按"Rotation"按钮选择因子旋转方法,如下图所示。在【Method】框中选择因子旋转方法,其中,【None】表示不旋转(默认选项);【Varimax】为方差最大法;【Quartimax】为四次方最大法;【Equamax】为等量最大法;其他为斜交旋转法。在【Display】框指定输出与因子旋转相关的信息,其中,【Rotated solution】表示输出旋转后的因子载荷矩阵;【Loading plot(s)】表示输出旋转后的因子载荷散点图。

因子分析的应用举例

收集到 1997—2007 年全国大专以上人数以及以下的中国进口数据,专有权利使用费和特许费、咨询、广告与宣传,以此来研究文化贸易的进出口。

一 考察原有变量是否适合进行因子分析

首先考察收集到的原有变量之间是否存在一定的线性关系,是否适合采用因子分析提取因子。这里,借助变量的相关系数矩阵、反映像相关矩阵、巴特利特球度检验和 KMO 检验方法进行分析。具体操作如前所示。分析结果如下表所示。

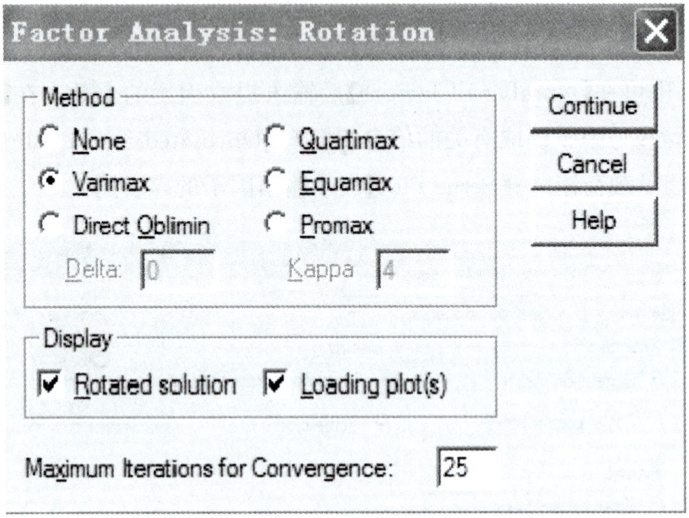

图 9.12

表 9.10

		大专以上人数	专有权利使用费和特许费	咨询	广告、宣传
Correlation	大专以上人数	1.000	.962	.921	.893
	专有权利使用费和特许费	.962	1.000	.987	.967
	咨询	.921	.987	1.000	.990
	广告、宣传	.893	.967	.990	1.000

上表是原有变量的相关系数矩阵。可以看到:大部分的相关系数都较高,各变量呈较强的线性关系,能够从中提取公共因子,适合进行因子分析。

表 9.11

Kaisser-Meyer-Olkin Measure of Sampling Adequacy.		.689
Bartlett's Test of Sphericity	Approx. Chi-Square	87.544
	df	6
	Sig.	.000

由上表可知:巴特利特球度检验统计量的观测值为 87.544,相应的概率 P—值接近 0。如果显著性水平 α 为 0.05,由于概率 P—值小于显著性水平 α,则应拒绝原假设,认为相关系数矩阵与单位阵有显著差异。同时,KOM 值为 0.689,根据 Kaiser 给出的 KOM 度量标准可知原有变量适合进行因子分析。

二、提取因子

这里首先进行尝试性分析:根据原有变量的相关系数矩阵,采用主成分分析法提取因子并选取特征根值大于 1 的特征根。具体操作如前所示,分析结果如下表所示。

表 9.12

	Initial	Extraction
大专以上人数	1.000	.923
专有权利使用费和特许费	1.000	.994
咨询	1.00	.985
广告、宣传	1.000	.961

Extraction Method: Principal Component Analysis

上表是因子分析的初始解,显示了所有变量的共同度数据。第一列是因子分析初始解下的变量共同度,它表明:对原有 7 个变量如果采用主成分分析方法提取所有特征根(5 个),那么原有变量的所有方差都可被解释,变量的共同度均为 1(原有变量标准化后的方差为 1),事实上,因子个数小于原有变量的个数才是因子分析的目标,所以不可提取全部特征根。

重新指定提取特征根的标准,指定提取 2 个因子。分析结果如下表所示。

表 9.13

	Initial	Extraction
大专以上人数	1.000	.998
专有权利使用费和特许费	1.000	.994
咨询	1.00	.997
广告、宣传	1.000	.995

Extraction Method: Principal Component Analysis

上表是指定提取 2 个特征根下的因子分析的初始解。由第二列可知：此时所有变量的共同度均较高，各个变量的信息丢失都较少。因此本次因子提取的总体效果较理想。

表 9.14

Total Variance Explained

Component	Intial Eigenvalues			Extraction Sums of Squared Loadings			Sums of Squared Loadings		
	Total	% of Variance	Cumulative %	Total	% of Variance	Cumulative %	Total	% of Variance	Cumulative %
1	3.862	96.551	96.551	3.862	96.551	96.551	2.194	54.854	54.854
2	.123	3.079	99.630	.123	3.079	99.630	1.791	44.776	99.630
3	.012	.311	99.941						
4	.002	0.59	100.00						

Extraction Method: Principal Component Analysis.

表 9.14 中：第一列是因子编号，以后三列组成一组，每组中数据项的含义依次是特征值根值、方差贡献率和累计方差贡献率。

第一组数据项描述了初始因子解的情况。可以看到：第一个因子的特征根为

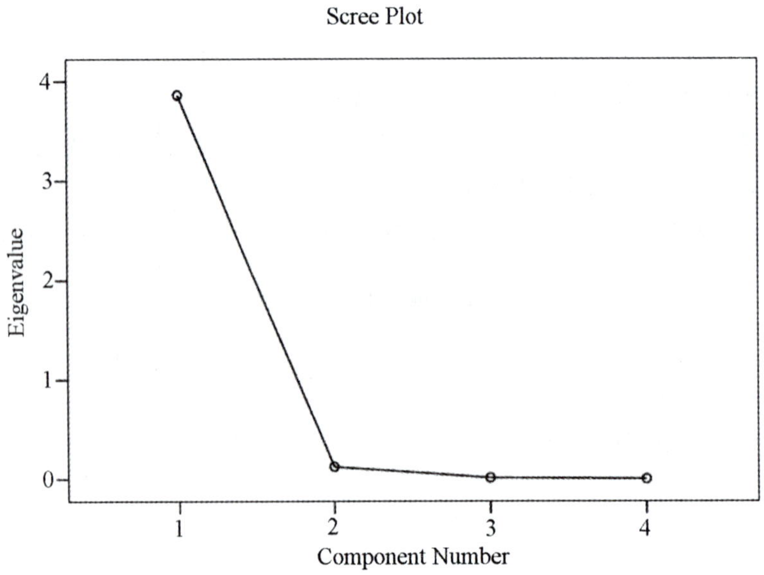

图 9.13

3.862,解释原有 4 个变量总方差的 96.551%,累积方差贡献率为 96.551%;第 2 个因子的特征根为 0.123,解释原有 4 个变量总方差的 3.079%,累积方差贡献率为 99.630%。其余数据含义类似。可以看到,由于指定提取 2 个因子,两个因子共解释了原有变量总方差的 99.630%。总体上,原有变量的信息丢失较少,因子分析效果较理想。

第三组数据描述了最终因子解的情况。可见,因子旋转后,累计方差比没有改变,也就是没有影响原有变量的共同度,但却重新分配了各个因子解释原有变量的方差,改变了各因子的方差贡献,使得因子更易于解释。

在上图中,横坐标为因子数目,纵坐标为特征根。可以看到:第 1 个因子的特征根值很高,对解释原有变量的贡献最大;第 3 个以后的因子特征根值都较小,对解释原有变量的贡献很小,可忽略,因此提取 2 个因子是合适的。

表 9.15

Component Matrix

	Component	
	1	2
专有权利使用费和特许费	.997	.029
咨询	.992	−.112
广告、宣传	.980	−.185
大专以上人数	.961	.275

表 9.15 显示了因子载荷矩阵,可知:4 个变量在第 1 个因子上的载荷都很高,意味着它们与第 1 个因子的相关程度高,第 1 个因子很重要;第 2 个因子与原有变量的相关性均很小,它对原有变量的解释作用不显著。另外还可以看到:这两个因子的实际含义比较模糊。

三、因子的命名解释

这里,采用方差最大法对因子载荷矩阵是施以正交旋转以使因子具有命名解释性。指定按第一因子载荷降序的顺序输出旋转后的因子载荷,并输出旋转后的因子载荷图,结果如下:

表 9.16

Component Matrix

	Component	
	1	2
广告、宣传	.853	.517
咨询	.814	.579
专有权利使用费和特许费	.723	.687
大专以上人数	.531	.846

由表 9.16 知：广告宣传（进口）、咨询（进口）、专有权利使用费和特许费（进口）在第一个上有较高的载荷，第 1 个因子主要解释了这几个变量，可解释为文化贸易的供给；大专以上人数在第 2 个因子上有较高的载荷，第 2 个因子主要解释了这个变量，可解释为文化贸易的需求。与旋转前相比，因子含义较清晰了。

表 9.17

Component Score Covariance Matrix

Component	1	2
1	1.000	.000
2	.000	1.000

表 9.17 显示了两因子的协方差矩阵。可以看出：两因子没有线性相关性，实现了因子分析的设计目标。

参考文献:

[1] 厉无畏．创意产业导论．上海:学林出版社,2006

[2]林拓．世界文化产业发展前沿报告:2003～2004．北京 :社会科学文献出版社,2004

[3] 张红．会展概论．北京:高等教育出版社，2006

[4] 龚平,赵慰平．会展概论．上海 :复旦大学出版社，2009

[5] 赵春霞．会展概论．北京 :对外经济贸易大学出版社，2007

[6] 杨明刚．现代广告学．上海:华东理工大学出版社,2009

[7] 陈立．广告学．郑州 :郑州大学出版社，2008

[8] 龚维刚,杨顺勇．上海会展业发展报告．上海人民出版社，2008

[9] 王方华,过聚荣．中国会展经济发展报告2010版．北京 :社会科学文献出版社，2010

[10] 汪开庆．广告学概论新编．杭州 :浙江大学出版社，2009

[11] 张静．广告调研．南京 :南京大学出版社，2008

[12] 尹鸿,萧志伟．好莱坞的全球化策略与中国电影的发展．北京:当代电影,2001

[13] 李怀亮．国际电影贸易格局与中国电影产业对策．北京:文艺研究,2002

[14] 孙向辉、黄炜、胡正荣．2004年我国广播电影电视年度发展报告．北京:中国网,2005

[15] 刘凌、彭祝斌．中国影视贸易发展现状与策略分析．四川:新闻界,2005

[16] 广电总局.《广播电影电视行业统计管理办法》．北京:2005

[17] 李怀亮、金元浦．当代国际文化贸易与文化竞争．广东:广东人民出版社,2005年

[18] 李怀亮．国际文化贸易概论．北京:高等教育出版社,2006年

[19] 赵子忠．中国影视投融资的产业透视．北京:北京广播学院出版社．2006

[20] 陈菊婷．加快推进电影统计的信息化建设．浙江:浙江统计,2006

[21] 张丽梅,余晓泓．从中美电影贸易看中国电影的国际化．广西:改革与战略,2008

] 李彤．中国创意文化产业如何提高出口创汇能力———以中国电影为例．北京:现代商业,2008
[23] 闫玉刚．文化折扣与中国对外文化贸易的产品策略．江苏:现代经济探讨,2008
[24] 杨宁．基于电影产业的行业自治研究——兼及当下中国电影行业管理的转型．北京:电影艺术,2009
[25] 梁文伟．文化创意产业与电影产业．北京:商业文化,2010
[26] 叶非．中国电影统计现状与对策．北京:电影艺术,2010
[27] 史亚民,王治邦,王永本．世界古代史．辽宁:辽宁教育出版社,1986
[28] 余鑫炎．中国商业史．北京:中国商业出版社,1987
[29] 林少蔚．从出水文物看我国历代海上贸易陶瓷器及其鉴定．北京:中国文物报,2005
[30] 唐冠科．世界经济新变局催生中国当代艺术的国际市场．上海:上海证券报,2006
[31] 马健．中国艺术品国际贸易的历史与现状．辽宁省:理论界,2009
[32] 杨正校 印度软件业的快速发展对我国软件业的理性思考．北京:化工职业教育 2009
[33] 原毅军,软件服务外包与软件企业成长．北京:科学出版社．2009
[34] 刘绍坚,中国承接国际软件外包的现状、模式及发展对策研究．北京:国际贸易,2007
[35] 中华人民共和国工业和信息化部网站 www. miit. gov. cn
[36] 中国软件和服务外包网 www. cnies. com
[37] 中国服务外包网 www. chinasourcing. mofcom. gov. cn
[38]《中国软件和信息服务业发展研究报告 2011》. 北京:中国软件行业协会出版 2011
[39] 中国计算机学会学术工作委员会主编．《2004 中国计算机科学技术发展报告》,清华大学出版社,2004
[40] 贾智平,张瑞华,嵌入式系统原理与接口技术．北京:清华大学出版社,2005
[41] 林锐．MMI3 级软件过程改进方法与规范．北京:电子工业出版社,2003
[42] 曾五一,肖红叶．统计学导论．北京:科学出版社,2007
[43] 刘桂荣．统计学原理．上海:华东理工大学出版社,2009

[44] 贲雪峰．统计学．成都:西南财经大学出版社,2009
[45] 陈平．应用统计方法．广州:中山大学出版社,2008
[46] 宇传华．SPSS与统计分析．北京:电子工业出版社,2007
[47] 朱建平．应用多元统计分析．北京:科学出版社,2011
[48] 何晓群．多元统计分析．北京:中国人民大学出版社,2011
[49] 林震岩．多变量分析:SPSS的操作与应用．北京:北京大学出版社,2007
[50] 尹鸿 2012 年中国电影产业备忘. 北京：电影艺术 2013.2